KB140034

재중 한인디아스포라
연 구 총 서

4

중국의 민족정치와
조선족

이 저서는 2011년 대한민국 교육부와 한국학중앙연구원(한국학진흥사업단)의 한국학 총서 사업 지원을 받아 수행된 연구임(AKS-2011-ABC-112).

재중 한인디아스포라
연 구 총 서

4

중국의 민족정치와
조선족

우병국 지음

이 총서는 2011년 12월 한국학진흥사업단 해외한인연구 특별 기획과제로 선정되어, 5년간 진행된'재중 한인 디아스포라의 재구성과 발전적 통합' 사업의 각 학문분야별 연구 성과이다.

1992년 한중 양국의 수교를 계기로 재중 한인 사회는 새롭게 재구성되었다. 올드커머(old comer)인 '조선족'사회에 더하여 뉴커머(new comer)인'재중 한국인'사회가 새롭게 건설되었다. 한중 수교 후 초창기 주재원 중심으로 구성되었던 재중 한국인 사회는 이제 다양한 계층이 장기 거주하는 사회로 변화하고 있다. 자영업자, 대기업과 중소기업의 주재원에 더하여, 유학생과 불법 체류자 등 다양한 인구집단이 유입되면서 재중 한국인 사회가 내적으로 큰 폭의 계층 분화를 경험하고 있다.

조선족 사회 역시 매우 큰 변화를 겪고 있다. 1978년 중국의 개혁개방은 조선족으로 하여금 농토를 떠나 새로운 세상으로 이주하게 했다. 기존 동북3성에 형성되었던 민족 집거지역을 떠나, 중국의 동남부 연해지역으로, 나아가 한국으로, 일본으로, 미국으로, 심지어는 아프리카까지, 전 세계 곳곳으로 재이주의 범위를 넓혀가고 있다. 혹자는 더 나은 미래를 위해, 혹자는 학문을 위해, 혹자는 가족을 찾아, 그 재이주의 사유 또한 매우 다양하다. 재이주 경로와 재이주 후 현지사회에서의 정착양상 또한 그와 못지않게 다양하다. 밀입국에서 정상적인 이주까지, 불법체류자의 신분에서 영주권의 취득까지, 아주 다양한 신분과 삶의 모습으로 그들은 새로운 재이주의 삶을 개척하고 있다.

중국 국내에서 유동하는 조선족만 하더라도 동북3성의 기존 민족 집거지역을 떠난 이들은 예전과는 확실히 다른 삶을 꾸려나가고 있다. 베이징(北京), 텐진(天津), 칭다오(靑島), 선양(瀋陽), 상하이(上海), 광저우(廣州) 등 중국의 주요 도시에서 재중 한국인과 더불어 재중 한인 사회의 또 다른 구성원으로서 분명한 역할을 하고 있다. 재중 한국인 기업의 직원으로, 재중한국인의 현지정착의 동반자로서, 또는 신생 기업인으로서 활동하면서 미래 조선족의 경제사회적 지도를 다시 그리고 있다.

이렇게 재중 한인 사회는 중국의 개혁개방, 한중수교와 더불어 두 가지 특징적인 변화를 보여주고 있다. 첫째는 조선족 중심의 사회에서 조선족과 재중 한국인이란 두 집단이 함께 구성하는 한인사회로 변화하고 있다. 둘째는 지역적 재구성이다. 기존에는 올드커머(old comer)의 집거지역인 동북3성이 한인사회의 중심이었으나, 한중수교 이후 뉴커머(new comer)인 재중 한국인의 진입에 따라 이두 집단은 중국의 전 지역으로 확산되어가고 있다. 또한 한국, 미국, 일본 등지의 글로벌 지역을 향한 확산도 빠르게 진행되고 있다.

글로벌 환경의 변화는 재중한인 사회를 시시각각 변화하게 하고 있다. 따라서 이렇게 역동적으로 변화하고 있는 재중 한인 사회에 대한 총체적이고 종합적인 이해는 이미 선택사항이 아니다. 미래지향적인 한중 관계의 구축을 위해서도 한중관계의 유력한 중개자로서의 재중 한인에 대한 이해가 무엇보다도 중요한 시점이 되었다고 할 수 있다.

이러한 재중 한인 사회의 확산과 재구성에 따라, 재중 한인사회에 대한 연구 또한 '조선족'과 '재중 한국인(재중 한상 포함)', 그리고 해외로 진출한 '글로벌 조선족'에 대한 연구로 확장되어야 했다. 하지만 그 동안의 '재중 한인'에 대한 연구는 동북3성을 집거지역으로 하는 조선족에 대한 연구에서 벗어나질 못했다. 최근 형성된 '재중 한국인 사회'와 해외로 진출한 '글로벌 조선족 사회'에 대한 연구는 절대적으로 부족했다. 특히 조선족 사회와 재중 한국인 사회 사이의 연계, 조선족 사회와 글로벌 조선족 사이의 연계에 대한 연구 및 그들의 초국가적 활동과 그것이 갖는 의미에 대한 연구는 매우 제한적이었다. 본 사업단은 이러한 기존연구의 한계를 극복하고 연구의 지평을 확장하는 데서 학술적 의의를 찾고자 노력했다.

본 사업단은 재중 한인 사회에 관한 종합적이고 체계적인 자료의 발굴과 수집을 통해 기존 연구 자료의 자료집화를 진행하였으며, 연구 대상이 분포하는 광범위한 지역에 대한 현지조사와 설문조사를 진행함으로써 최초로 재중 한인 사회 전반에 대한 포괄적 조사연구를 완성하였다. 또한 기존의 단일성 주제연구를 벗어나 거주국 내 전체 유동인구 변화의 틀에서 재중 한인의 유동경향을 파악하고, 계층적 분화와 지위 변화에 대한 논의 등을 진행함으로써 연구대상을 비교연구의 대상으로 확장시켰다. 이러한 연구방법과 연구 설계를 통해 재중 한인 사회에 대한 체계적이고 학제적이며 통합적인 연구를 진행했다.

그 결과 본 사업단의 연구총서는 연구대상별, 학문분야별로 균형적인 성과를 도출하였다. 우선, '재중 조선족'에 대해서는 역사학자인 김춘선(金春善) 교수가 '재중 한인 이주사 연구'를, 어문학자인 김춘선(金春仙) 교수가 '개혁 개방 후 조선족 문학의 변화양상 연구'를, 그리고 언어학자인 강용택 교수가 '개혁 개방 후 중국 조선어의 변화, 발전양상 연구'를, 정치학자인 우병국 교수가 '중국의 민족정치와 조선족'을, 경영학자인 백권호 · 문철주 교수가 '중국 조선족 기업의 발전과 새로운 이주'를 연구 출간하였다.

다음으로, '재중 한국인'에 대해서는 사회학자인 김윤태 · 예성호 교수가 '재중 한국인 사회의 형성과 초국가주의적 생활경험'을, 인류학자인 정종호 교수가 '재중 한인 타운의 형성과 발전: 베이징 왕징 한인 타운을 중심으로'를 연구 출간했다.

마지막으로 '글로벌 조선족'에 대해서는 사회학자인 설동훈 교수와 역사학자인 문형진 교수가 '재한 조선족, 1987-2017'을 연구 출간하였다.

본 연구 사업단은 이상과 같은 총서발간의 학술적 성과 외에도 적지 않은 성과를 내었다. 총18권에 달하는 자료집을 이미 출간, 연구자에게 제공하여 총서발간의 질적 담보를 기했고, 연2회 발간의 학술지'한중미래연구'를 2013년 여름부터 현재까지 발간하고 있다. 연2회의 국내/국제학술대회를 개최했으며 콜로키움, 전문가 포럼 및 특강 등의 개최를 통해 재중 한인 연구의 질적인 향상을 기했다. 그 밖에도 연구 성과를 KBS 한민족 방송에 소개하여 연구 성과의 사회적 확산에 기여했으며 조선족 마을사를 출간하여 조선족 마을의 자료보존과 학술적 기초자료 확보에 힘을 기울였다. 또한 재한 조선족의 대학방문 행사를 개최함으로써 조선족 동포의 정체성 확립과 통합적 한인사회 건설의 기초를 닦으려 노력했다. 총서발간 외의 이러한 노력과 성과들 또한 연구 성과 못지않은 중요한 자산으로 판단된다.

이 총서의 출간은 재외 한인 사회를 연구하는 학계와 관련기관, 그리고 재외동포의 큰 관심을 받게 될 것이다. 따라서 우리는 총서 발간에 더욱 많은 부담을 가졌다. 하지만 지금까지 연구된 재중 한인 사회에 대한 연구에 비해, 새롭게 재구성된 재중 한인 사회에 대해 종합적이고 학제적인 연구를 진행하였다는 점에서 최소한 후속연구의 토대가 될 수 있다는 판단, 후속세대의 재중 한인에 대한 관심 제고, 중국진출 한국기업과 한국유학생 등 재중 한국인 사회의 중국 정착에 긍정적으로 작용할 것이란 점, 재중 한인의 민족정체성 강화프로그램, 해외인적자원 개발 등 정부 및 공공기관에 대한 정책제언에 기여할 것이란 판단에 기대어 부족하지만 총서의 발간을 감행하였다.

이 총서가 발간되기까지 물심양면으로 지원을 아끼지 아니한 한국학진흥사업단 모든 분들께 깊은 감사를 드린다. 또한 수십 차례에 걸친 학술대회와 콜로키움, 전문가 포럼에서 훌륭한 조언을 아끼지 않으신 국내외 재외한인 연구자들께도 깊은 감사의 뜻을 전한다. 마지막으로 재중 한인 디아스포라 연구사업의 완성을 위해 함께 뛰고 함께 웃으며 땀 흘린 연구 사업단 식구들과 그 가족들 모두에게 심심한 감사의 말씀을 올린다. 아울러 이 연구 사업을 기반으로 향후에는 더욱 알차고 의미 있는 연구 성과를 지속적으로 생산할 것을 약속드린다.

2018년 11월
재중 한인 디아스포라 연구 사업단을 대표하여
동덕여대 한중미래연구소 소장 김윤태

 본 연구는 필자가 한국학중앙연구원 한국학진흥사업단의 해외한
인연구 과제인 '재중한인 디아스포라의 재구성과 발전적 통합' 연
구 사업에 참여하여 5년간 학술대회에서 발표했던 논문들의 일부
를 발췌하여 수정, 보완하고 일부 장·절을 새로 작성하여 재편집
한 결과물이다.

 '재중동포,' '중국동포' 또는 '중국 조선족'을 바라보는 시각은 그
들을 부르는 용어만큼이나 다양하다. 대한민국 정책당국은 그들을
기본적으로 '중국 국적을 가진 외국인'으로 간주하는 반면, 일부 시
민단체나 국민들은 '동포'임을 강조한다. 학자들은 '이중 정체성' 또
는 '이중적 존재'라는 말로 그들의 입장을 설명한다. 조선족은 중국
국적을 보유하고 있어서 정치적 또는 법적으로는 중국인이지만, 혈
통적으로는 우리와 같은 한민족(韓民族)이라는 것이다. 여기에 그
들을 바라보는 중국과 우리의 입장이 겹치면, 문제는 더 복잡해진
다. 중국의 입장에서 보면, 조선족은 '다민족 통일국가' 중화인민공
화국을 구성하는 56개 민족(漢族 포함) 중의 하나이며, 현재 형성
되고 있거나 혹은 이미 형성되었을지도 모르는 '중화(中華)민족'의
일원이기도 하기 때문이다. 우리의 입장에서는, 어려운 시절 조국
을 떠났지만 역시 '지구촌 한민족'의 일원으로 '같은 핏줄(동포)'임을

강조하게 된다. 그러나 정작 당사자이면서도 항상 '현실과 이상의 중간에 서 왔던' 조선족들은 스스로를 어떻게 인식하고 있을까? 이 의문에 답하기 위해서도 그들이 겪어 온 정치적 역정을 객관적으로 정리하는 것은 관련 연구를 하거나 정책을 수립함에 있어 가장 기본적인 출발점이 되어야 할 것이다.

그동안 조선족의 정치 분야와 관련해서 시간적, 공간적으로 단편적인 분석들은 많이 이루어졌으나 전체의 시기와 공간을 아우르는 저술은 부족했던 것이 사실이다. 따라서 본 연구에서는 중국 공산당의 민족정책의 흐름과 그에 따른 중국 조선족의 정치적 역정을 전체적으로 재구성해 보고자 했다. 재중 조선족 사회가 형성되는 시기부터 중국의 조선족으로 정착하고, 빈번한 정치적 동란으로 갈등을 겪으면서 살아온 정치적 역정의 전 과정을 보다 구체적으로 분석하여 각 시기에 중공이 취해 왔던 정책과 그에 대한 조선족의 대응을 파악하고 분석해 볼 필요가 있다. 이는 향후 조선족 사회의 존속과 발전, 그리고 민족의 발전적 통합을 위해서는 반드시 규명해야 할 기초 작업이기 때문이다.

최근 재중 조선족 사회는 중국이 개혁·개방 이후 강대국으로 부상함에 따라 그 성격이 급격하게 변화하는 전환기에 있다. 그러한 상황에서 기존 및 새롭게 형성되고 있는 재중 조선족 사회의 형성과 유지 메커니즘을 설명하고, 장래 발전의 가능성을 학술적으로 모색하는 연구는 필수적이다. 경험적 자료를 이용한 실증적 연구를 통해 재중 조선족 사회의 정치과정을 기술하고, 정치학에서 정립된 이론을 이용하여 재중 조선족 사회의 특성을 설명하며, 그 발전 방향을 모색하는 것은 학문적으로 중요할 뿐 아니라, 정책적으로도 의미 있는 작업이라고 본다.

본 연구서는 필자의 개인적 역량의 한계로 인해 많은 부족한 점이 있을 것으로 사료된다. 향후 지속적인 수정 보완을 약속하며, 선배 제현들의 기탄없는 비평과 조언을 기대한다. 끝으로 본 연구에 도움과 조언을 해주신 모든 분들과 본 총서의 출간을 맡아주신 한국학술정보(주) 출판사업부 선생님들께 감사를 드린다.

2018년 11월
우병국

목차

제1장

서 론

제1절 연구의 필요성

　재중 조선족은 중국의 여러 소수민족들 가운데서 국외에 모국이 있는 중국 국민으로서, 국민정체성과 민족정체성 사이에서 끊임없이 혼란과 갈등을 겪으면서 살아온 사람들이다. 그들은 항일전쟁과 국 공내전, 중화인민공화국의 수립 후에는 빈번한 정치동란을 겪으면서 살아왔다. 그들 가운데는 처음부터 공산주의자였던 사람들도 있었지 만 대다수는 중국의 소수민족으로서 국민의 권리를 보장해 준다는 중공의 민족정책에 호응하여 공산당 진영에 가담한 사람들이었다.

　이들 재중 조선족은 19세기 후반기부터 기황을 피해, 일제의 식 민통치를 피해, 독립운동을 위하여, 또는 일제의 강제이주에 의해 중국의 동북에 이주했던 조선인(한인)들[1] 가운데서 1945년 해방 이 후 한반도로 귀환하지 않고 중국에서의 정착을 선택했던 사람들과 그 후손을 말한다. 그들은 현재 중국 전역과 한국을 포함한 해외에 널리 분포되어 있으나, 주로 동북의 지린(吉林), 랴오닝(遼寧), 헤이 룽장(黑龍江)의 세 성에서 연변 조선족 자치주를 중심으로 집거 및 산거 지역에 집중적으로 거주하고 있다.

　20세기 초 을사늑약의 체결, 한일합병 등 일제의 본격적인 침략 이 시작되면서 국권을 회복하기 위한 해외 독립운동기지를 구축하 고자 수많은 애국지사들이 중국의 동북 일대와 러시아 연해주 일대 에 망명하였다. 일제의 경제적인 착취와 정치적 압박에 못 이겨 많

---

1) 조선인(한인)의 동북 이주는 19세기 말부터 본격적으로 일어났으며, 1910년까지의 난민 월경기, 1930년까지의 정치 이주기, 1945년까지의 강제 이주기, 그리고 해방 이후 최근까지의 경제 이 주기로 나눌 수 있다. 최재헌·김숙진, 「중국 조선족 디아스포라의 지리적 해석: 중국 동북3성 조선족 이주를 중심으로」, 『대한지리학회지』 제51권 제1호, 2016, 167-184쪽.

은 백성들도 중국 동북으로 이주하였다. 1920년에 이르러 동북의 이주민 수는 45만 9.400여명에 이르렀으며 1930년에는 60만을 넘었다. '9·18'사변 후 일제는 동북개발에 한인 인력을 활용하고자 백만 이주계획을 정하고 강제로 한인을 이주시켜 집단부락, 안전농장 등 형식의 촌락을 구성함으로써 이주민의 수가 대폭 증가하였다. 이러한 일제의 강제이민으로 동북의 조선인 인구는 1945년에 216만 3천여 명에 이르렀다.[2] 1945년 8월 일본이 패망한 후 절반에 가까운 사람들이 한반도로 귀환하면서 수년간의 변동을 겪은 후 1949년에 신중국이 수립되면서 기본적으로 안정되었다. 1953년에 실시한 제1차 인구조사에서 조선족 인구는 111만 1,000명으로 집계되었다.

<표 1-1> 중국 동북이주 조선인(한인) 인구(1910-1945)

(단위: 명)

년도	인구	년도	인구	년도	인구
1910	202,070	1922	515,865	1934	758,885
1911	205,517	1923	528,027	1935	826,570
1912	238,403	1924	531,857	1936	895,000
1913	252,118	1925	531,973	1937	932,000
1914	271,388	1926	542,185	1938	1,056,308
1915	282,070	1927	558,280	1939	1,162,127
1916	328,288	1928	577,052	1940	1,450,384
1917	337,461	1929	597,677	1941	1,490,000
1918	361,772	1930	607,119	1942	1,562,000
1919	431,198	1931	629,235	1943	1,634,000
1920	459,427	1932	654,023	1944	1,700,000
1921	488,656	1933	671,535	1945	2,163,115

출처: 朴婷姬, 『中國朝鮮族與在日朝鮮人社會比較研究』(延吉: 延邊大學出版社), 2010, 28-29쪽.

_____

2) 박금해, "중국의 민족정책과 조선족 사회 현황" http://blog.daum.net/tjscs/11809264

이주 이래로 동북의 조선인 사회에는 많은 민족 지사들이 모여들었지만 공화파, 유림파, 의병파 및 공산주의자 등 이념적으로 분열되어 조선인 사회를 하나로 결속시키기에는 한계가 있었다. 후에 공산주의자들이 중공과 제휴한 후 동북의 항일투쟁에서 많은 지도자들이 배출되었지만 광복과 더불어 조선인 사회 각계각층의 유명인사들이 대거 한반도로 귀환하는 바람에 동북의 조선인 사회에는 거의 서민층, 빈곤층들이 남게 되었다. 신중국 건립 후 새로운 세대의 민족지도자들이 나타나기 시작하였지만 중국의 강력한 당-국가체제(黨國體制, Party-State System)3) 하에서 자주적인 민족정체성의 추구보다는 중국 국민으로서의 입지 구축에 열중할 수밖에 없었다.4)

1930년대에 중국 공산당이 만주로 진출하자 1920년 10월-1921년 4월의 경신참변(庚申慘變, 간도참변, 간도대학살이라고도 함) 이후 무장투쟁이 약화되어 있던 동북지역의 조선인들은 개별적으로 또는 집단적으로 중국 공산당에 가입하여 항일운동을 지속해 나갔다. 그러나 본격적인 중일전쟁의 발발과 일제의 항일운동에 대한 대대적인 소탕작전 실시 등으로 인해 이 지역의 항일운동은 점차 쇠퇴하였다. 그 후 항일연군계 인사들은 소련 경내의 야영으로 피

---

3) 당-국가체제란 당이 국가와 사회를 지배하는 것을 말한다. 사회주의 국가의 당-국가 체제는 다음과 같은 일반적인 특성을 가진다. 첫째, 마르크스-레닌주의라는 공식 이데올로기를 기초로 한다. 둘째, 경제는 공유제(public ownership), 명령경제(command economy) 또는 관리경제(administered economy)체제를 유지하는 것이 일반적이었다. 셋째, 단일정당 또는 지배정당인 공산당에 의해 지배된다. 넷째, 당의 지도적 역할, 즉 언론, 노조, 사법부와 같은 정치적 권위체제(political authorities)들이 당 위계제의 직접적인 통제 하에 있다. 중국도 마찬가지로 중국공산당이 국가를 구성하는 모든 주요 기관, 단체를 영도(領導)하고 지배하고 있다. 공산당은 횡적으로는 군, 입법부, 행정부, 사법부 등 모든 국가기관을 지도하며, 종적으로는 중앙에서 지방 하위 단위에까지 체계적으로 조직화 되어 있다. 당은 당원 3인 이상이 있는 곳은 어디든지 당의 기층조직(基層組織)을 설치, 운영하도록 하고 있으며 주요 국가기관이나 사회단체의 인사권은 당이 장악하고 있다. 이는 소수민족의 자치지역에서도 동일하게 적용된다. 즉 행정상의 상급 기구에 복종해야 함은 물론이고 정치적으로는 동급의 당 조직에 복종해야 하는데, 일반적으로 이들 당 조직의 수장은 한족이 맡는다.

4) 박금해, "중국의 민족정책과 조선족 사회 현황" http://blog.daum.net/tjscs/11809264

신하거나 동북에서의 지하공작으로 명맥을 이어갔다. 1945년 8월 일본이 무조건 항복한 후 당시 중국에 체류하고 있던 조선인들은 선택의 기로에 서게 되었는데, 일부는 귀환을, 일부는 잔류를 선택했다. 그 후 국공내전에 기여한 공로를 인정받아 1949년 중화인민공화국이 건립된 후 1952년 9월에 동북 3성에 정주한 조선인들을 중심으로 연변 조선민족 자치구가 설립되면서 만주의 조선인으로 불리던 우리 동포들은 중국 조선족으로 불리게 되었다.

"재중 소선속 사회의 문제는 정치를 논하는 장이 없다는 것이다. 정치를 논해서는 안 되고 무조건 순종해야 하는 구조 속에서 민감한 화제는 피하고, 어려운 화제는 외면하고, 쉽고 편한 방향으로만 생각하고 주장한다." 이것은 재중 조선족을 중심으로 운영되는 인터넷 사이트 '조글로'5)의 토론방에 익명의 저자에 의해 게재된 글의 핵심 내용이다. 정치 문제와 관련된 재중 조선족 사회의 현실을 적절하게 반영한 것으로 볼 수 있다. 그런데 중국사회과학원의 조선족 학자 정신철은 그의 저서에서 이와는 정 반대의 내용을 언급하고 있다. 즉 "조선족은 중국에서 각 시기에 발생한 정치운동 때마다 이상하리만치 앞장서서 가는 경향을 보였다. 이는 당시 조선족 구성의 '계급적 순수성(대다수가 빈농)'에 기인한 탓도 있겠지만 더 중요한 원인은 중공이 토지를 분배해주고 국민으로 인정해 준데 대한 보답의 차원에서 중공의 호소를 더욱 적극적으로 수용하고 실행한 면과 타민족의 등에 업혀 산다는 위축감에서 벗어나려는 심리적 몸부림에서 기인한 면도 있을 것이다. 이렇듯 조선족은 타민족에 비해 정치운동에 민감하고 적극적이었기 때문에 그에 따른 피해

---

5) 조글로 사이트. http://www.ckywf.com/

도 기타 민족에 비해 더욱 심각하였다."[6]는 것이다. 위의 두 가지 견해 중에서 전자는 후자의 원인 제공에 의해 발생한 결과이며, 현 조선족 사회의 자화상이라고 할 수 있다. 한마디로 조선족의 정치사는 민족 정체성과 국가 정체성 간의 갈등과 통합의 역사라고 할 수 있다.

재중 조선족 사회는 당-국가체제라고 하는 중국의 특수한 정치 환경과 55개 소수민족의 하나라는 한계로 인해 중국의 전반적인 정치과정에서 '관건적인' 역할을 하는 데는 명백한 한계가 존재한다. 그럼에도 불구하고 재중 조선족 사회는 기타 소수민족들과 비교했을 때 항일투쟁과 사회주의 혁명 및 신중국 건설과정에서의 희생과 체제변화에 적응하기 위한 자발적인 노력으로 매 시기마다 중국의 정치적 환경변화에 신속하고 능동적으로 적응해 왔다. 최근에 재중 조선족이 평화로운 동북아의 환경 조성을 위해 기여할 수 있을 것으로 기대되기까지 하는 것은 장기간에 걸쳐 중국의 빈번한 정치운동의 수난을 겪으면서도 민족의 정체성을 지키고자 노력해 온 것에 기인한다고 할 수 있다. 다른 한편으로는 중국 내부에서 사회주의 경제체제에서 시장경제로의 전환을 다른 어떤 소수민족보다도 더 치열하게 경험했기 때문에 중국 소수민족 사회, 나아가 북한의 체제 전환에 있어서도 새로운 대안적 모델을 제공할 수도 있을 것으로 기대된다. 또 한편으로는 그들이 새롭게 정착하는 각 지역에서 새로운 정치참여의 롤 모델 역할을 할 수도 있을 것이다. 이를 위해서는 재중 조선족 사회가 형성되는 시기부터 중국의 조선족으로 정착하고 빈번한 정치적 동란으로 갈등을 겪으면서 살아온 정치적 역정의

---

6) 정신철, 『중국조선족 그들의 미래는?』, 신인간사, 2000.

전 과정을 보다 구체적으로 분석하여 각 시기에 중공이 취해 왔던 정책과 그에 대한 조선족의 대응을 파악하고 분석해 볼 필요가 있다. 향후 조선족 사회의 존속과 발전, 그리고 민족의 발전적 통합을 위해서는 반드시 규명해야 할 기초 작업이기 때문이다.

끝으로, 용어와 관련하여 본 연구에서는 '재중 한인 디아스포라' 프로젝트의 원래 기획 의도에 따라 조선족 동포를 기본적으로 '재중 조선족'으로 하고, 필요에 따라 '중국 조선족' 또는 '조선족'을 혼용히여 표기하고자 한다. 물론 필요에 따라 여나 대상노 그 명칭을 구체적으로 표기할 것이다. 예컨대 중국에 공산정권이 수립되기 전 동북 지역에서 살던 사람들은 조선족과 분리하여 '조선에서 건너간 사람'의 의미로서 당시 보편적으로 불리던 '조선인(한인)'으로 표기할 것이다. 그리고 한중수교 이후 중국으로 건너가 그곳에서 생활하는, 한국 국적을 가지고 있는 사람들은 재중 한인과 구별할 필요가 있을 경우 '재중 한국인'으로 표기할 것이다.

제2절 연구의 목적

앞 절에서 제기한 연구의 필요성에 근거하여 본 연구는 재중 조선족 사회의 형성과 발전과정을 정치학(특히 중국의 민족정치학)의 시각에서 재구성해 보는 것을 목적으로 한다. 즉 정치학의 주요 개념과 방법을 사용하여 재중 조선족 사회와 관련된 정치적 이슈들을 재구성해 보고자 하는 것이다. 각 장별로 연구의 목적과 주요 내용을 요약하면 아래와 같다.

먼저 제2장에서는 기존의 관련 문헌들에 대한 포괄적인 검토를 통해 재중 조선족 사회의 형성과 발전과정에 관해 정치학 영역에서 다루어진 주요 의제와 주요 연구방법들을 개괄해 보고, 앞으로 보완해야 할 관련 이슈들을 제시해 보았다. 정치학에서 일반적으로 다루어지는 영역을 조선족 연구에 접목시켜 분석함으로써 '소수민족 정치'라고 하는 학문 영역의 확장을 도모할 수 있을 것으로 기대된다. 이를 통해 중국에서 개혁·개방의 심화와 함께 민주화 의제가 다양하게 분출되고 있는 현 상황에서 조선족의 보다 적극적인 참여를 유도함으로써 그들이 지향하는 '주류 사회'로의 진입과 한민족의 일원으로서의 역할을 확대시킬 방법을 모색해 볼 수도 있을 것으로 본다.

다음으로 제3장에서는 중국의 소수민족 정책의 틀 내에서의 중국 조선족의 입지를 파악하고자 했다. 소수민족에 대한 정책은 중국의 제반 국가정책 가운데서 가장 중요한 비중을 차지하는 것 중의 하나이며, 다민족국가의 통일 체제를 유지하기 위한 국내정치의 안정과 가장 밀접한 관련이 있는 핵심 사안이기도 하다. 따라서 중국 소수민족정책의 형성과 변화 과정에 초점을 맞추어 조선족과의 상관관계 및 그에 따른 양자 간의 갈등관계를 규명하고자 했다. 이 것이 본 연구의 첫 번째 목적이다. 재중 조선족 사회가 형성되는 과정에서 필연적으로 기존의 민족정체성과 새로운 국가정체성 사이에 갈등이 발생하였을 것이고, 그것은 이후 '적응'이라는 선택으로 귀결된다. 즉 살아남기 위해서, 또는 보다 발전적인 측면에서 주류 사회로의 '융합'의 단계를 거치게 되는 것이다. 재중 조선족으로서의 정체성이란 이러한 과정에서 형성된 부산물이라 할 수 있다. 조국과 모국(또는 고국)을 구별해야 한다는 인식과 거주국 중국에서 생존해가야 한다는 절박감이 상호 작용하였을 때 결국 적응(또는 순응)을 택할 수밖에 없었던 상황을 분석했다.

이어서 제4장에서는 중국공산당의 소수민족 정책에서 가장 핵심적인 부분을 차지한다고 할 수 있는 소수민족 간부정책과 그것이 조선족 사회에 미친 영향에 초점을 맞추어 혁명과정과 국가 수립 후의 정책과 실천을 분석했다. 중국공산당이 소수민족의 간부들과 지도급 인사들을 대상으로 하는 통일전선전술은 전체 통일전선전술의 각 분야 가운데서 가장 중요한 대상으로 취급되고 있다. 당연히 중국의 조선족에 대한 정책도 여기서 예외일 수 없다. 한편 중국에서 민족구역자치(民族區域自治)를 실시하는 지역에서 소수민족간부의 상황은 그 지역 전체의 전반적인 민족사업과 자치의 수준을 가늠하는 중요한 지표의 하나이다. 재중 조선족 사회가 형성되고 유지·발전되어 온 구심점에는 엘리트, 특히 간부들의 역할이 매우 중요했으므로 거기에 대해서 보다 상세하게 파악할 필요가 있다. 이것이 본 연구의 두 번째 목적이다. 이를 위해 본 장에서는 재중 조선족 사회의 이주 정착기를 중심으로 조선족 간부 형성의 과정과 특징 및 그 과정에서 중공의 의도와 역할 등을 분석했다.

제5장에서는 중국의 사회주의체제 건설시기의 재중 조선족 사회와 현지인(특히 한족) 및 현지사회와의 '관계형성 과정'에 주목하여 '갈등과 통합'의 문제를 분석적으로 고찰하는데 그 목적을 두었다. 재중조선족은 항일전쟁과 국공내전에서 기여한 공로로 인해 자치권을 부여 받지만 정권 수립 후 중국 내부의 급진적 정치과정 및 공산당의 소수민족 정책 좌경화로 인해 여러 차례의 수난을 겪게 된다. 정부의 간섭, 주류민족인 한족과의 보이지 않는 대립과 민족 내부 구성원 간의 갈등은 조선족 사회의 건전한 발전에 장애로 작용했다. 구체적으로는 첫째, 국적이 없던 이주민에서 중국 국적을 취득하고 조선족으로서 자리매김하게 되는 과정을 적응과 갈등 및 융합이라는 상관관계를 중심으로 분석했다. 둘째, 중국의 소수민족 정책 변화에 따른 재중 조선족 사회의 대응이라는 측면을 고찰해 봄으로써 정책이 재중 조선족 사회에 미친 영향을 파악하고자 했다.

제6장에서는 중국에서 사회주의화 과정을 통해 형성 및 '체화'된 조선족 특유의 정체성이 중국의 개혁·개방과 1992년 한중수교를 계기로 이루어진 한국(한국인)과의 조우를 통해 어떻게 다변화 되어가고, 그것을 기초로 새롭게 형성되는 가치지향은 무엇인지에 대해 알아보고자 했다. 한편, 개혁 개방과 한중수교는 재중 조선족 사회에 막대한 영향을 초래한 바, 정치적인 부분에서의 영향에 대해서도 분석을 진행하고 문제점에 대한 대안을 제시해 보고자 했다.

제2장

재중 조선족 관련 정치 분야
선행연구의 검토

이 장에서는 기존의 관련 문헌에 대한 검토를 통해 지금까지 이 영역에서 다루어진 주요 의제와 주요 연구방법을 포괄적으로 검토한 후 보다 객관적이고 통섭적인 연구를 위한 새로운 시각과 개념, 그리고 방법을 제시해 보고자 한다.

제1절 재중 조선족 관련 정치문제 연구의 현황

기존의 재중 조선족과 관련된 연구들에서는 여러 가지 제약요인들로 인해 재중 조선족 사회 자체의 문제점과 그에 따른 해결책을 제시하는 선에서 분석이 이루어져 왔다. 또 재중 조선족과 관련된 정치적으로 민감한 주제나 한중관계와 연관된 재중 조선족 문제에 대해서는 연구결과가 원론적이고 미미한 실정이다(특히 중국에서는 이런 현상이 더욱 현저하다).[7] 한국에서도 아직까지 재중 조선족 사회의 정치활동에 관한 체계적인 연구가 이루어진 적은 없지만 여러 관련 기관들과 관심 있는 개별 학자들의 연구 결과들을 통해 일단의 단서들을 포착할 수 있다. 이러한 연구들은 정치학자들에 의한 것은 주로 남북한 및 통일에 대한 재중 조선족 사회의 인식과 태도 분석에 집중되어 왔고 기타 정치 관련 범주의 세부 주제들, 예를 들어 정치사회화, 문혁에 대한 재중 조선족의 대응, 재중 조선족의 정체성, 재중

---

7) 관련 연구 현황에 대한 체계적인 분석으로는 김예경, "중국 조선족 연구의 한중 비교," 『동아연구』 제50집(2006년 2월), 309-341쪽을 참조.

조선족의 글로벌화 등은 정치학에서 보다는 문학이나 교육학, 인류학 및 민족학의 범주에서 간접적으로 다루어 왔다.[8] 한중수교 이후 인적 교류가 활발해지면서 중국학자와 재중 조선족 학자들의 연구 성과도 쉽게 접할 수 있게 되고 현지조사를 통한 연구들도 활발하게 이루어져 많은 연구 성과들이 누적되고 있어 이 분야에 대한 이해의 폭을 넓힐 수 있게 된 것은 다행스러운 일이라고 하겠다.

한편 중국에서 하나의 학문영역으로 자리를 잡아가고 있는 '민족정치학(民族政治學)'은 다민족 국가로서의 중국의 특징을 보여주는 현상이라고 할 수 있다. 본 연구에서는 이들의 연구에서 활용되는 정치학 개념과 방법들을 원용하고자 한다. 그들이 말하는 민족정치학은 민족과 연관된 정치 사무를 연구하는 학문분야, 즉 민족문제 중의 정치 의제만 연구하는 학문이다. 그 연구대상으로는 다민족 국가의 민족정치, 민족-국가 관계, 민족 간 정치관계, 민족정치 행위 등으로, 정치학의 시각으로 민족정치를 연구한다. 기타 학문 분야에서 민족문제를 연구하는 것과의 차이점은 우선 연구 대상과 범위에 있어서 민족과 연관된 정치적 사무를 주로 연구하고, 다음으로 연구 시각과 방법에 있어서는 주로 현대 정치학의 기본 원리와 정치학 방법으로 민족문제를 연구한다. 즉 공권력의 귀속, 공공 사무관리 등의 시각에서 민족 정치문제를 연구한다. 중국에서는 1980년대 후반부터 정치학의 시각에서 민족정치 문제를 체계적으로 연구하기 시작했으며, 중국 소수민족 정치와 관련해서는 2000년대에

---

8) 이진석, "한국과 중국 연변 조선족 고등학교 정치 교과서 내용분석 - 공통적인 정치 용어를 중심으로," 『법교육연구』 제5권 제1호(2010년 6월) 105-131쪽; 차희정, "문화대혁명의 발생과 중국 조선족의 대응 - 연변일보 게재 소설을 중심으로," 『한국문학논총』 제60집(2012. 4), 257-283쪽; 허명철, "조선족 공동체와 정체의식," 『통일인문학논총』 제52집(2011. 11), 307-326쪽; 임유경, "디아스포라의 정치학 - 최근 중국 조선족 문학비평을 중심으로," 『현대문학의 연구』 36집, 179-217쪽 등을 참조.

들어와서부터 연구되기 시작했다.[9]

최근 재중 조선족 사회는 중국이 개혁·개방 이후 강대국으로 부상함에 따라 그 성격이 급격하게 변화하는 전환기에 있다. 그러한 상황에서 기존 및 새롭게 형성되고 있는 재중 조선족 사회의 형성과 유지 메커니즘을 설명하고, 장래 발전의 가능성을 학술적으로 모색하는 연구는 필수적이다. 경험적 자료를 이용한 실증적 연구를 통해 재중 조선족 사회의 정치과정을 기술하고, 정치학에서 정립된 이론을 이용하여 재중 조선족 사회의 특성을 설명하며, 그 발전 방향을 모색하는 것은 학문적으로 중요할 뿐 아니라, 정책적으로도 의미 있는 작업이다.

재중 조선족에 대해서는 지금까지 주로 이주역사, 정체성, 중국의 대 조선족(소수민족) 정책, 문화(문학, 민속, 음악 등), 사회(조선족 집거구 해체 및 그에 따른 경제, 지역, 인구, 여성, 언어, 교육 등의)문제, 남북교류 및 통일 과정에서의 역할, 한민족 공동체 형성에서의 역할 등의 주제로 다양한 연구가 진행되어 왔다.

우선 재중 조선족의 역사와 관련해서는 조선족 역사학자 김춘선(金春善)이 그의 글에서 지적했듯이 지금까지의 조선족 역사 연구는 모두 재중 조선족의 역사만 중심으로 연구되어 왔고, 그것도 주로 혁명사 위주로 이루어져 왔다. 그러나 재중 조선족은 이주민으로서 중국이란 이국지역에서 현지 정부와의 관계 내지는 기타 민족과의 관계도 함께 연구되어야만 그 정착, 발전과정을 다각적으로 규명할 수 있다. 뿐만 아니라 미국, 일본, 러시아 등지의 조선인들과도 비교연구를 진행하여 공통점과 차이점을 찾아내 재중 조선족

---

9) 高永久 等編著, 『民族政治學槪論』(天津: 南開大學出版社, 2008), 9-10쪽.

사의 특징을 규명하여야 한다. 그리고 중국의 소수민족으로서 기타 지역의 소수민족과도 서로 비교하고, 그 동안 금기시되었던 정치 분야의 문제에 대해서도 객관적인 연구방법을 사용한 분석을 시도 할 필요가 있다.

재중 조선족관련 정치문제 연구의 접근 차원은 재중 조선족 사회 자체의 차원, 분단된 모국과 재중 조선족 사회의 관계 차원, 주재국 (민족관계) 및 국제관계(글로벌화)의 차원 등으로 나누어 접근할 수 있다. 물론 이 세 층위의 접근차원은 각각 분리되어 존재하는 것이 아니라 서로 유기적인 연계를 맺고 있다. 따라서 기존의 관련 연구 들도 자주 이 세 가지 측면을 포괄하여 분석하는 경향이 있어 왔다.

안병만과 최관장은 한국 촌락주민의 의식과의 비교연구를 통해 연변 조선족자치주 주민의 정치의식(정치신뢰, 정치효능), 정치정향, 정치참여 등에 관해 현지 설문조사를 통한 분석을 실시했는데, 이 는 국내에서 사회주의 체제하의 연변 조선족들의 정치의식에 대해 진행한 최초의 조사연구로서 의의를 갖는다고 할 수 있다.[10]

그 외에 조선족 사회에 대한 전반적인 소개를 위주로 한 개설서 의 성격을 갖는 연구로는 『재중 조선족 사회의 변화: 1990년 이후 를 중심으로』(권태환 2005), 『격동기의 중국조선족』(이광규 2002), 『코리안 디아스포라』(윤인진 2004) 및 조선족 학자 정신철의 『중국 조선족사회의 변천과 전망』(1999) 등이 있다.

---

10) 안병만, 최관장, 연변 조선족자치주 주민과 한국 촌락주민의 의식 비교연구—정치, 경제, 전통 사회문화의식을 중심으로, 『중국연구』 제18권, 34-51쪽.

제2절 재중 조선족 관련 정치문제 연구의 주요 이슈

1. 재중 조선족의 정체성에 관한 연구

재중 조선족의 정체성과 관련해서는 재중 조선족 학자 및 연구자들의 연구가 단연 압도적이라고 할 수 있다. 특히 그들 사이에서는 재중 조선족의 정체성과 관련하여 온라인상에서 첨예한 논쟁(조성일과 황유복의 논쟁이 대표적)이 벌어지기도 했다. 한국에서는 임진철(2002), 최우길(2005), 김정하(2007), 예동근(2009), 이현정(2001) 등의 연구가 있으며 일본에서는 권향숙(2003)의 연구가 있다. 이들 연구는 동북아 공동체 차원에서 민족과 국가를 초월하는 '제3의 정체성'이 필요하다는 것을 제기한다는 점에서 기존의 재중 조선족 정체성과 관련된 연구들과는 구별된다.

이들의 연구를 종합하면, 해방 전 재중 한인(조선인)은 한반도를 조국으로 여겼지만 제2-5세대가 살고 있는 오늘날 그들의 조국관은 중국으로 굳어졌다고 한다. 1950년대 초에 그들은 집단적으로 중국 국민이 되었고, 중국공산당의 민족정책과 혜택에 힘입어 참정의 기회를 획득했다고 한다. 재중 조선족의 중국에의 귀속의식은 1949년 신 중국 성립 이후에 형성된 그다지 오래 되지 않은 관념이다. 공식적으로는 물론 심리적으로도 거의 조선어를 쓰고 조선족끼리 모여 살았으면서도 중국을 조국으로 생각하게 되었다는 것은 매우 중요한 정체의식의 변화가 아닐 수 없다. 중국에 대한 일체감의 측면

에서 보면, 재중 조선족의 국가관 형성은 기본적으로 중화인민공화
국의 역사기억에 근거하여 구축된 것이다. 중국공산당은 공산주의
라고 하는 보편성과 추상성을 가진 가치관과 신념 교육을 통하여
성공적으로 서로 다른 민족 사이의 모순과 가치관의 한계를 초월하
여 중국 내의 조선족과 중화인민공화국의 주류 가치관, 즉 공산주
의의 역사기억과 국가정체성을 구축했다.[11] 그러나 개혁·개방 이
후 중국의 정치경제에 거대한 변화가 발생하면서 국가 이데올로기
의 사회생활에 대한 영향력도 점차 약화되어 국가정체성의 유내에
도 자연히 변화가 발생했다. 이에 따라 과계민족으로서 재중 조선
족이 중국의 기타 소수민족과 구별되는 특징도 갈수록 드러나기 시
작했다.[12]

2. 조선족의 법적, 정치적 지위에 관한 연구

이 분야에서의 기존 연구들은 주로 재중 조선족은 중국의 우호적
인 소수민족정책에 따라 중앙과 유관 지방정부의 정치에 직접 참여
할 수 있었고, 재중 조선족 집단 거주지에 자치기관을 설치, 자치권
을 행사해 왔다는데 집중되었다. 그러나 개혁·개방 이후 정치권력
과 경제를 주도하고 있는 주류 한족 중심의 발전으로 인해 기타 소
수민족과 마찬가지로 중앙 정치권력에서의 소외를 절감하고 있다.

기존 연구의 주요 내용은 "재중 조선족은 신 중국 건국에 있어
지대한 역할을 했고, 이러한 혁명에의 공헌은 그들이 중국에서 당

---

11) 王紀芒, "全球化時代中國朝鮮族的民族認同與國家認同," 『湖北民族學院學報』, 2008,

12) 李梅花, "中國朝鮮族國家認同研究綜述," 『大連民族學院學報』 第14卷 第2期, 2012年, 100쪽.

당하게 살아가는 힘의 원천이 되어 왔다. 즉 중국 국민으로서의 권리를 누리게 하는 사회적·역사적 기반"13)이라는 것이다. 이로 인해 "재중 조선족의 정치적 지위는 기타 국가들에 거주하는 해외동포들에 비해 상대적으로 높은 편이다. 이는 다민족 국가인 중국의 민족정책과도 연관이 있지만, 본질적으로는 재중 조선족 스스로의 피땀, 그리고 희생을 통해 획득한 것이기 때문이다. 재중 조선족은 공산당이 이끄는 항일전쟁과 국공내전, 그리고 토지혁명 등에서 상당한 공을 세웠다. 이러한 공로가 없었다면 단순히 민족평등 정책만으로는 조선족의 지위가 그처럼 높아질 수는 없었을 것이다. 그후 재중 조선족 사회는 중국이 개혁·개방을 실시하기 전까지는 자급자족의 농업경제 기반 위에 모국어를 매체로 고유한 전통문화를 계승, 발전시켜 왔으며, 높은 교육열에 힘입어 중국 내에서도 문화수준이 가장 높은 민족이라는 위상으로 긍지와 자존심을 지켜 왔다."14)는 것 등이다.

특히 조선족의 정치적 지위는 주로 자치권의 행사와 다수의 조선족 간부(특히 정치 엘리트)가 중국 국가기관에 진출한 것 등으로 대표되어 왔다. 그 중 간부, 특히 고위간부의 존재는 민족공동체의 위상 제고, 민족공동체와 각급 정부 간의 소통 및 민족공동체의 운영경비 조달 등에서 큰 역할을 해왔다.15)

그러나 중국의 개혁·개방 이후 재중 조선족 사회를 포함하는 소수민족들은 혜택으로 살아가는 시대가 아니라 실력과 자유경쟁으로

---

13) 김병호, 중국의 민족이론정책과 법률에 있어서의 연변조선족의 지위, 『평화연구』, 1999, 49-50쪽; 이진영, "중국 동북지역의 소수민족문제와 조선족: 중국 출판물을 중심으로," 『중국 동북연구—방법과 동향』, 326쪽.

14) 김병호, "중국의 민족이론정책과 법률에 있어서의 연변조선족의 지위," 『평화연구』, 1999, 51쪽.

15) 정인갑, "한민족공동체(KC)와 재중 조선족," 『한민족공동체』 7호, 1999, 149-150쪽.

살아가야 하는 시대에 직면하게 되었다. 연변 자치주의 간부가 다수의 한족들로 채워지고 있으며, 후대를 배양하는 다수의 민족학교들이 학생들이 없어 폐쇄되고 있는 실정이다. 따라서 재중 조선족들은 지난 반세기 동안 중국에서 꾸었던 '우수한 소수민족'이라는 잠에서 빨리 깨어나 올바른 민족정체성에 눈을 뜨고 세계화로 나아가는 현 시대를 직시해야 한다. 그러기 위해서는 새롭게 정착하기 시작한 도시지역의 환경에 맞는 정치적 의식을 배양하고 유능한 민족엘리트16)들을 양성하여 진정한 주류사회로의 진입을 모색해야 할 것이다. 그러나 그 동안 이 분야의 연구는 거의 주류사회로 진입해야 한다는 당위론적인 서술에 그치고, 구체적인 전략이나 실천방안은 제시하지 못했다. 변화하는 정치현실과 경쟁 규칙에 대한 치밀한 분석과 대응책을 마련하는 것만이 재중 조선족 사회의 존속과 발전을 도모할 수 있는 유일한 길일 것이다.

우리는 최근 개혁·개방 이후 중국공산당의 강령이 '계급정당(階級政黨)' 성격에서 '전민정당(全民政黨)'을 지향하는 방향으로 바뀌고, 그에 따라 많은 기업가들을 포함한 신흥계층들이 중국의 정치무대에 새롭게 등장하는 모습을 목도해왔다.17) 이는 중국의 정치

---

16) 민족 엘리트에는 정치엘리트, 경제 엘리트, 지식 엘리트, 문화 엘리트 등이 포함되는데, 중국 조선족 사회의 엘리트 구성과 관련하여 최근의 추세는 정치엘리트의 퇴조와 경제엘리트의 약진이 가장 큰 특징이라고 할 수 있다. 거기에는 여러 가지 원인이 있겠지만 무엇보다도 중국의 정치·행정 분야에서 혁명(정치)엘리트의 퇴진과 그것을 뒷받침 할 수 있는 차세대 엘리트 양성의 부진을 들 수 있고 경제 분야에서 개혁·개방의 기회를 활용해 실력을 갖춘 경제엘리트가 다수 출현한 것을 들 수 있겠다. 한편 대도시와 해외를 중심으로 하여 지식 및 문화엘리트도 각 분야에서 활약하고 있다. 高永久 等編著, 『民族政治學槪論』(天津: 南開大學出版社, 2008), 110쪽.

17) 신흥계층은 장쩌민의 '삼개 대표론(三個代表理論)'이 제16차 전국 공산당 대표대회에서 공식 이데올로기로 채택된 후 급속한 경제 발전으로 생겨난 중산층에서 한 단계 더 도약한 그룹을 지칭한다. 중국 통일전선부의 분석에 따르면 이들 신흥계층은 대부분 고학력·고소득자로, 주로 민영기업이나 전문 직종에 종사하면서 통제보다는 자유사상을 선호하고, 안정보다는 변화를 추구하는 특성을 보이고 있다. 직업은 변호사, 회계사, 자영업, 중소기업 사장, 다국적 기업 종사자 등 다양하다. 신흥계층의 급속한 성장과 그들이 중국의 사회경제 발전에서 차지하는

환경이 급속히 변화하고 있음을 의미한다. 이러한 현상은 소수민족과 관련된 정치현실에 있어서도 예외가 아닐 것이다. 중국의 중앙 지도자들도 누차에 걸쳐 정치민주화를 강조하고 있으며, 소수민족 간부의 확충과 관련해서도 다양한 정책들이 제기되고 있다. 중국의 입장에서 보면, 재중 조선족은 '다민족 통일국가' 중화인민공화국을 구성하는 56개 민족 중의 하나이며, 막 형성되고 있거나 이미 형성된 '중화(中華)민족'의 일원이다. 중국 국민의 자격으로 당당하게 중앙이나 지방의 정치무대에서 활약하면서 민족의 이익을 대변할 수 있는 방도를 모색하는 것이 재중 조선족 사회 지성인들의 시대적 사명이라고 하겠다.

다만 중앙 차원에서의 점진적 정치민주화 조치에도 불구하고 지방정치 차원에서는 여전히 융통성이 떨어지는 경직된 상태에 머물러 있다고 할 수 있다. 특히 변경지역에 위치한 연변자치주의 경우는 더욱 더 그러하다. 행태주의 정치학자들의 분류에 의하면 현재 중국의 정치문화는 여전히 "신민형(臣民形) 정치문화"의 초기 단계에 속한다고 본다. 즉 정치공동체에 대한 의식이 생기기 시작했지만 능동적으로 정치과정에 참여하려는 정도까지는 아니라는 것이다. 지방의 경우 이런 현상은 보다 현저하게 나타나며, 재중 조선족들도 마찬가지다.[18] 이런 사실은 재중 조선족의 과도하게 긍정적인 국가관에서도 엿볼 수 있는데, 그들 중 다수는 여전히 중국 공산당

위치 등으로 인해 일부 학자는 공산당 가입 여부에 관계없이 이들을 정부와 공공기관으로 끌어들여 선진사회 건설의 주역으로 활용할 때가 왔다고 주장한다. '삼개 대표론'은 "중국공산당이 중국 선진생산력의 발전 요구, 중국 선진문화의 전진 방향, 중국의 가장 광범위한 인민의 근본이익을 대표해야 한다(始終代表中國先進社會生産力的發展要求, 代表中國先進文化的前進方向, 代表中國最廣大人民的根本利益)"는 이론이다.

18) 곽승지, 『동북아시아 시대의 연변과 조선족』 아이필드, 2008, 124-125쪽. 기타 일부 현지조사 결과 관련 논문 참조.

과 정부의 '시혜'에 대해 감사한다는 입장을 보이고 있다.

3. 중국의 조선족 정책 및 남북한과 조선족의 관계에 대한 연구

이어서 중국의 조선족 정책 및 남북한의 대 조선족 정책과 관련해서도 다양한 연구 결과물들이 산출되었다. 중국의 소수민족 정책의 일환인 조선족 정책과 관련해서는 김예경(2009)의 연구가 있는데, 그 제목에서도 나타나듯이 중국의 조선족 정책에서 나타나는 미묘한 부분을 감지할 수 있다. 이어서 재중 조선족과 남북한의 관계 및 통일에 대한 연구로는 "남북한 경제협력과 재중국동포의 역할."(김시중 1995); "남북통일에 있어서 중국 조선족의 역할."(김강일 1998); 최영관(2001); 방수옥(1998); 양오진(1994) 등이 있고, 정책연구 성향의 실태조사연구로는 통일연구원에서 발간한 『동북아 한민족 사회의 역사적 형성과정 및 실태』 등이 있다.

중국의 민족정책은 정치평등, 경제발전, 문화번영, 사회보장을 기본 특징으로 한다. 또한 민족구역자치제도를 핵심 내용으로 하는 비교적 완성된 국가정책의 하나이다. 민족구역자치제도는 중화인민공화국의 기본 정치제도의 하나로, 그 법률적 보장은 1984년에 반포되고 2002년에 수정된 중화인민공화국 민족구역자치법이다.

재중 조선족 사회는 중국의 동북지역에서 소수민족으로는 유일하게 지구급(地區級)의 자치주를 보유하고 있어서 행정적으로 대표되는 민족이다. 재중 조선족의 자치행정이 가능했던 배경으로는 집단거주에 따른 인구의 상대적 우세, 다민족 국가인 중국의 민족구역자치법 및 중국공산당과 함께 혁명에 기여한 정치적 위상 등이 복합적으로 작용했다. 자치정부의 성립은 조선족으로 하여금 조선족을 다스리게 한다는 어용 도구적 역할 등의 문제점도 없지 않지만 재중 조선족의 거주, 생활 및 생산의 '영토'를 정치적 '영토'로 승격시키는 역할을 했다.19)

그러나 현실적으로 사회주의국가에서 일반주민이 자신의 정치적 입장을 밝히는 것은 허용되지 않는다. 특히 지방의 정치 환경은 중앙무대와 다르다. 지방에서는 상대적으로 중앙무대와 같은 융통성이 훨씬 더 제한적이다. 이른바 '공산당영도 견지'의 원칙이 보다 엄격하게 지켜질 뿐 아니라 그 역할도 공산당이 중앙에서 결정한 사항을 집행하는데 초점이 맞추어져 있기 때문이다. 따라서 연변의 재중 조선족 역시 사회주의 중국의 국민으로서 이러한 정치 환경의 지배를 받고 있다. 즉 정상적인 정치적 기제를 통해서가 아니라면 자신의 정치적 소신을 섣불리 제기할 수 없다. 더욱이 연변은 소수민족 자치주라는 점에서, 그리고 민족적 연대감을 형성할 수 있는 한반도와 인접해 있다는 점에서 중국 중앙정부로부터 더 많은 주목을 받고 있는 측면도 있다. 따라서 현실적으로 재중 조선족들의 정치의식을 논하는 것은 매우 민감한 문제이다.20)

한편 중국이 개혁·개방을 지속하면서 동북지역의 국제협력에 있어서도 재중 조선족 사회의 중요성이 부각되었는데, 그것은 이들이 두 개의 모국을 가진 유일한 소수민족이기 때문이다.21) 중국정부 입장에서 볼 때 동북지역은 다른 변경의 소수민족 지역과는 다

---

19) 정인갑, "한민족공동체(KC)와 재중 조선족," 『한민족공동체』 7호, 1999, 147-149쪽.

20) 곽승지, 『동북아시아 시대의 연변과 조선족』, 아이필드, 2008.

21) 이진영, 중국 동북지역의 소수민족문제와 조선족: 중국 출판물을 중심으로, 『중국 동북연구: 방법과 동향』, 동북아역사재단, 2010, 324쪽.

른 주객관적 환경과 현실적 상황에 처한 것으로 인식된다. 이곳은 변경지역이지만 절대다수의 결집력이 강한 소수민족이 지배적 위치에 있지 않으며, 또한 이들(조선족 등)이 스스로 분리 독립을 주장하고 있지도 않다. 그러나 1992년 한·중 수교 이후 재중 조선족 사회에 '한국바람'이 일고 한국에서 재외동포법 개정 논의가 진행되면서 국제적으로 일정한 위상을 갖는 모국을 배후에 두고 있는 재중 조선족 사회의 변화에 중국정부가 민감한 반응을 보이기 시작했다. 승국정부로서는 이 지역이 중국의 다른 어느 변경지역 보다도 더 전략적·지정학적·경제적 측면에서 중요한 곳이면서 동시에 정치·경제·사회적 불안요인들을 내포하고 있는 곳이기도 하기 때문이다.

그런데 중국 정부의 재중 조선족 사회의 변화에 대한 민감성은 조선족 문제 자체 보다는 중국 동북지역에서의 다른 불안정 요소, 즉 급격한 사회변화와 자본주의적 경쟁요소 도입, 이로 인한 빈부격차와 노동자들의 시위, 탈북난민 문제의 국제적 쟁점화, 그리고 북한 핵문제, 북한 체제의 불안과 동요, (한)·미·일동맹의 강화 등 주변 동북아 정세의 변화가 급변하면서 지역 불안 요인으로 부각된 측면이 있다. 특히 이러한 국내외 정세의 불안정 과정에서 전략적 요충지인 동북지역의 영토 및 국경문제 발생 가능성을 경계하게 되었다. 이러한 배경에서 '동북공정'과 '동북진흥전략'이 추진되었던 것이다. 따라서 이러한 큰 흐름에 대한 이해를 바탕으로 한 치밀한 대응이 필요하다.22)

---

22) 『아시아경제』, 2011.08.04 http://www.asiae.co.kr/news/view.htm?idxno=2011080410534549606

제3절 재중 조선족 관련 정치문제 연구의 과제와 전망

중국의 소수민족 정책은 중국 특유의 정책 중의 하나이다. 소수민족의 사회문화적 특성을 인정하는 토대위에서 이들이 중국국민의 일원으로 중국발전에 기여하게 하는 이 정책은 지금까지는 성공적이었다고 평가할 수 있다. 재중 조선족과 관련해서도 같은 평가가 가능하다. 앞에서 언급한 바와 같이 재중 조선족동포들이 긍정적이고 낙관적인 국가관을 지니고 있는 데서 입증된다.

그러나 중국이 개혁·개방정책을 적극적으로 추진하면서 소수민족정책도 새로운 도전을 받고 있다. 정치경제적 환경변화로 인한 개개인의 사회적 욕구가 강화된 것이 가장 큰 요인이다. 정치적 민주화와 경제적 발전이 소수민족들의 삶에 변화를 가져왔고 이러한 변화가 기존의 소수민족정책에 영향을 미치고 있는 것이다. 재중 조선족의 경우는 거기에 더하여 해외 모국으로서의 한국의 존재가 중국의 대외정책에도 영향을 미치는 요소로 부각되면서 중요한 이슈로 떠오르고 있다. 따라서 이러한 환경 변화에 따른 여러 가지 파생 이슈들을 면밀히 검토하는 것이 재중 조선족 사회의 미래와 모국과의 관계 설정, 그리고 중국에서의 주류사회 진입과 밀접한 연관이 있다고 하겠다.

1. 중국의 민족정책과 국내정치

다민족 국가로서 중국의 민족문제는 실질적으로 국내 정치안정과 가장 밀접한 관련이 있는 핵심 사안이다. 중국의 역사는 다른 한편으로 민족교류사였다고도 할 수 있을 만큼 민족관계는 역사적으로 중요한 문제였고, 현재도 전국토의 약 64%를 차지하는 육지 국경지역에 주로 거주하고 있는 소수민족문제는 중국의 국내외정책에서 가장 중요한 고려 대상의 하나이다.

중국공산당이 민족평등, 민족단결, 민족경제발전과 공동번영을 민족문제 해결을 위한 민족정책의 근본이자 방향으로 제시하고 있는 이유도 민족 간의 불평등 현상이 존재하고 있고, 그것이 민족단결의 문제를 야기하며, 민족경제의 발전과 공동번영이 없으면 민족 불평등 현상과 민족단결의 해결이 불가능하다는 점을 스스로 시인하는 것이라고 볼 수 있다. 동시에 그것은 민족문제가 중국 사회에서 여전히 중요한 정치적 문제임을 경고하는 것이기도 하다. 따라서 중국의 현행 민족정책의 실질적 내용과 그것이 갖는 한계, 그리고 민족관계에의 영향을 재중 조선족을 중심으로 분석해 볼 필요성도 존재한다.

2. 국제환경의 변화와 조선족의 민족문제

1980년대에서 1990년대를 거치면서 진행된 구소련과 동유럽의 공산국가들의 해체와 이어진 유고슬라비아의 내전과 분열, 체코의 분열은 다민족국가인 중국에게 큰 충격을 주었다. 다수의 다민족

공산국가가 민족문제로 인하여 분열되었고 결국은 해체되었기 때문이다. 중국에서 국가통일과 국가분열은 민족문제와 민족관계가 늘 밀접한 상관관계가 있었다는 역사적 사실은 물론이고, 오늘날 중국도 다민족국가로서 민족문제 역시 국가의 통일과 분열의 핵심문제로 인식되어지고 있기 때문에, 중국공산당에게 그러한 구소련과 동유럽 공산국가들의 해체와 분열은 매우 큰 충격이 되었다. 따라서 국제환경 변화에 따른 중국의 소수민족정책 변화와 영향 및 거기에 따른 재중 조선족 사회의 입장을 분석할 필요가 있다. 사실 재중 조선족은 그동안 중국의 민족정책에 있어서 그다지 큰 문제가 되지 않았다. 그것은 그 동안 재중 조선족 스스로가 환경에 적응하려는 노력을 했기 때문이다. 그러나 한중수교 이후에는 사정이 달라졌기 때문에 거기에 따른 현상을 정리할 필요가 있다.

3. 소수민족의 정치적 신뢰의 문제와 조선족

중국의 소수민족문제에서 민족정체성과 국가정체성이 여전히 언급되는 것은 민족정체성과 국가정체성 사이에 갈등문제가 여전히 존재한다는 것을 의미한다. 그 중에서 가장 큰 문제는 소수민족과 한족 사이의 정치적 신뢰의 문제이다. 소수민족의 내부정치 혹은 소수민족들 사이의 정치적 신뢰도 문제는 있지만, 가장 큰 문제는 역시 현재 중국의 정치를 지배하는 권리를 장악한 한족들에 대한 정치적 신뢰의 문제라고 할 수 있다. 그리고 그것이 중국의 소수민족들의 민족정체성과 국가정체성의 핵심문제라고도 할 수 있다.

소수민족과 한족 사이의 정치적 신뢰의 문제는 역사적으로 유래

된 소수민족에 대한 멸시나 차별에서 비롯된 소수민족들의 한족들에 대한 반감 정서와 밀접한 관련이 있다. 소수민족들이 한족의 정치체제나 정치행위에 대하여 그다지 신뢰할 수 없는 역사적 요인이 늘 존재하고 있다고 볼 수 있기 때문이다. 역사적으로 한족이 지배하던 시기에 한족은 변방의 이민족들에 대한 각종 형식의 회유기미정책(懷柔羈縻政策)을 구사했는데, 이는 사실상 정치적 신뢰를 얻기 위한 정책이었고 제도였다고 볼 수 있다. 중국에 공산당 정부가 수립된 이후에도 민족평등과 민족단결을 기조로 하는 정책을 통해서 소수민족들에 대한 정치적 신임을 확보하고자 노력하였다. 민족식별이나 민족구역자치제도, 혹은 각종 특수한 지원정책을 통해서 질적으로 변화를 모색했지만, 각종 요인들로 인하여 정치적 신뢰문제는 여전히 소수민족지역에서 돌출되는 문제이고, 정치안정을 위협하는 요인이라고 보고 있다. 따라서 재중 조선족과 관련해서도 그와 같은 문제들을 구체적 사례를 통해 분석할 필요가 있다.

4. 소수민족의 정치참여와 조선족

중국에서는 공산당이 유일집권당을 고수하는 정치체제의 특성상 일반국민들의 정치참여는 지극히 제한적일 수밖에 없다. 그것은 소수민족지역이나 소수민족들의 경우에도 예외가 될 수 없다. 특히 소수민족지역에서는 '분리 독립'이라는 정치적으로 매우 민감한 정치적 문제가 존재하기 때문에, 소수민족들의 '정치참여'혹은 정치권력 확대라는 자체에 대해서 중국공산당으로서는 경계하고 민감하게 반응하지 않을 수가 없는 상황이다. 과거의 소수민족 정치참여는 단순히 중앙 또는 지방정부가 마련한 프로그램에 따라 '대표'로 선발되거나 '간부'로 양성되어 정치협상회의나 정부로 진출하는 '시혜적' 차원의 참여가 전부였다.

그러나 중국사회가 개혁·개방을 통해 시장화로 전환되기 시작하면서 사회구성원들의 '수요의 형성'과 '수요의 만족' 사이에 차이가 나타나기 시작했다. 이러한 문제들을 정치적 방법으로 해결하려고 하는 경향이 늘어났고, 그것이 정치참여의 확대요구로 나타나는 것은 당연한 추세이다. 민족의식의 자극이 많은 소수민족들은 자신들의 이익에 대한 관심이 높아졌고, 정치적 수단으로 각자의 이익을 쟁취하고 보호하려고 시도하고 있으며, 이것이 소수민족 정치참여의 증가를 초래하고 있다. 이러한 상황에서 중국 소수민족지역의 사회·정치적 조건이 완비되지 못했기 때문에, 정치참여의 제도화가 부족하고, 그 결과 민족지역의 비제도화 정치참여, 항의성 정치참여, 폭력성 정치참여로 인한 사건들이 증가하고 있다고 볼 수 있다. 따라서 재중 조선족과 관련된 이러한 일련의 정치참여도 사례별로 분석할 필요가 있다.

5. 소수민족의 정치적 무관심과 조선족

중국에서 소수민족들의 정치적 무관심은 여러 가지 원인으로 나타나고 있다. 첫째, 중국이 정치체제 개혁을 추진하고 있지만, 그것이 경제개혁에 비하여 속도가 지나치게 느리고, 또한 일반 민중들은 그 발전방향을 파악하기가 어려워 자연히 그것에 대한 열정을 쉽게 나타낼 수가 없다. 둘째, 민족지역의 많은 주민들은 이제 막 '온포문제

(溫飽問題)', 즉 먹고사는 문제를 해결한 상황이고, 부자가 된 사람들이 소수이기 때문에, 우선 생활문제를 해결하는 문제가 정치참여보다 우선인 상황이다. 셋째, 역사적으로 좌경사상의 영향과 수차례의 정치운동을 통해 심각한 피해를 입었기 때문에 정치를 두려워하고 정치로부터 심리적으로 혹은 행위상 멀리하려는 경향이 있다. 넷째, 권력독점이 정부와 군중 사이의 관계를 소원하게 하고, 많은 사람들이 정치는 정부의 업무이고 백성과는 무관한 것이라고 생각하고 있다. 예를 들면 기층주민들이 선서과정에서 정부 또는 당이 지명한 사람을 투표하는 것이 바로 그러한 것이다. 다섯째, 군중들의 정치 권리의 무시와 군중들의 정치참여 경로의 폐쇄성이 군중들의 정치참여에 대한 열정을 좌절하게 만들었다. 예를 들면 정부에 고충을 호소하는 '상방(上訪)'에 대한 금지나 또한 '상방'하는 사람에 대한 보복과 같은 일들이 정치에 대한 냉담을 유발하는 중요한 원인들이다. 정치 냉담은 정치열정과 서로 반대되는 현상지만, 일단 빈부격차의 심화나 정치부패 등으로 군중들이 더 이상 희망이 없다고 판단되면, 특정한 상황에서 정치냉담이 정치열정으로 급격하게 폭발되면서 정치 불안을 조성할 수도 있다. 따라서 현 상황에서의 재중 조선족 사회의 정치적 무관심의 사례를 분석해 볼 필요성도 있다.

지금까지 기존의 관련 문헌에 대한 검토를 통해 재중 조선족 사회의 형성과 발전과정에 관해 정치학 영역에서 다루어진 주요 의제와 주요 방법론을 개괄해 보고 앞으로 보완해야 할 관련 이슈들을 제시해 보았다. 정치학에서 일반적으로 다루어지는 영역을 재중 조선족 사회의 연구에 접목시켜 활성화시킴으로써 연구영역의 확장과 다양한 후속 연구주제를 발굴할 수 있을 것으로 기대된다.

제3장

중국의 소수민족정책과
재중 조선족 사회의 형성

제1절 중국공산당 민족정책의 형성과정

과거 중국의 역사는 한족의 팽창과 소수민족의 저항으로 점철되었다. 중국의 역사를 관통하고 있는 소수민족 정책은 일반적으로 한족 중심의 중화사상을 바탕으로 소수민족의 동화를 강조하는 것이었다. 역사적으로 중국의 소수민족에 대한 통제와 감시는 아주 정교하고 계획적으로 추진되어 왔다. 중국에서는 사실 전통적으로 중국인과 소수민족간의 통혼과 한족 이주정책, 그리고 소수민족 지식인의 한화(漢化) 등을 통해 소수민족에 대한 통합정책이 진행되어 왔다. 즉 중국은 전통적으로 '대일통(大一統)'의 중앙집권적 국가구조를 지향했다. 그러나 중국혁명을 이끌던 초기에 중국공산당이 주창했던 소비에트식 국가구조는 연방제였고, 후에 점진적으로 '민족구역자치'라고 하는 독특한 구조를 지향하게 되었다. 현재 중공이 직면한 민족문제는 다민족 융합을 위해서 어떠한 국가형식을 취해야 하고, 어떻게 대한족주의(大漢族主義)와 민족분열주의를 극복할 것인가이다. 중국의 역사발전과정은 한족(漢族)과 이민족간의 부단한 갈등과 융합(融合)의 역사였다고 할 수 있다. 현재 중국이 비록 56개 민족으로 구성되어 있지만, 주체는 인구의 92%정도를 차지하는 한족이다. 한족 사회의 주변부에 머물고 있는 민족이 바로 소수민족이다. 거시적으로 봐서 한족과 기타 소수민족이라는 이원적 민족구성 하에 소수민족의 한화가 주요 추세다.[23]

---

23) 박병구, 「중국 다문화주의의 실태와 문제점: 한족과 소수민족의 융합에 관한 연구」, 『민족연구』 vol.30. 2007, 196-197쪽.

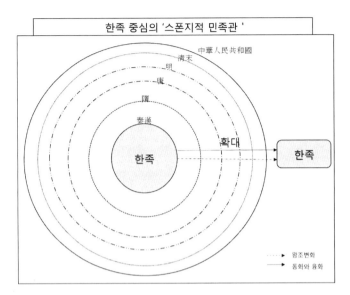

<그림 3-1> 중국의 한족에 대한 민족관

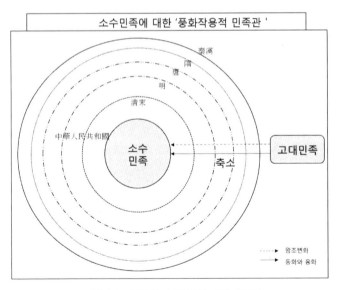

<그림 3-2> 중국의 소수민족에 대한 민족관

이처럼 중국에서는 역사적으로 한족 중심의 중화민족주의에 기반한 '대일통'을 지향해 왔다고 볼 수 있는데, 공봉진은 이에 근거한 한족과 소수민족에 대한 민족관을 각각 '스폰지적 민족관'과 '풍화작용적 민족관'으로 정리했다.24)

1. 중국 소수민족 정책의 이론적 배경

중화인민공화국(신 중국, 新中國)의 각 시기에는 '하나의 중국'을 만들기 위한 일관된 노력이 있었다. 하나의 중국, 즉 다민족 통일국가를 만들어 내려는 노력은 다방면에 걸쳐서 진행되었는데, 마오쩌둥(毛澤東) 시대에는 사회주의 이념이 강조되었고 개혁·개방 시기에는 '중화민족'이라는 개념이 강조되었다. '주체민족'과 '소수민족'들의 '일체화'를 지향하는 지적 노력들도 나타났다. 그 핵심적인 내용은 '내지-변강 일체화(內地-邊疆一體化)' 정책이었다. 개혁·개방 시기에 초고속 성장을 지속하고 있던 상황에서는 더욱 적극적이고 공세적인 노력들이 나타났다. 1980년대 후반에 중국학계에는 중화민족이 '다원일체(多元一體)'적 구조를 갖는다는 논리가 제시되었다.

현재 중국에서는 과거에 변방 민족을 지칭했던 '이민족(異族)'이란 단어는 사라지고 대신 '소수민족'이라는 용어가 사용되고 있다. 이 정의에 의하면 변강의 티베트, 위구르, 몽골족 등은 이미 이민족이 아니라 한족(漢族)을 중심으로 하는 소위 '중화민족'을 구성하는 소수민족의 하나로 설명한다. 다시 말해 그들도 중국을 구성하는

---

24) 공봉진, 『중국지역 연구와 현대 중국의 이해』(서울: 도서출판 오름), 2007, 230-231쪽.

'동포'로 취급되는 것이다. 따라서 그들이 중국으로부터 독립을 하고자 하는 것은 국가의 통일과 민족의 통합을 파괴하는 분열주의 책동으로 치부된다.[25] 이를 이해하기 위해서는 신중국의 성립 후 중국공산당이 왜, 그리고 어떻게 혁명시기의 소수민족에 대한 연방제 구상과 선언을 소수민족구역자치제로 전환했는지 그 배경을 살펴볼 필요가 있다.

1920년대 전반기에 중국에 '소수민족'이라는 개념이 도입되었다. 미국의 인종 문제가 미국정치의 기저에 있다면, 중국 정치의 기저에는 '소수민족' 문제가 있다고 할 수 있다. 1920년대 '소수민족' 개념의 고안은 획기적인 의미를 갖는 일이었다.[26] '소수민족' 개념의 고안을 통해서 기존의 '이민족'은 '소수민족'으로 거듭났다고 할 수 있다. 소수민족 개념의 도입은 실질적으로 '연방제' 논리를 단지 구호 차원에서 내세운다는 것을 의미한다. 1928년에 중국을 사실상 재통일한 蔣介石(장졔스)는 '三民主義(삼민주의)'를 강하게 내세우면서 '소수민족'을 '중화민족'의 일원으로 보았다. '중화민족'과 '소수민족'은 '宗族(종족)'과 '支族(지족)'의 관계로 간주되었다. 국민정부 시대의 언론에는 '民族同源論(민족동원론)'이 매우 빈번하게 등장하였다. 다만 장졔스의 국민정부 시기에는 '소수민족' 개념에 적극적인 의미가 부여되지 않았다는 측면에서 한계를 보이고 있었다. 장졔스 정권의 이러한 입장은 도전 세력인 중국공산당에 의해 '대민족주의'로 비판당했다. '지방민족주의'와 '대민족주의'를 모두

---

25) 요코야마 히로아키 저, 이용빈 역, 『중화민족의 탄생』, 한울, 2009, 21쪽.

26) '少數民族'이란 용어는 1924년 1월 국공합작 시기에 제정된 「中國國民黨第一次代表大會宣言」 속에서 처음 등장했다. 중국공산당에서는 1926년 11월에 처음 나타난다. 1920년대에는 '피압박민족', '약소민족', '소민족' 등이 함께 사용되었다. 金炳鎬, "'少數民族'一詞在我國何時出現」, 『民族團結』, 1987 .6, 47쪽.

비판하는 입장을 보인 중국공산당은 1920년대 이래 '연방제' 국가의 창설을 주장하였다. 그러나 1930년대 중반 이후에는 공산당도 '중화민족' 개념을 중국 전체 주민을 가리키는 말로 사용하였다. 사실상 '소수민족'은 '중화민족'의 하위 개념이 된 것이다. 또한 '민족자결'보다는 '민족평등'이 강조되었다.

중국의 민족정책에서 다민족의 '대일통(大一統)'적 단결을 강조할 때 사용하는 개념들은 '대가족(大家庭)'이나 '국족(國族)' 또는 '중화민족(中華民族)' 등의 단어들이다. 공산당은 이 '대가족'이라는 단어를 남용해 왔다. 사실 이 '대가족'이라는 용어는 자의적으로 만들어진 개념이다. 즉 전통적으로 중국의 각 민족이 '대가족' 내에서 관계가 나빴지만 향후 우호적으로 지내야 한다는 내용으로 만들어진 이념이다. 이는 '사해 안은 모두 형제다(四海之內皆兄弟)'라는 말처럼 뜻은 좋지만 실현은 불가능한 이념과 동일한 것이다.[27]

과거에도 결코 '대가족'이라는 실체가 존재한 적은 없으며 상황에 맞춰 만들어진 새로운 개념일 뿐이다. 즉 그들이 주창한 '대가족'은 실체가 없으며 그들이 추구하는 '대일통'을 위해 만들어진 허구에 불과한 것이다. 마치 일본이 과거에 아시아 각국을 침략하면서 한편으로는 '아시아는 하나'라고 하면서 '대동아공영권'의 형성을 추구했던 모습을 연상시킨다.[28] 일찍이 문화대혁명 시기의 파괴적 행위에 대해 덩샤오핑은 "문화대혁명으로 인해 소수민족들이 피해를 입었지만 이 현상은 우리가 소수민족을 적대시한다는 것을 의미하지는 않는다. 그 당시 소수민족이 손해를 입었지만 최대의 피해를 입은 것은 한족이기 때문이다."라고 언급한 바 있다.[29] 이

---

27) 요코야마 히로아키 저, 이용빈 역, 앞의 책, 243쪽.

28) 요코야마 히로아키 저, 이용빈 역, 위의 책, 244-245쪽.

로부터도 그들이 주장하는 '대가족'이 실제로 무엇을 의미하는지 미루어 짐작해 볼 있다.

중국에서 개혁·개방정책이 진행되면서 변강지구는 지하자원의 보고로서 그에 대한 직접적인 지배가 중시되고 강화되었다. 시장 논리에 기초한 개혁을 추진하는 과정에서 풍부한 자원의 보고인 이들 변강지역에 대해 손을 대기 시작한 것이다. 이와 같은 이익의 확보를 위해서 소위 '대가족'으로서의 단결과 통일은 필수불가결한 것이었다.

그러나 이 '대가족'이라는 용어는 대단히 감정적인 개념이며 대중에게 설명하고 이해시키기 쉬운 것이면서도 소위 '과학적 사고'를 취지로 하는 마르크스주의자임을 자칭하는 공산당의 입장에서는 어딘지 세속적이면서 견고한 강령에는 부합하지 않는 측면이 존재했다. 바로 여기에서 등장하는 것이 페이샤오퉁(費孝通)의 '中華民族多元一體格局(중화민족 다원일체 구조)'론이다.[30]

모리 가즈코(毛里和子)는 『주변으로부터의 중국: 민족문제와 국가(周縁からの中国: 民族問題と国家)』에서 페이샤오퉁의 주요 논점을 이해하기 쉽게 다음 세 가지로 정리하고 있다.[31]

첫째, 한족 자체가 역사적으로 중국 영역에서 발생한 여러 민족의 접촉, 혼합, 융합의 복잡한 프로세스를 거쳐 만들어진 가운데 '중화민족 응집의 핵심'이 되었다는 것; 둘째, 중국의 영역 내에 거주하는 여러 민족이 그 형성 원인은 다원적이지만 일체를 형성하여 '중화민족 다원일체의 구조'가 만들어졌다는 것; 셋째, 이와 같은

---

29) 鄧小平, 「立足民族平等, 加快西藏發展」, 1987년 6월 29일.

30) 요코야마 히로아키 저, 이용빈 역, 앞의 책, 248쪽.

31) 『周縁からの中国--民族問題と国家』(東京大学出版会, 1998年), 요코야마 히로아키 저, 이용빈 역, 위의 책에서 정리, 재인용.

'중화민족'이 '자연발생적인 민족 실체'로서 수천 년 이전부터 서서히 형성되었지만 19세기 중엽부터 열강의 침략에 대항하면서 '자각적인 민족 실체'가 되었다는 것이다.

페이샤오퉁 이론의 특징은 한족의 팽창이 소수민족의 주체성을 박탈하는 것으로 파악하지 않고 있다는 점이다. 오히려 한족의 눈부신 발전과 팽창은 후진적인 소수민족을 구제하는 데 공헌했다는 시각으로 일관하고 있기 때문이다. 그는 그것이 소수민족에 대한 침략이 아니고 주체성의 박탈도 아니며 후진적인 소수민족이 환영하는 선의의 팽창이라고 주장한다. 이렇게 하여 '화하(華夏)' → '한족' → '중화민족'으로 발전한 민족적 실체를 완성시켰다고 설명한다.[32]

중국공산당도 이와 같은 다민족 융합의 '대가족'을 다원일체의 '중화민족'으로 치환시켜 자신의 민족정책을 정당화하고자 했다. 이렇게 하여 쑨원(孫文) 이래로 제창되어 왔던 허구로서의 '중화민족'이 실체적 개념으로 강조되기 시작했다. 말하자면 페이샤오퉁은 공산당의 소수민족 지배(또는 통치)에 학술이라는 명목으로 그럴싸한 포장을 씌워준 '어용학자'였던 것이다. 그 어떤 측면에서 보더라도 이러한 '중화민족' 개념은 정치적 목적에서 제기된 '대가족'과 마찬가지로 정치성을 띠고 만들어진 개념이며, 결코 '자연발생적인 민족 실체' 또는 '자각적 민족 실체'라고 할 수 없다.[33]

마오쩌둥을 중심으로 한 중국공산당이 정권을 장악한 후 실시한 "자치는 인정하지만 독립은 인정하지 않는다."는 내용의 '민족구역 자치제도'에는 이처럼 민족 간의 평등보다는 민족 간의 우열을 토대로 한 '민족우열 차별주의'의 색채가 농후하게 배어 있는 것이

---

32) 요코야마 히로아키 저, 이용빈 역, 앞의 책, 251쪽.
33) 요코야마 히로아키 저, 이용빈 역, 위의 책, 252-253쪽.

다.[34] 결국 중국은 광대한 영토와 많은 소수민족들이 분산되어 거주하고 있기 때문에 국가통합을 위해서는 소수민족에 대한 유인책이 필요했다. 따라서 중국정부는 각 소수민족의 민족관계의 특성을 고려하여 소수민족의 통제와 지배를 위한 기본적인 정치제도로서 민족구역 자치제도를 채택하였다. 이 제도는 표면적으로는 각 민족에게 주인의식을 부여한다는 원칙아래 자치권을 부여하고 있지만 동 제도가 가지고 있는 문제점들로 인하여 근본적으로 민족 갈등의 소지를 내포하고 있다고 할 수 있다.

　첫째, 소수민족은 중앙이 부여한 자치권을 행사하고 있지만 중앙정부의 통제에서 벗어나지 못함으로써 실질적으로는 자치권을 제한 당하고 있다고 할 수 있다. 중국의 「민족구역자치법」을 보면 민족지역은 중앙과 분리할 수 없으며, 중앙으로부터의 지도하에 자치권을 실시한다는 규정뿐만 아니라 민족구역은 반드시 사회주의 노선을 견지하여야 한다는 규정에 근거하여 어떠한 문제에 대해서도 당 중앙의 의지에 따라 간섭 및 견제가 가능하다는 것이다. 이것은 결국 명분상의 자치에 지나지 않고 도리어 민족갈등을 유발시키는 요인이 되고 있다.

　둘째, '민족구역자치'라는 것은 민족자치와 지역자치의 통합이라고 할 수 있다. 따라서 이러한 자치제도는 오히려 민족적 구별을 소멸시킬 수 있는 소지가 있다. 즉, 개별민족의 발전이나 민족문화의 창달을 위한 자치제도가 아니라 흡수·통합정책의 일환으로서 시행된다는 것이다. 이로 인해 여

---

34) 요코야마 히로아키 저, 이용빈 역, 앞의 책, 263쪽.

러 지역에서 여전히 민족분쟁이 발생하고 있으며, 일부 지역은 강경하게 분리·독립을 위한 투쟁을 진행 중이다.

소수민족과 관련한 갈등의 문제는 중국 내에서 발생하고 있는 소수민족문제의 쟁점인 민족의식과 국가의식의 대립문제, 이민문제, 과계민족문제, 그리고 경제사회 변화에 따른 민족지역의 불안정문제, 민족관계의 문제 등으로 논할 수가 있을 것이다. 이러한 문제들은 재중 조선족 사회에서도 예외가 아니다. 물론 문제의 유형이나 성격에 따라서 그 정도의 차이는 있지만 이러한 문제들은 항시 존재하고 있다.

중국정부는 민족평등, 민족단결, 민족구역자치제도, 민족간부 선발과 배양, 그리고 경제적인 지원정책과 우대정책으로 이러한 문제들을 해결하려고 노력해오고 있다. 그러나 중국 소수민족 정책의 기저에는 '중화민족'이라는 개념이 존재하고 있으므로, 이에 대한 이해가 필요하다. 중국을 구성하는 여러 민족의 상위개념인 중화민족은 주체적 역할을 하는 자리에 한족을 두고 있으며, 이러한 면이 소수민족 정책에도 반영되어 있다. 다시 말해 중국이 내세우는 민족평등, 민족단결, 민족자치와 번영 등 주요 소수민족정책이 중국정부의 표면적인 입장이라면, 그 실제적인 운용에 있어서는 한족 중심의 논리가 작용하고 있다는 것이다.

첫째, 중국은 다민족 사회이므로 국가의 안정을 확보하기 위해서는 민족 간의 충돌을 방지해야 하며, 따라서 다원성을 어느 정도 인정하면서 일체화하는 다원일체의 논리를 따르고 있다. 그러나 어디까지나 일체화의 주체는 한족이 된다는 점에서 중화민족주의가 반영되어 있다고 할 수 있다.

둘째, 단기적 공존과 장기적 융합의 논리이다. 단기적으로는 한족과 55개의 소수민족이 공존하고 있는 현실을 긍정하는 듯하나, 장기적으로는 이들 민족이 하나의 중화민족으로 융합되어야 한다는 것이다. '동화' 대신 굳이 '융합'이라는 단어를 사용함으로써 상호간의 영향력을 인정하는 듯 하지만, 사실상 '주체민족인 한족으로의 동화'를 목표로 하는 셈이다.

셋째, 큰 것은 틀어쥐고 작은 것은 놓아준다는 논리이다. 중화민족주의에서 가장 중요한 요소는 '영토적 일체성과 국민적 통합'인 바, 소수민족의 문화적 민족주의는 인정하고 수용하는 반면 일체의 정치적 움직임을 봉쇄한다는 것이 중국의 입장인 것이다. 즉, 자치구역이나 언어, 교육에 있어서는 소수민족의 고유성을 존중하여 관용적으로 보이게 하나, 티베트 분쟁이나 영토의 문제에 있어서는 단호하게 대처하는 것이 바로 그러한 면이다. 따라서 중국 정부가 소수민족을 우대하고 존중하는 정책을 펼친다고 하더라도, 그것은 어디까지나 이 세 가지 논리의 영역을 벗어나지 않는 부분까지만 허용할 따름인 것이다.

2. 중국의 소수민족 정책 변화의 시기 구분

1) 민족분리정책 시기(1921-1949)

성립 초기(특히 대장정시기)에 중국 공산당은 국민당의 포위로부터 벗어나기 위해서 소수민족의 반국민당(反國民黨) 정서를 이용하고자 했다. 이와 더불어 공산당에 대한 지지를 획득하기 위해서 민족 자결권의 보장 등을 원칙으로 삼아서 '중화연방공화국' 정치체제를 제시하였다. 1922년 7월 제2차 전국 대표회의에서 '몽골, 티베트, 신장(新疆)에서 자치를 실시하여 민주자치 연방을 실시한다.'고 선언하였는데 이것은 후에 이들 지역의 독립분쟁을 일으키는 불씨가 되었다. 소수민족의 분리, 연방의 권리를 제시한 연방제는 1936년에 마오쩌둥 사상이 당 내에서 주도적 위치를 차지하면서 점차 더 이상 거론되지 않게 되어 버렸다.

2) 민족구역자치정책 시기(1949-1958)

이 시기는 중국의 민족 정책의 기초가 전국적 차원에서 수립된 시기이다. 연방제의 폐기 후 '민족구역자치정책'이 정립되었는데, 이는 각 민족에게 자치지방으로서의 기능을 일정부분 허용하며, 이렇게 건립된 자치기관은 중앙의 통일적 영도를 받으면서 중앙에 대표를 파견할 수 있고, 입법권, 민족 언어·문자 사용권, 소수민족간부 양성권, 경제적 권리와 기타 사무에 대한 권리 등을 보장받게 된다. 즉, 민족구역자치는 중국과 중화민족에서 분열하지 않고, 정치적으로 공산당의 일당독재에 저항하지 않는 한 행정, 경제 및 문화적 측면에서 일정 부분 자치를 향유할 수 있다는 것이다.[35] 이를 위해서 중국정부는 대대적인 민족 식별[36] 작업에 착수했고, 소수민

---

35) 이진영, 「중국의 소수민족정책」, 『민족연구』, vol. 9, 2002, 17쪽.

36) 민족 식별의 기준으로는 첫째, 어느 특정한 민족이 공동언어, 공동지역, 공동경제생활, 공동문화를 가진 공동체라는 민족형성의 네 가지 조건을 충족하고 있는가와 둘째, 개개의 민족들이 독자적인 민족단위로 존재할 의사를 가지고 있는가 하는 것이다. 서상민, 「중국의 소수민족 현황과 정책」, 『민족연구』, vol. 6, 2001, 37쪽.

족지역의 안정화를 추구하는 조치들을 취해나갔다.

먼저, 중화인민공화국이 성립되기 10일 전인 1949년 9월 21일부터 회기 10일간의 「중국인민정치협상회」의 제1차 전체 회의가 베이징에서 개최되어 「중국인민정치협상회의 공동강령」을 통과시켰다. 이 강령은 신중국을 건설함에 있어서 중요한 의미를 지니고 있다. 「공동 강령」의 총강(總綱)에서 "중화인민공화국 경내의 각 민족은 균등하게 평등의 권리와 의무를 누린다"고 했으며, 특히 제6장에는 신중국의 민족성책에 대한 4개 조항이 들어 있어 신중국 민족정책 수립의 근간을 마련하였다.

1949년 중화인민공화국이 성립되자 중국 공산당은 1953년 제1차 전국인민대표회의에 참석할 각 민족대표를 선출하기 위하여 민족 식별사업을 벌였다. 당시 중국에는 단독적인 민족단위로 제출된 것이 무려 400여 종이나 되었으며 윈난성(雲南省)만 하더라도 240여 종이 넘었다. 중국 정부는 대규모의 민족 식별·고찰 사업단을 조직하고 수백 개에 달하는 혈연공동체에 대하여 조사와 연구를 진행하였다. 식별작업은 공통의 지역, 공통의 언어와 문자, 공통의 경제생활, 공통의 문화에서 나타나는 공통의 심리소질 등 네 가지 특성을 기본 표준으로 하고 또 그들의 역사적 발전 등의 실정도 고려하여 상술한 조건에 부합되면 인구의 다소와 거주지역의 대소 및 발전상의 정도를 불문하고 일률적으로 하나의 민족으로 확정하였다(김병호 1993: 15). 그 결과 총 55개의 소수민족이 확정되었다.

또한 중국 정부는 1949년 10월 22일 리웨이한(李維漢)을 위원장으로 한 「중앙인민정부민족사무위원회」의 발족을 시작으로 서북, 서남, 중남, 동북, 화북 등 대행정구와 비교적 민족사무가 많은 성, 현, 시 등에 민족사무기관을 설립했다. 이외에도 정무원은 1951년

2월 5일에 발표한 "민족 사무에 관한 몇 가지 결정"에서 중앙 정부의 각급 기관은 민족사무에 대한 각별한 주의와 함께 문자가 없는 민족에게 문자를 만들어 주기 위하여 정무원 교육위원회에 '민족언어문자연구지도위원회'를 발족시켰으며 이어 '민족무역처', '민족교육사(국)', '민족위생처', '각 민족출판사', '중앙민족가무단', '중앙민족학원(1993년 11월 31일 중앙민족대학으로 변경)' 등을 세웠다.

1952년 중앙인민정부는 「중화인민공화국 민족구역자치 실시강요」를 제정·반포하고 민족구역자치제를 전국에 전면적으로 일반화함으로써 각 민족에게 그들만의 지역적 경계를 부여하였다. 당시부터 1993년까지 중국에 설치된 민족구역 자치지방은 총 159개에 이르는데, 그 중 자치구가 5개, 자치주가 30개, 자치현이 124개이며(김병호 1993: 20), 이로써 각 민족은 스스로를 구별 짓는 근거로서 지역성을 갖게 되었다.

3) 민족통합정책 시기(1958-1978)

이 시기는 중국의 민족정책이 좌초된 시기라 할 수 있다. 이전 시기에 민족자치구역의 확립과 소수민족 간부육성으로 발전하는 듯했던 민족정책은 민족문제를 계급문세로 파악하는 마오쩌둥 사상의 영향과 뒤이은 문화대혁명을 거치면서 우파적 행위로 매도당했다. 그 당시의 지방민족주의는 "통일된 국가인 민족의 대가정에서 민족관계를 말살시킬 수 있는 소수민족의 민족주의"로 정의 되었다. 이 와중에 1958년 청해성 소수민족 반란 사건, 1959년 티베트의 폭동37) 등을 거치면서 "지방민족주의를 척결하여 민족단결을 이루어

---

37) 중국은 티베트와 1951년 5월에 "티베트 인민은 민족구역자치를 실시할 권리를 갖는다.", "티

야한다"는 당 중앙의 입장은 더욱 확고해진다. 또한 사회주의개조
도 더욱 강력하고 급격하게 추진되어 소위 초기에 공산당에 협력했
던 상층부의 소수민족 인사들이 모두 지주, 부농 등의 이유로 투쟁
의 대상으로 전락하여 고초를 겪었고 일부는 처형되었다. 소수민족
기층은 이때부터 직접적으로 공산당의 통제를 받게 되었는데, 그들
의 정치, 경제, 사회제도 뿐 아니라 언어, 종교, 문화 그리고 생존까
지도 위협받는 "20년의 고난"의 세월을 보내게 된다.[38]

4) 민족구역자치제의 회복 시기(1978-현재)

개혁·개방이 추진되고 '4인방'의 축출 이후에 민족구역자치제는
회복과 확대·발전의 시기를 맞게 된다. 1978년 12월의 당중앙위
원회에서 선언된 개혁·개방은 중국의 급격한 변모를 촉진하였다.
이것은 소수민족에게도 큰 변혁을 일으킨 사건이라 할 수 있다. 이
시기에 소수민족은 내부적인 개방과 근대화라는 경제적 차원과 소
수민족 문제의 국제화라는 격변에 직면하게 된다. 이 시기는 크게
3단계로 나눌 수 있다.

(1) 회복기(1978-1984)

이 시기는 마오쩌둥 시대에 대한 평가와 함께 오류를 수정하여

베트의 현행 정치제도는 물론 달라이라마의 고유한 지위 내지는 직권에 대하여 이를 변화시키
지 않고 각급 관원은 지금까지 대로 그 직책을 유지해도 좋다." 등 민족자치를 내용으로 하는
4개조의 합의서에 조인하였다. 그러나 1955년 3월 중국 국무원은 이러한 협의에 더해 티베트
자치구 준비위원회의 설립을 선포하고 티베트의 정·교 개혁을 시도함에 따라, 1959년 3월 이
에 반대하여 대규모 폭동이 발생하였다. 이 반란은 즉시 진압되어, 달라이라마는 1959년 8만
여 명의 추종자들과 함께 인도로 망명, 그 곳에서 티베트 망명정부를 세웠다. 조정남, 「중국의
민족분쟁지역 분석」, 『민족연구』, vol.9, 2002, 70쪽.

38) 이진영, 「중국의 소수민족정책」, 20∼21쪽.

1950년대 초반의 상태로 회복하는 과정이었다. 파괴된 소수민족정책기구들이 재건되고, 탄압받던 민족간부들의 권리를 회복시켜주는 기간이었다. 많은 민족간부들이 문화대혁명 시기에 숙청당해서 정책을 집행할 인재가 부족하였고, 소수민족 내부에서 당에 대한 불신감이 팽배하였기 때문에 이 시기에 대다수의 소수민족지구는 여전히 개방되지 않았다. 다만 20년 고난의 시기 동안 '대한족주의'에 의해 피해를 본 소수민족에게 한족의 공산당이 다가가기 위해 민족관계의 회복에 중점을 두었다.

(2) 덩샤오핑 시기(1984-1997)

이 시기는 중국 전역에서 개혁·개방으로 인한 사회경제적 변화과정을 소수민족 지구에도 응용하려고 한 기간이라 할 수 있다. 덩샤오핑은 국가적인 개혁·개방에 따른 시장 경제 도입을 천명하였고 이 원칙이 중국의 독자적인 사회주의 노선으로 정립되면서 소수민족정책도 이러한 국가정책에 복무해야 한다는 것이었다. 이에 따라 장쩌민은 "중국의 현 단계 소수민족문제는 집중적으로 소수민족과 소수민족지구에 대한 경제 문화 발전 요구를 더욱 빠르게 해결"하는 것이라고 언급하였다. 그러나 경제적 발전과는 별개로 정치적인 면의 통제는 여전히 중요시되었다. 민족구역자치를 통해 민족평등이 실현되고, 소수민족정책의 중심이 소수민족지구의 경제발전에 있으니, 중화민족의 공동번영을 위해 당의 지도사상을 받아들이라는 것이었다.[39)

한편 문화적 측면에서의 복구도 추진되어 소수민족 언어, 문학,

---

39) 이진영, 「중국의 소수민족정책」, 24쪽.

역사에 대한 연구가 새롭게 부각되었다. 더불어 개혁·개방에 따른 국제적 관계도 확대되어 티베트 문제와 같은 민족문제가 국제적 이슈로 등장하기도 하였다.

(3) 전면 개방기(1998-)

1992년 덩샤오핑의 '남순강화' 이후 전면적 개방이 실시되면서 소수민족지구도 급속히 변화하여, 전국적 규모의 시장경제에 편입되었다. 이러한 경제적 근대화가 가져온 변화는 중국 공산당이 추진해 온 이데올로기적인 민족정책보다 더욱 효과적으로 중국의 소수민족지역을 해체시키고 있다. 즉, 개혁·개방으로 인한 경제구조의 변화와 그로 인한 한족 인구의 유입, 외부와의 교류 증가 등의 요인들이 소수민족의 민족정체성까지 혼란시킬 만큼 큰 변화를 초래하고 있지만 중국 정부의 입장은 방기에 가까워 보이며, 그에 대한 구체적인 정책은 그 전 시기와 별반 다를 것이 없어 보인다.

제2절 정권수립 전후 중공의 소수민족정책

1. 정권 수립 전 중공의 소수민족 정책

중국공산당은 중국 국내민족문제를 해결하기 위해 두 가지 방식을 제시했다. 즉 연방제(聯邦制)와 구역자치(區域自治)제가 그것이다. 중공이 제시한 구역자치는 연방제하에서의 자치가 아니다. 연방제하에서의 자치단위는 연방의 구성단위로서 존재하는 것이다. 이런 자치는 그 단위가 원래 가지고 있는 자주 권리로서 형성된 것이다. 반면에 통일된 국가 하에 성립된 자치구가 형성하는 구역자치는 국가 전체 발전의 필요에 의해서 형성된 상대적 자주와 독립이므로, 독립자주권리가 비록 소수민족의 자결권과 같은 현실의 기초 하에 있지만, 법률과 제도상으로 자치권은 자신의 자연적인 권리가 아니라, 국가가 넘겨준 권리이다. 중공이 제시한 구역자치가 의미하는 민족과 국가와의 관계 현상과 연방제가 의미하는 민족과 국가관계는 다름을 알 수 있다.

1) 코민테른이 지도한 '민족자결'과 '연방제'

계몽주의자에서 마르크스주의자로 변신한 천두시우(陳獨秀)의 영도 하에 1921년에 결성된 중국공산당은 초기에는 마르크스주의에 매우 충실했다. 제국주의에 의해 지배받고 있던 여러 민족의 해방을 제창한 마르크스주의는 열강의 압제로부터 해방을 주장했다. 그것은 한족(漢族)의 해방뿐만 아니라 '중화(中華)'에 의해 지배받고 있던 여러 이민족, 즉 한족의 지배를 받아온 소수민족의 해방도 함께 요구하는 것이었다. 이는 중화 전통의 '대일통(大一統)'의 관점과 모순될 뿐 아니라 쑨원이 제창했던 민족 '동화' 정책을 통한 '중화민족'의 형성과도 매우 다른 것이었다.[40]

중국공산당이 중국의 민족과 국가문제에 관하여 제기한 최초의 주장은 민족자결과 연방제의 통일이었다. 1922년7월, 중국공산당 제2차 전국인민대표대회에서 공산당은 『중국공산당민족 강령』을 채택하여 민족문제에 대해 명확한 입장을 빌표하였다. 중국인민은 먼저 모든 군벌을 타도해야 하고, 인민에 의한 중국통일, 진정한 민주공화국건립, 군벌세력의 팽창을 없애면서 변경지역에 있는 인민의 자주를 존중하며, 몽고(蒙古)·서장(西藏)·회족(回族) 등 변경의 세 자치방(自治邦)을 재촉하여 중화연방공화국으로 재연합시키는 것이 진정한 민주주의 통일임을 천명하였다.[41] 1928년 중국공산당 제6차 전국대표자대회의 정치결의안은 통일중국, 민족자결 승인이었다. 이 결의안에서 제국주의의 통치를 종식시키고, 중국을 통일하며, 민족자결권을 인정하였다. 이 '선언'은 '중화연방공화국'이라는 통일된 연방 국가를 수립할 것이지만 '자유연방제'의 형태를 취한다는 내용을 담고 있었다.[42] 즉 '자유연방제' 하에서 몽골, 티베트, 회강은 자유의지에 따라 연방을 구성한다는 것으로, 여기에는 연방에 자유롭게 참여할 수도, 탈퇴할 수도 있다는 의미가 내

---

40) 요코야마 히로아키 저, 이용빈 역, 앞의 책, 160쪽.

41) 박병구, 앞의 글, 203쪽.

42) 3. 동삼성 지역을 포함한 중국 본부(本部)를 통일하여 진정한 민주공화국을 세운다.
   4. 몽골, 티베트, 회강(回疆: 현재의 신장, 新疆) 세 지역은 자치를 실시하고 민주자치방(邦)으로 한다.
   5. 자유연방제의 원칙하에 통일된 몽골, 티베트, 회강과 연합하여 중화연방공화국을 수립한다.
   「中國共産黨第二次全國代表大會宣言」, 1922년 7월.

포되어 있었다.[43)

1920년대 중국공산당의 태동기는 소수민족 문제에 대한 관심이 비교적 적은 시기였다. 이때는 초창기 공산당이 관심을 돌려야 할 매우 시급을 요하는 많은 문제와 직면해 있었기 때문이다. 그러나 1927년 국민당과의 제1차 국공합작(國共合作)이 결렬된 이후에는 대부분의 소수민족 거주 지역이었던 농촌의 오지들이 새롭게 전략적 중요성을 가지게 되었다. 이것은 두 가지 이유에서였는데, 첫째는 제1차 국공합작의 결렬 이후 막강한 군사력을 보유하고 중국공산당을 압박하는 국민당군의 포위공격으로부터 피할 수 있는 탈출구로서의 전략적 중요성이고, 둘째는 중국공산당 지도자인 마오쩌둥의 전략적·사상적 배경에서 찾아볼 수 있다. 마오쩌둥은 그의 중요한 전략 개념인 '군중노선(郡衆路線 혹은 大衆路線)'의 뿌리를 농촌, 그리고 변방 인민들에게 내려야 한다고 강조하였고, 대부분의 소수민족들은 중국의 변방에 거주하고 있었다. 이러한 군중노선 개념은 "군중(郡衆)은 물이고 우리의 군대는 물고기이다."라고 설파한 마오쩌둥의 말에서 잘 나타나고 있다.

마오쩌둥과 공산당 지도자들은 이처럼 혁명전쟁의 와중에서 가장 중요한 것은 혁명 세력과 농촌의 변방지역 인민과의 관계를 어떻게 가져가느냐에 있다는 것을 서서히 인식하게 되었다. 따라서 중국공산당이 장시성(江西省) 루이진(瑞金)에 세웠던 '중화소비에트공화국'이 1931년 제1차 전국대표자회의에서 통과시킨 『중국경내의 소수민족문제의 결의안』에서도 그 지역 소수민족의 자결권을 승인했다. 즉, 몽고·서장·신강·운남·귀주 등 일정한 지역 내에

---

43) 요코야마 히로아키 저, 이용빈 역, 앞의 책, 160-161쪽.

거주하는 인민들은 비(非) 한족이 절대다수를 차지하므로 그들이 중화소비에트공화국으로부터 분리하여 그들 단독으로 자신들의 국가를 세우는 것은 그곳 인민들이 스스로 결정할 문제임을 분명히 하였다. '중화소비에트공화국'이 1931년 11월에 제정한 「중화소비에트공화국 헌법대강」에서도 아래와 같이 언급하고 있다.44)

(4) 소비에트 정권의 영역 내의 …… 종족[한족, 만주족, 몽골족, 회족, 티베트족, 묘족, 여속과 중국의 타이완, 고려(조선), 안남(베트남) 사람 등]은 …… 소비에트 법률 하에서 일률적으로 평등하다.

(5) 중국 소비에트정권은 중국 경내 소수민족의 자결권을 인정한다. …… 몽골족, 회족, 티베트족, 묘족, 여족, 고려인(조선인) 등 모든 중국 영내에 거주하는 이들은 완전한 자결권, 즉 중국소비에트연방에 가입하고 이탈하거나 혹은 자체의 자치구역을 세울 수 있는 권리를 갖는다.45)

여기서 말하는 '자치'는 현재 중국이 '자치구'로 표현하고 있는 개념이 아니라 중국으로부터 독립할 권리를 갖는다는 의미의 '자치'이다. 이는 확실히 당시 연방제를 실시하고 있던 소련, 즉 소비에트사회주의공화국연방을 참고했던 것이다. 중국과 함께 하는 연방국가로서 참가해도, 참가하지 않아도 좋고, 참가한 이후에도 원치 않으면 이탈해도 된다는 매우 유연한 형태의 연방제였다.

---

44) 요코야마 히로아키 저, 이용빈 역, 앞의 책, 162쪽.
45) 「中華蘇維埃共和國憲法大綱」, 1931년 11월 7일.

1935년 8월,『중공중앙정치국회의결의』는 소수민족의 자결권을 재차 강조하였다. 아울러 소수민족의 의사에 근거해서 국가를 조직하는 원칙과 방침은 먼저 소수민족의 독립운동과 그들의 독립국가 건립을 반드시 도와야 하고, 중화소비에트공화국 중앙정부는 공개적으로 몽고족·회족·장족 등의 민족이 일어나 독립 국가를 건립할 것을 호소하였으며, 아울러 독립국가 건설 투쟁에 구체적이고 실제적인 도움을 주겠노라고 공개적으로 천명하였다. 그들이 독립국가를 설립한 후에 그들의 자유의사 원칙에 의해 중화소비에트공화국과 연합해 진정한 민족평등·민족단결의 중화소비에트를 건립할 수 있음을 천명하였다.[46)]

대장정(大長征)의 기간 중에도 그들은 지나는 곳마다 그들이 만나는 모든 소수민족에게 공산당들의 민족자결(民族自決)에 대한 공식 입장을 선전하였다. 이 민족자결의 원칙은 많은 소수민족으로 하여금 공산당 세력에 동조하게 하였는데, 이로써 농촌의 일반 대중을 공산주의의 이데올로기로 흡수할 수 있게 되었다.

그러나 중국공산당의 민족자결에 대한 천명에도 불구하고, 실제로는 아주 조용히 민족자결의 약속을 폐기하기 시작했다. 이론적으로 중국공산당은 해방 이전에는 소수민족정책에 관한 한 소련의 정책을 모델로 채용하였다. 중국공산당은 민족 간의 평등을 강조하여 각 민족은 그들의 언어로 교육받을 권리를 부여받았고, 다양한 그들의 문화를 존속, 발전시킬 수 있었으며, 좀 더 나은 생활수준이 주어졌다. 그러나 그들은 헌법에 상징적으로 명시되어 있던 분리독립의 이론적 권리를 슬그머니 삭제해 버렸다. 그리고 실제적으로

---

46) 박병구, 앞의 글, 204-205쪽.

분리 독립보다는 하나의 독립된 국가 속에서 자치의 권리를 고무하기 시작했다.

중일전쟁이 본격화 되면서 일본의 중국에 대한 침략 확대로 인해 중국에서는 민족적인 항전체제가 형성되었다. 항일전쟁을 겪으면서 마오쩌둥은 전체 민족에 의한 민족통일전선을 결성하자고 호소했으며, 이 과정에서 쑨원의 '중화민족' 개념을 다시 사용했다. 이른바 '대일통'의 논리로 전환한 것이다. 국공내전에서 승기를 잡아 전국을 통일한 후에는 공공연히 과거의 '자유연방제'를 부정하고 변경지역의 몽골, 티베트, 신장도 중국과 불가분의 영토라고 주장하며 이들 지역을 자치구의 형태로 중화인민공화국에 편입시켜 이들 지역이 독립 국가를 수립할 수 있는 자유를 완전히 박탈했다. 다시 말해 과거 황제를 정점으로 한 전제통치를 대신하여 공산당 독재를 통한 천하통일의 '대일통'이자 전통적 이념으로 회귀한 것이다.[47]

요약하면, 소수민족의 분리와 독립까지도 인정했던 창립 초기의 소수민족에 대한 중국공산당의 입장은 혁신적인 정책노선으로부터 점차로 통일정부의 수립과 민족자치의 실시라는 차원으로 수정, 정리되었다.[48] 즉 중국공산당은 집권 전인 혁명시기에는 소수민족의 혁명에의 적극성을 최대한 유도하기 위해 소수민족을 승인하고 자유연방제를 실시하며 중화연방공화국을 건립할 것이라는 정치적 주장을 하다가 집권한 후에는 '국가의 통일(大一統)'을 최우선시 하면서 소수민족의 각종 권리를 보장한다는 전제 하에 참정권과 토지권을 부여하고 민족구역자치를 실시하는 방향으로 정책을 선회했던 것이다. 중국 공산당이 1931년 중화소비에트 전국대표대회에서 만

---

47) 요코야마 히로아키 저, 이용빈 역, 앞의 책, 213-215쪽.

48) 인병국, 『조선족교회와 중국선교』(서울: 에스라서원), 1997, 78-79쪽.

든 '중화소비에트공화국헌법대강'에서는 "몽골족, 회족, 장족, 묘족, 려(黎)족, 고려인 등 중국 전역에 거주하는 모든 민족은 중국소비에트연방에 가입하든 이탈하든 또는 자기의 자치구역을 건립하든 완전한 자결권을 갖고 있다"고 규정했다. 그러나 1947년부터 중국 공산당은 소수민족의 이탈권과 민족자결권은 전혀 거론하지 않고 자치구와 자치만을 언급했다. 1954년 헌법에서는 "중국은 단일한 다민족 국가로 민족자치구는 양도할 수 없는 중국의 영토"라고 규정했다. 중공이 처한 입장과 정세의 추이에 따라 입장이 바뀐 것이다. 소수민족 자치지역의 행정 책임자는 그 지역 소수민족이지만 인사·재정 등 실권은 한족이 쥔다. 연변조선족 자치주만 해도 행정 책임자인 주장(州長)은 조선족이지만 실권은 한족 출신 공산당 서기가 장악하고 있다. 뿐만 아니라 한족들은 인민해방군이나 공안 등의 무장기관을 장악하고 있다. 따라서 형식은 소수민족의 자치이지만 내용은 사실상 한족이 자치구의 행정조직과 상급의 행정조직을 이용해 소수민족을 직접 통치하는 것이다.[49]

2) 마오쩌둥의 실권 장악과 소수민족 정책의 변질

중국공산당은 마오쩌둥이 실권을 장악하게 되면서부터 초기의 마르크스-레닌주의 정당에서 벗어나 전통적인 민족주의 정당으로 변질되었다. 이에 따라 소수민족에 대한 민족정책도 독립을 자유롭게 용인하는 노선에서 점차 독립을 불허하는 '대중화주의(大中華主義)' 노선으로 변화했다.

---

49) 김태국, 「연변조선족자치주의 성립과 조선족 사회의 변천(1949-1965)」, 『연변조선족사회의 과거와 현재』, 2006, 139-141쪽.

1937년 7월 7일, 일본군은 노구교 사변(蘆溝橋事變)을 일으켜 전면적인 중국 공격을 개시하였다. 생존과 해방이 중국공산당이 직면한 우선순위의 문제가 됨에 따라, 중국공산당은 민족과 국가 문제에 관한 정책선택에 있어 민족자결에서 민족자치로 전면적인 조정을 하게 되었다. 노구교 사변 후, 중국은 전면적인 항일전쟁을 개시하고, 연방제도 설계에서 민족구역자치제도의 길로 정책을 조정하게 된 것이다. 1937년, 마오쩌둥은 몽골인·회족인과 기타 소수민족을 동원하고, 민족자결과 자치의 원칙하에, 공동으로 항일할 섯을 주장하였다.[50]

1935년과 1936년에 발표한 『대몽골인민선언』, 『대회족인민선언』그리고 1941년 5월에 공포한 『섬감녕변구시정강령(陝甘寧邊區施政綱領)』을 비교하면, 선언(宣言)은 소수민족이 자신의 민족정권을 건립하는 것을 고무하고, 민족자결을 실현하며, 아울러 분리할 수 있는 권리까지 있음을 천명했으나, 강령(綱領)은 몽골민족·회민족의 자치구 건립을 명확히 주장하였다. 이러한 변화는 중국공산당의 민족자결정책에 있어서 중대한 변화가 왔음을 알리는 것인데, 이는 더 이상 민족자결을 주장하지 않고, 연방제구상에서 단일제 하의 민족구역자치로 전환했음을 알리는 것이었다. 1946년 8월, 동북각성대표연락회의에서 통과된 『동북 각 성시(특별시) 민주정부 공동시정강령(東北各省市(特別市)民主政府共同施政綱要)』에서도 "동북 각 민족은 일률적으로 평등하며, 몽골민족·회민족의 민주자치를 적극적으로 실천한다."고 강조하였다.[51] 이것은 중국공산당이 민족구역자치정책을 중국민족과 국가건설문제를 해결하기 위한 기본 정

---

50) 박병구, 앞의 글, 205-206쪽.

51) 박병구, 위의 글, 206쪽.

책으로 상정한 후, 이를 전국범위로 확산시키기 시작했음을 의미하는 것이다. 1947년 5월 1일, 중국공산당이 건립한 첫 번째 성급(省級) 민족구역자치정권인 내몽골(內蒙古)자치구의 성립은 중국공산당이 중국민족과 국가문제에 관한 원칙과 방침, 즉 민족구역자치의 실행이 이미 완전히 확립되었음을 의미하는 것이었다.

2. 정권 수립 후 중공의 소수민족 정책

'신 중국(중화인민공화국)'이 수립되면서 중국의 국가개념은 '하나의 중국', 민족개념은 '중화민족'으로 설정되었다. '하나의 중국' 개념에 대한 도전은 매우 심각한 도전으로 간주되었다. 1949년 신중국의 수립 후 중국의 소수민족에 대한 '일체화 정책'은 이중적으로 추진되었다. 즉 표면적으로는 '민족구역 자치 제도'가 채택되어 '소수민족 자치구'가 성립되었으나 '자치'의 의미는 매우 제한된 것이었다. 1950년대 후반에 소수민족 지역에 이른바 '민주개혁'이 실시되어 지배층의 몰락과 한족 문화의 범람을 초래했다. 소위 '민주개혁'이라는 이름으로 구지배층에 대한 혁명적인 해체 과정이 진행되었고, 1956년부터 소수민족 지역에 대한 '사회역사조사' 활동이 대대적으로 진행되었다. 한편으로는 대규모 건설병단이 구성되어 특히 '변강'의 인구구성이나 경제 형태에 큰 변화를 가져왔다. 무엇보다도 신중국의 민족개념은 상위개념인 中華民族과 하위개념인 少數民族으로 구성되어 있다는 점에 주목할 필요가 있다. 신중국의 집권세력은 소위 '國情(국정)', 즉 중국적 특수 상황에 따라 '연방제'가 아닌 '민족구역자치제'를 실시한다고 주장했다. 그런데 신 중국 초기에 한동안 체계를 갖춰 나가던 소수민족정책은 문화대혁명 시기에는 '사회주의'란 이름을 앞세우는 계급논리에 압도되어 버렸다. 그 시기에는 민족성이 억압되었고 지명도 바뀌었으며 민족 풍습은 가혹하게 훼손되었다. 그리고 급진적으로 소수민족에 대한 무산계급화 개혁이 추진되었다.[52]

1949년 10월 1일 건국을 선언하기 전에 개최된 중국인민정치협상회의(中國人民政治協商會議) 제1차 전국회의에서 채택된 공동강령에는 새로운 국기의 형대를 담고 있는데, 민족정책과 관련해서는 제6장에 규정되어 있다.[53] 여기에서는 "중화인민공화국 내의 각 민족은 일률적으로 평등하고," "대민족주의와 협애한 민족주의에 반대하며 민족 간의 편견·압박과 각 민족 간의 단결을 분열시키는 행위를 금지한다."고 천명했다.

민족자치 제도에 관해서는 "각 소수민족이 집단으로 거주하고 있는 지역은 마땅히 민족구역자치를 실시하여야 하며, 민족이 집단으로 거주하고 있는 지역의 인구 비례와 거주 지역의 크기에 따라 각종 민족자치 기관을 분별하여 건립한다."고 하였다. 또 무릇 소수민족이 혼재(雜居)하는 지방 및 민족자치구 내에서는 그 지역 정부 기관에 각 민족이 일정한 수의 민족 대표를 파견할 수 있는 권리를 명시하고 있다.

그리고 현지의 인민정부는 각 소수민족의 인민 대중이 그들의 정치·경제·문화·교육을 발전시키는 건설 사업에 협력해야 함은 물론, 소수민족들은 그들의 언어·문자를 발전시키고 그들의 풍속·

---

52) 박장배, "중국의 '少數民族' 정책과 지역구조: 지역 재구성 및 '西部大開發'과 관련하여," 「중국의 동북공정, 그 실체와 허구성」 학술회의 발표 논문, 2004. 10. 23.

53) 요코야마 히로아키 저, 이용빈 역, 앞의 책, 224쪽.

습관 및 종교·신앙을 유지하거나 개혁할 수 있는 자유를 가진다고 하였다.

이 정치협상회의(이하 정협)는 국가 정부의 최고 집행 기관으로 정무원(政務院)을 두었고, 민족 문제에 관해서는 정무원 산하에 민족사무위원회(民族事務委員會)를 별도로 설치하여 운영하였다. 민족 문제를 다루는 당의 기구로는 당중앙위원회 아래에 통일전선사무국을 두었다. 중앙 정부 차원에서 민족사무위원회는 당의 통일전선사무국의 폭넓은 지도를 받았고, 그러한 지도하에 실질적인 사무를 실행하였다. 민족사무위원회는 단지 소수민족 사무에 관해서 일상적으로 행해지는 업무만을 수행하는 데 그친 것이 아니고 상당한 정도의 권한(지휘감독권)을 가지고 있었다. 1952년 2월 22일 제정된 조직법(『각급 인민정부 민족사무위원회 시행 조직 통칙』)에 의하면 민족사무위원회의 직무는 아래와 같이 요약될 수 있다.

(1) 중국인민정치협상회의 공동강령의 민족정책 및 중앙 인민 정부의 민족 사무에 관한 각종 법령과 결정의 집행을 검열하고 감독한다.
(2) 민족구역자치 및 민족 민주 연합정부 정책의 시행을 독촉, 검열한다.
(3) 각 소수민족의 정치·경제·문화를 점진적으로 발전시키는 데 관한 사무에 협조한다.
(4) 민족 단결을 강화하는 데 관한 사안을 처리한다.
(5) 소수민족의 언어와 문자를 연구하는 데 협력한다.
(6) 민족 학원 및 연구·편집과 번역 업무를 지도 관리하고 관련 부문에서 민족 간부를 양성하는 것에 협력한다.

(7) 동급의 각 부문과 연계하여 기타 소수민족에 관한 사무를 처리한다.

(8) 하급 민족사무위원회 및 각급 인민 정부의 민정부문, 민족사무 전담기구 또는 전담자의 업무를 지도한다.

(9) 인민 정부가 하달하는 제반 사항을 처리한다.

(10) 각 민족 인민의 민족 사무에 대한 의견을 접수하고 처리한다.

이상 공동 강령에 게재되어 있는 민족정책과 민족사무위원회의 업무와 권한으로 미루어 보면, 중국공산당은 소수민족의 분리 및 독립 국가로의 권리를 사실상 금지하고 민족구역자치 제도로 전환한 것을 엿볼 수 있다. 이러한 것은 1954년에 제정된 헌법을 통해 명확히 확인되고 있고, 이후 중국의 소수민족정책은 민족자치 문제에 초점을 맞추고 있음이 여러 가지 사실로 명확해지고 있다.

이것이 현재 중국 민족정책의 기본이다. 즉 중국은 각 민족이 친하게 단결하는 '대가족(大家庭)'이다. 각 소수민족에게 허용되는 것은 '구역자치'에 한하고 분리, 독립은 용납되지 않는다. 따라서 각 소수민족은 자체의 군대를 보유하는 것이 허용되지 않고 인민해방군에 참가하는 '권리'만 있다.54)

이어서 중국은 1952년 8월 9일 "중화인민공화국 민족구역자치 실시 요강"을 발표함으로써 중국 국경 내 소수민족의 정치적 지위를 명확히 규정하고, 소수민족 지역 내 정권의 직능을 열거함으로써 소수민족의 민족자결 권리를 근본적으로 부정하고 있다. 이에 관한 주요 항목 및 관련 규정은 다음과 같다.

---

54) 요코야마 히로아키 저, 이용빈 역, 『중화민족의 탄생』, 한울, 2009, 225쪽.

제2조 각 민족자치구는 모두 중화인민공화국 영토의 분리될 수
　　　없는 일부분이다. 각 민족자치구의 자치 기관은 모두 중앙
　　　인민 정부의 통일된 지도 아래 있는 일급 지방 정권이며,
　　　상급 인민 정부의 지도를 받는다.

제3조 중국인민정치협상회의의 공동강령은 중화인민공화국 각
　　　민족이 현 단계에서 단결하여 분투해야 하는 총 노선이
　　　며, 각 민족자치구의 인민은 본 민족 내부의 사무를 관리
　　　함에 있어서 반드시 이 총 노선에 따라 전진하여야 한다.

제23조 각 민족자치 기관은 중앙 인민 정부와 상급 인민 정부의
　　　법령이 규정한 범위 내에서 그 자치 권한에 의거하여 본
　　　자치구의 단독 법규를 제정할 수 있으며, 상급 두 인민
　　　정부에 보고하여 비준을 받아야 한다.

제35조 상급 인민 정부는 마땅히 각 민족의 인민이 민족 간에 평
　　　등, 우애, 단결, 상호협조의 의식을 확고히 하고, 각종 대
　　　민족주의와 편협한 민족주의로 흐르는 경향을 극복하도
　　　록 교육하고 도와야 한다.

1954년 9월에 공포된 최초의 「중화인민공화국헌법」에는 민족자
치구역의 정치적 지위에 대해 아래와 같이 규정하고 있다.[55]

서언　……우리나라의 각 민족은 이미 단결하여 하나의 자유롭
　　　고 평등한 민족 대가족이 되었다. 각 민족 간의 우애와 상
　　　호협조를 발양하고 제국주의에 반대하고 각 민족 내부에

---

55) 「中華人民共和國憲法」, 1954년 9월 공포.

있는 인민의 공적에 반대하고 대민족주의와 지방민족주의
에 반대하는 기초 위에 우리나라의 민족적 단결은 계속
강화될 것이다.

제3조 중화인민공화국은 통일된 다민족국가이다. 각 민족은 일률
적으로 평등하다. 어떤 민족에 대해서도 차별이나 억압을
금지하고 각 민족의 단결을 파괴하는 행위를 금지한다. 각
민족은 모두 자신의 언어문자를 사용하고 발전시킬 자유
를 갖고 있으며 모두 지기의 風俗습관을 유지하거나 개혁
할 자유를 갖고 있다. 각 소수민족이 거주하는 지방에서는
구역자치를 실시한다. 각 민족자치지방은 모두 중화인민공
화국의 분리할 수 없는 부분이다.

이와 같이 「공동강령」과 「헌법」에서 '구역자치'의 개념이 거의
결정되었는데, 통일된 다민족국가의 내에서 다양한 민족의 자치를
인정한다는 것이었다. 결국 이는 '자유연방제'에 대한 철저한 부정
에 다름 아니었다.56) 결국 과거 소수민족의 자결권을 주창했던 것
은 소수민족을 포섭하기 위한 미끼에 불과했고, 공산당이 정권을
차지한 이상 더 이상 미끼를 던져 줄 필요가 없어졌다는 것이다.57)

그 후 1984년 5월 31일, 민족자치지역의 경험에 기초해서, 제6기
전국인민대표대회 제2차 회의에서 『민족구역자치법』을 통과시키고,
동년 10월 1일부터 정식으로 실시하였다. 2001년 전국인민대표자
대회에서 수정, 반포된 『민족구역자치법』은 민족구역자치제도가 국
가의 기본 정치제도임을 명확히 하였다. 『민족구역자치법』은 민족

---

56) 요코야마 히로아키 저, 이용빈 역, 앞의 책, 226쪽.

57) 요코야마 히로아키 저, 이용빈 역, 위의 책, 228쪽; 「中共中央關於少數民族 '自決權'問題給二
野戰前委的指示」, 1949년 10월 5일.

자치지방의 인민대표대회는 일반 지방 국가권력기관의 권력 이외에, "현지 민족의 정치·경제와 문화의 특징에 따라 자치조례와 단행조례를 제정한다."고 규정하고 있다. 중화인민공화국 성립 전인 1947년에 몽골족 지역에 대해 중국 최초의 성급(省級) 소수민족자치지방인 내몽골자치구를 건립하였다. 중화인민공화국 성립 후부터 중국 정부는 소수민족이 거주하는 지방에 대해 전면적인 민족구역자치를 실시하였다. 1955년 10월의 신장 위구르자치구성립, 1958년 3월의 광서장족자치구의 성립, 1958년 10월의 영하회족자치구 (寧夏回族自治區)성립, 1965년9월의 서장자치구 성립 등 현재까지 총155개의 민족자치지방을 건립하였다. 중국의 자치지방은 자치구 (自治區)·자치주(自治州)·자치현(自治縣)의 세 등급으로 나뉜다. 세 등급으로 행정지위를 구분하는 근거는 소수민족이 거주하는 지역의 인구와 구역의 면적이었다.

3. 중국공산당 소수민족정책의 특징

1954년의 중국 헌법 제3조에 명기된 '중국은 다민족 통일국가 (統一的多民族國家)'라는 '하나의 중국(一個中國)' 조항에 의하면 중국의 사회주의도, 사회주의와 시장을 합친 사회주의 시장경제도 모두 '다민족 통일국가'라는 지상목표에 종속되는 도구적 성격을 지닌다고 할 수 있다. 즉 '다민족 통일국가' 중국이 강조하는 핵심 요소는 '중화민족'과 '중국강역'이다.[58]

---

58) 윤휘탁, "중국학계의 영토·민족·국가 인식: '統一的 多民族國家論'과 그 한계," ≪"중국의 '동북공정' 논리와 그 한계" 학술대회 발표요지≫, 만주학회·국사편찬위원회, 2004. 10. 8, 117쪽.

중국은 다민족 국가이지만 실질적으로는 인구의 92%정도를 차지하는 한족 중심의 국가이다. 중국의 55개 소수민족 중 약 1/4의 소수민족 인구가 중국 전체에 산재해 있다. 소수민족은 대체로 광범위한 변방지역에 밀집 거주하고 있기 때문에 정치적, 군사적, 경제적 관심의 대상이 되고 있다. 중국은 소수민족을 중화민족의 일부로 간주하는 입장에서 소수민족 문제에 접근하고 있다.[59]

중국은 광대한 영토와 많은 소수민족들이 분산되어 거주하고 있기 때문에 국가통합을 위해서는 소수민족에 대한 유인책이 필요했다. 따라서 중국정부는 각 소수민족의 민족관계의 특성을 고려하여 소수민족의 통제와 지배를 위한 기본적인 정치제도로서의 민족구역 자치제도를 실시하였다. 이 제도는 표면적으로는 각 민족에게 주인의식을 부여한다는 원칙 아래 자치권을 부여하고 있지만, 동 제도가 가지고 있는 문제점으로 인하여 근본적인 민족갈등의 소지를 안고 있다고 할 수 있다.

첫째, 소수민족은 중앙이 부여한 자치권을 행사하고 있지만 중앙정부의 통제를 벗어나지 못함으로써 실질적인 자치권을 제한을 받고 있다고 할 수 있다. '민족구역자치법'을 보면 민족지역은 중앙과 분리할 수 없으며, 중앙으로부터의 지도하에 자치권을 실시한다는 규정뿐만 아니라 민족구역은 반드시 사회주의 노선을 견지하여야 한다는 규정으로 인하여 어떠한 문제도 당 중앙의 의지에 따라 간섭 및 견제가 가능하다는 것이다.[60] 이것은 결국 명분적 의미의 자치에 지나지 않고 도리어 민족갈등을 유발시키는 요인이 되고 있다.

---

59) 인병국, 앞의 책, 77-78쪽.
60) 박광득. 2004. 앞의 글. 280쪽.

둘째, '민족구역자치'라는 것은 민족자치와 지역자치의 통합이라고 할 수 있다. 따라서 이러한 자치제도는 도리어 민족적 구별을 소멸시킬 수 있는 소지가 있다. 즉, 개별민족의 발전이나 민족문화의 창달을 위한 자치제도가 아니라 흡수·통합정책의 일환으로 시행되어 진다는 것이다.[61]

또 중국의 『헌법』에는 중국 내의 모든 민족이 일률적으로 평등하다고 규정하고 있지만 객관적인 조건에서는 사실상 불평등하다. 사실상의 불평등은 아래와 같은 몇 가지 점에서 나타난다.

첫째, 정치면에서 모든 민족은 평등한 참정, 의정권을 갖고 있으며 인민대표회의, 정치협상회의에는 소수민족대표의 비율이 명확히 규정되어 있지만, 국가의 실질적 권력기관인 각급 중공당위원회에는 민족비례를 정하지 않았다. 그러므로 연변을 포함한 소수민족집거구의 실질적인 권력자는 한족(漢族)인 경우가 많다. 이외에 역사적으로 형성된 민족배타주의가 여전히 존재하며, 이것이 정치생활에 반영된다.[62]

둘째, 경제면에서 『민족자치법』에 민족자치정부는 자치구역 내의 자연자원을 포함한 각종 자원에 대한 경제지배권이 있다고 규정하였지만 사실상 집행되지 못하고 있다.

셋째, 문화·교육방면에서 비록 소수민족은 자민족의 언어, 문자를 사용할 권한이 있다고 하지만 실지로는 한화(漢化)의 현상이 심각하다.

그 외에도 실천의 측면에서 공산당이 정권을 수립한 후 주로 이

---

61) 소수민족이 여러 지역에 흩어져 살고 있기 때문이며, 중국 정부가 정책적으로 다수의 한족(漢族)을 소수민족지역으로 이주시켰기 때문이기도 하다.
62) 유병호, 「중국조선족이 민족의식을 보존할 수 있는 원인 및 현존문제」 http://blog.daum.net/gandoo/17617497 (검색일: 2014. 07. 03)

용했던 방법은 하나의 민족지구를 몇 개로 나누어서 하나는 민족지
구로, 하나는 비민족지구로 규정하는 것이었다.[63] 그 중 대표적인
것이 티베트의 경우로 원래 세부분으로 나뉘어져 있는 티베트를 동
부의 암도(Amdo)는 쓰촨(四川)성의 일부로, 동북부의 캄(Kham)은
칭하이(靑海)성으로 만든 것이다. 시짱(西藏) 장족자치구는 이 두
부분을 뺀 나머지로 이루어져 있다. 그러므로 캄과 암도의 티베트
인은 명목적으로 자치구의 티베트인과는 다른 대접을 받고 있는 셈
이다. 이 방법은 조신족에게도 적용되었다. 원래 젠다오(間島)성, 쑹
장(松江)성을 중심으로 하여 지린(吉林)성내에 연변 조선족 자치구
가 성립되어야 하는데 조선족이 집단거주하고 있던 하이린(海林),
닝안(寧安), 둥닝(東寧)지방을 헤이룽장(黑龍江)성으로 편입시킨 것
이다. 또한 중국인이 거의 대다수인 둔화(敦化)현을 지린성 연변 조
선족 자치주에 편입시켜 조선족의 인구대표성을 떨어뜨리는 책략을
썼다.[64] 또한 창바이(長白) 조선족 자치현도 연변과 경계를 접하고
있음에도 연변에 포함시키지 않은 것이다. 이러한 조치는 헤이룽장
성 세 지역의 조선족과, 연변의 조선족, 창바이 자치현의 조선족을
모두 다르게 분열시키는 행정구획이라 할 것이다. 또한 이것은 조
선족 자치구를 성급 아래의 지구급(地區級)의 자치주로 격하시키는
1955년의 조치와도 연결되는 것이다.[65]

---

63) 이강원은 중국 민족정책 중의 민족식별과 민족 자치구역의 설정에 대해 분석한 글에서 그것이
   전통적인 정체성의 기초를 약화시키고 민족을 지역화시킴으로써 소수민족들을 중국 내의 확
   고한 인민으로 전환시키는 국가통합과정의 일부로 보았다. 또한 그 과정에서 민족식별 기준의
   자의성과 국가에 의한 인구의 재배치 및 민족자치구역의 설정과 조정이 중요한 역할을 했다고
   지적했다. 이강원, 「중국의 민족식별과 민족자치구역의 설정: 공간적 전략과 그 효과」, 『대한
   지리학회지』, 제37권 제1호(2002), 75-92쪽.

64) 2010년에 실시한 제6차 인구센서스에서도 둔화현에서 전체 소수민족이 차지하는 인구 비율은
   6.15%에 불과했다.(부록 참조)

65) 백호, 「중국한족의 정교한 소수민족 지배」, 연변통신(2011. 04. 27). 자치구에서 자치주로의 변경
   과 관련해서 중국의 설명은 1954년에 새로 제정된 헌법에서 규정한 중앙-지방 정부 편제에 맞지

중국 정부는 소수민족의 문화를 존중하며 민족 평등을 강조하여, 모든 민족에게 평등한 정책 혹은 소수민족을 한족보다 더 우대하는 정책을 지향하는 것을 표방하고 있다. 중국의 소수민족 우대정책은 정치, 사회, 경제의 다방면에 존재한다. 현재 중국은 소수민족지역에 자치를 허용하고 있으며 이 때 자치단체장은 해당 지역의 소수민족에게 맡긴다. 전체 정치에 있어서도 당국은 소수민족의 참정권을 부여했는데, 중국 최고 국가권력기관인 전국인민대표대회에 '인구가 적은 민족도 적어도 한 명의 대표는 있도록 해야 한다'는 규정 등이 그것이다. 그리하여 소수민족의 인민대표 비율은 오히려 전체 인구대비 소수민족 인구비율을 넘어서게 된다. 한편 인구정책 면에서, 중국은 1가족 1자녀 원칙의 산아제한정책을 중국 전역에 엄격히 적용해 왔지만 소수민족에게는 예외적으로 2자녀까지 허용했다.

그러나 실상을 들여다보면 '소수민족우대정책'이란 말은 무색할 정도다. 최근까지도 계속된 중국의 경제발전은 한족이 주로 거주하는 동부 연해지역(베이징, 상하이 등)을 중심으로 이루어져 왔으며, 소수민족지역이 몰려있는 중서부와 동북부는 상대적으로 낙후되어 있다. 또한 정치 영역에서 소수민족의 실제 영향력은 매우 제한적인데, 사실상 중국 정치의 수뇌역할을 하는 중국공산당 중앙위원회에 소수민족이 포함된 경우가 거의 없다는 사실은 그것을 단적으로 보여준다. 소수민족 자치지역의 정치에 있어서도, 명목상의 장, 즉 행정책임자는 소수민족으로 배치하나 인사, 재정 등의 실권은 공산

않아서 수정했다는 것이 전부이다. 일부 학자는 심지어 저술에서 이것을 '격상'이라고 기술하기도 했다. http://yanbianforum.com/board.html?include=&mode=view&id=93020&lc=1000000&sc=0&mc=&gid=nb&

당 서기인 한족이 장악한다. "형식상의 자치, 실질적인 통치"인 것이다.66)

또한 소수민족지역으로 이주하는 한족들에게 경제적 특혜를 부여하는 한족이주정책을 지속적으로 추진함으로써 소수민족 자치지역에서의 소수민족 비율은 점차 낮아지고 있다. 이로 인해 소수민족의 문화와 정체성은 점차 퇴색되고 있다. 소수민족의 언어, 문화 교육은 허용하나 역사, 지리 교육은 금지하는 소수민족정책도 그러한 현상에 한 몫을 한다.

1950년대 이후 50여 년 동안 대체로 지켜져 왔던 소수민족 정책의 원칙은 '민족자치 허용, 분리 독립 불가'이며, 일관된 목표는 '한족에 대한 소수민족의 융화'라고 볼 수 있다. 그러나 그 방식과 절차는 지도층의 정치노선과 국내외 상황에 따라 온건과 급진을 넘나드는 변화를 겪어왔다.

1950년대 초중반, 갓 탄생한 중국에 있어 방대한 소수민족 거주 지역은 매우 중요한 자원이었다. 따라서 이 시기의 민족정책은 영토적 통합을 기본 목표로 두며 최대한 소수민족의 정체성을 보장하는 온건적인 방향을 택한다. 그러나 온건정책을 통해 어느 정도의 구심력을 확보한 중국 정부는 1950년대 후반 들어 민족정책의 전이를 모색하게 되는데, 이러한 움직임은 당시 '대약진운동', '문화대혁명' 등 국내 정치의 급격한 변화와 인도, 소련과의 분쟁 등 외적 긴장의 요인과 맞물리면서 급진적 동화정책으로 발전하게 된다. 이 배타적인 민족동화정책 하에 소수민족의 문화는 부정되고 소수민족은 한족으로의 동화를 강요받았다. 특히 문화대혁명(1966-1976) 시기

---

66) 유병호, 「중국조선족이 민족의식을 보존할 수 있는 원인 및 현존 문제」, 『연변통보』웹사이트 http://www.yanbianews.com/bbs/zboard.php?id=discussion&no=27631 (검색일: 2014. 09. 05)

소수민족은 민족자치권마저 박탈당한 채 민족언어교육 금지, 민족문자로 출판된 출판물 소각, 압수, 종교 박해, 물리적 폭력 등으로 시련을 겪게 된다.

중국 정부의 소수민족 정책은 이처럼 단순히 정책으로서의 의미만 갖는 것이 아니라 정책과 관련해 해당 민족의 중앙정부와의 갈등이나 민족의 정체성과 연관이 있다는 점에서 파악해야 한다. 중국 헌법에는 전국의 각 민족은 모두 평등하며 정치, 경제, 문화생활에서 한족과 동등한 대우와 권리를 향유할 수 있다고 규정하고 있다. 이러한 헌법의 보장과 정책적 배려 하에서 운용되고 있는 중국의 소수민족 정책을 요약하면, 첫째, 소수민족에 대한 평등정책을 시행; 둘째, 소수민족의 자치를 시행; 셋째, 소수민족 간부를 양성; 넷째, 소수민족 자신들의 언어와 문자를 사용하는 것을 허용; 다섯째, 소수민족의 풍속습관과 종교 신앙의 자유를 보장한다는 것 등이다.

그러나 이러한 제도적 보장들에도 불구하고 중국내 소수민족이 거주하는 지역들은 단지 명목상의 자치지역일 뿐이다. 비록 자신들의 이름을 딴 자치지역에 살고 있지만 일반적으로 한족이 최종적 통제를 하고 있으며 다양한 통제전략을 수립하여 소수민족을 규제하는 등 한족 중심주의를 여실히 드러내고 있다. 또한 소수민족에게는 계획출산의 완화, 명문대 진학의 분배, 취업상의 혜택 등의 우대조치를 취하기도 하지만 소수민족이 중앙정계에 진출할 확률은 대단히 희박한 실정이다.

결과적으로 중국정부의 소수민족 정책이 외형적으로 그들이 표방하고 있는 것과 같이 소수민족의 결집이나 민족의 정체성 확립에 긍정적으로 작용하기 보다는 '하나의 중국'을 겨냥한 한족의 제한적 배려로 이해해야 할 것이다.

중국공산당은 쟝제스의 국민당 정부와의 투쟁에서 열세에 몰려 소위 대장정을 하던 무렵에 변방 소수민족들의 적극적인 협조를 얻고자 그들에게 추후 독립을 약속했고, 우여곡절 끝에 북간도 지방으로부터 국민당 군대를 몰아내기 시작해서 마침내 중국의 패권을 장악하고 중화인민공화국을 수립했다. 그러나 중공은 예전의 약속을 하루아침에 저버리고 변방 소수민족들을 중공의 속령 내지 자치령으로 편입시켜 간섭을 자행함으로써 분노한 소수민족들의 반발을 불러 일으켰다. 대표적인 사건이 티베트의 독립운동인데, 당시 중공군은 항거에 대한 본보기로서 소총도 제대로 갖추지 못한 티베트인들에 대하여 각종 중화기와 전투기까지 대거 동원하여 무력진압을 자행했고, 그 과정에서 거의 100여만 명에 달하는 티베트인들이 일방적으로 학살당한 바 있다. 티베트 이외에도 대부분이 이슬람교도인 위구르족의 자치구역 신장(新疆)에서 핵실험을 강행하자 위구르족도 산발적으로나마 중공당국에 대한 시위나 무장공격을 전개해 왔고, 그 외의 소수민족들도 중공의 무단적 강압에 밖으로 표현을 하지는 않지만 속으로 불만이 많은 게 사실이다.

그 후 중국은 마오쩌둥 집권 당시 추진했던 대약진운동과 문화대혁명에서 별다른 성과를 이루지 못하고, 소위 사인방(四人幇)이 몰락한 후 덩샤오핑(鄧小平)이 '흑묘백묘론(黑猫白猫論)'을 주장하며 전개한 경제 활성화 정책으로 경제 및 군사 대국화의 길을 달려 왔다. 그 과정에서 중국 변방의 소수민족들은 철저한 한족화(漢族化) 내지 반(半)한족화 정책으로 민족 정체성을 손상당해 왔으며, 그에 대한 반발도 적지 않았다. 특히, 문화혁명 당시 시짱·신장·네이멍구·만저우(滿洲)·옌볜 등 중국 내부의 '변방'에서 반혁명분자

색출을 명분으로 소수민족 지도자들에게 가한 무단적 탄압으로 불만이 고조되었다. 사회주의적 '사해동포주의'도 사라지고, 모든 권력과 경제력이 한족(漢族)에게 집중되는 민족적 차별행태가 명백히 가시화됨으로써 중공의 소수민족정책은 사실상 그 존재 의의 자체가 사라지게 된 것이다.

덩샤오핑 체제의 등장 이후 4대 현대화와 경제발전을 강조하고 한족과 소수민족의 협력을 강화하기 위해 지방자치의 영역을 대폭적으로 확대하였다. 따라서 연변을 비롯한 다른 소수민족 지역에서도 간부의 민족화와 민족특유의 경제, 사회, 문화 활동이 장려되었다. 그러나 조선족을 비롯한 다른 소수민족은 중국 정부의 장기적인 민족융합정책에 의하여 서서히 민족적 동질성을 상실해 가고 있다. 중국정부는 어느 정권이나 소수민족 지역에로의 한족의 이주를 적극 장려하였다. 즉 소수민족지역 개발을 명목으로 한족들을 꾸준히 유입시켰는데, 이는 소수민족 자치지역에서 소수민족의 인구비율을 계속 낮추기 위해서였다. 서부 지역의 소수민족들은 유목민이 많았다. 그러나 이주한 한족들은 농사를 지으면서 초원을 갈아엎었고, 소수민족들의 생활 근거지는 갈수록 축소됐다. 지난 2000년 인구센서스를 보면 신장 위구르 자치구 총 인구 1,925만 명 가운데 위구르족의 인구는 1,143만 명 수준으로 전체의 59.39%였다. 1949년 당시에는 전체 인구의 76%가 위구르족이었다. 네이멍구 자치구의 경우 총 인구 가운데 한족 인구가 1,882만 3,900명으로 79.24%다. 몽골족은 402만 9,200명으로 16.96%에 불과하다. 1949년 이전에는 몽골족 인구가 70%였다. 광시(廣西) 장족자치구는 4,489만 3,700명 가운데 한족이 2,768만 2,700명으로 점유율이 61.66%에 이른다. 소수민족들이 많기로 유명했던 윈난(雲南)성도 전체 인구

4,235만 9,000명 가운데 한족이 2,820만 6,000명으로 66.59%나 차지했다. 닝샤 회족자치구는 전체 인구 562만 명 가운데 소수민족 인구는 194만 명에 불과하다. 티베트만이 전체 인구 261만 6,300명 가운데 티베트인이 241만 1,100명으로 92.2%를 점하고 있으며 한족은 5.9%다. 소수민족의 분리와 독립 움직임에 대하여는 무력을 동원하는 등의 강경한 조치를 취하였다.[67]

---

67) 인병국, 앞의 책, 81-83쪽.

제3절 재중 조선인(한인)의 중국 국적 가입 과정

　재중 조선족의 형성 과정은 동북지역에서의 중공 중앙의 세력 확장 및 권력 장악과정과 밀접한 관계가 있었다. 중공은 자신의 영향력이 이 지역에 미치지 못했던 초기에는 주로 선언적인 정책의 선전을 통해 조선인 엘리트와 그들을 따르는 추종자들을 포섭하는 통일전선 전술을 구사했고, 점차 영향력이 확대되던 국공내전 말기로 가면서는 중공 중앙 직속의 한족 및 조선인 간부들을 이 지역에 파견하여 그들에게 우호적인 조선인 간부를 중심으로 조직을 확장하고 혁명 활동을 지도하는 방식을 통해 그들의 정책을 관철시키는 방향으로 노선을 전환했다.

　20세기 초반 현대사의 격동기에 재중 한인(조선인)은 기타 지역의 한인들보다 특수한 경험을 하였다. 한반도가 일제 식민지이던 시절 이들의 선조들은 중국의 만주지역과 관내(關內)의 각 지역에서 항일운동을 하면서 나라 잃은 국민으로 생활하였다. 한편으로는 일본에 저항하고, 한편으로는 중국정부와 중국인으로부터 나라 잃은 국민으로서 지지도 받았지만 많은 서러움을 받고 생활하였다. 타국인 중국에서 항일운동과 생존을 위해서 때로는 중국의 군벌들과 협력하고, 혹은 국민당정부와도 협력했고, 혹은 공산당과도 협력했다. 그 결과 수많은 한인 이민들이 항일전쟁의 과정에서 희생을 해야 했다.[68]

　9·18사변이 발발한 후 중국 동북지역의 조선인들 중 다수가 중

---

68) 李承律, 『東北亞時代的朝鮮族社會』(北京: 世界知識出版社), 2008, 126쪽.

국공산당에 협력하여 항일투쟁에 투신, 각지에 유격대와 유격근거지를 설립하였다.[69] 조선인들이 설립한 연길현 유격대, 화룡현 유격대, 왕청 유격대, 훈춘 유격대와 남만 및 북만 일대에 건립한 유격대는 점점 그 세력을 확장하여 동북항일투쟁의 주도세력으로 자리 잡았으며 동북인민혁명군 및 그 후의 동북 항일연군(抗日聯軍)의 주축을 이루었다. 당시 항일연군 제2로군 총지휘관이었던 저우바오중(周保中)은 "1932년에 건립된 건강한 동만유격대와 1933년에 건립된 강대한 반석유격대, 주하유격대, 밀신유격대, 덩원유격대, 요하유격대 등은 모두 혁명적 조선동지들과 혁명적 조선민중들이 창건하였다. 이들은 각각 항일연군 제1, 제2, 제3, 제4, 제6, 제7군으로 성장하였으며 제5군에도 우수한 조선 동지들이 적지 않았다"고 평가하였다.[70] 장장 14년간의 동북항일투쟁에서 조선인들은 피나는 항쟁을 지속하였으며 상당한 대가와 희생을 치렀다고 한다. 예컨대 항일전쟁시기 연변의 3,125명의 항일 '열사' 중에 조선인 '열사'가 3,026명으로, 이는 '열사' 총수의 96.8%를 차지한다.[71]

1945년 일본이 패망한 후 간도지역은 중국공산당 계열과 중국국민당 계열의 투쟁과 친남한-친북한 투쟁에 말려들었다. 이처럼 간도지역의 영토문제가 해결되지 못한 상황에서 만주, 특히 간도지역에 사는 한인들은 만주지역을 장악한 중국의 두 세력과 외국 세력의 갈등 속에서 생존하기 위해서 계속되는 고난의 길을 걸어야 했

---

69) 사실 9·18사변이 발발하기 이전에도 동북에서 중공의 '군중 기초'가 있는 곳은 거의 다 조선인들이 거주하는 지역이었다. 각지에 당 조직을 건립하고 확대시키는데 있어서도 조선인 간부들이 60-70%를 차지했다. 특히 동만과 북만 각 지방의 당 지도자와 하급 조직은 거의 전부가 조선인 위주였다. 주보중, 「조선족은 중화민족의 어엿한 일원」, 『중국조선족역사족적』총서편찬위원회 편, 『승리』(북경: 민족출판사), 1992, 703-704쪽.

70) 周保中(1946), 「吉林省委群衆工作會議上的報告(1946.12)」, 延邊朝鮮族自治州檔案館編(1985), 「中共延邊吉東吉敎地委延邊專署重要文件匯編」 第1集, 345쪽.

71) 崔聖春 主編(1997), 「延邊人民抗日鬪爭史」 附件, 延邊人民出版社.

다. 조선인들은 그들이 처한 특수한 역사적 환경과 일제의 간섭으로 말미암아 중국에 이주한 후 줄곧 이중국적의 멍에를 쓰게 되었으며 이로 인하여 조선인의 국적문제는 늘 중국당국의 현안으로 떠올랐다. 항일전쟁이 끝난 후에도 조선인의 국적은 사실상 이중국적 혹은 무국적 상태에 놓여 있었다. 따라서 항일전쟁의 종결과 더불어 100만에 가까운 재만 조선인들이 한반도로 귀환하였다. 동북에 남은 조선인들은 거주지역에 따라 공산당 통제하의 소위 '해방구'와 국민당 통제하의 '수복구'로 나뉘었는데, 수적으로 볼 때 해방구의 조선인, 즉 공산당 통제하의 조선인이 절대다수였다. 국공 양당의 접전지로서의 동북일대에서 양당은 관할구역 내의 조선인에 대하여 판이한 태도와 정책을 펴나갔다. 그 중 국민당(國民黨)은 관할지역 내의 조선인을 '한교(韓僑)'로 간주하고 그들의 자산을 몰수하였을 뿐만 아니라 한반도로의 귀환을 강요하였다. 이와 반대로 공산당은 동북경내 조선인의 정착을 기정사실로 받아들였으며 그들의 토지소유권을 인정해 줌으로써 중국국민으로 편입될 수 있는 가장 기초적인 경제적 문제를 해결해 주었다. 실제로 중국공산당은 국민당과의 내전을 수행하면서부터 중국내의 소수민족 문제에 지대한 관심을 보였으며 민족평등을 민족정책의 기조로 삼았다. 중공의 조선족에 대한 구체적인 언급은 일찍이 1928년 「중공 제6차 전국대표대회 민족문제에 관한 결의안」에서 명확하게 중공의 대조선인 문제의 입장과 원칙을 표명하였는데, "만주의 고려인은 중국 경내의 소수민족"이며 "중국 경내의 소수민족문제(북부의 몽골, 회족, 만주의 고려인, 복건의 대만인 및 남부의 苗, 黎 등 원시민족, 신강과 서장)는 혁명에 중대한 의의를 갖고 있다"[72]고 지적하였다.

---

72) 中共中央統戰部(1991), 『民族問題文獻匯編』, 北京: 中共中央黨校出版社, 87쪽.

이와 같은 원칙과 입장은 중공 만주성위를 통하여 조선인들의 자치권문제, 토지문제, 민족간부문제, 문화교육과 언어문자문제 등 제방면을 통하여 실천되었으며 조선인의 평등지위와 권리를 인정하고 보장하여 주었다. 광복 후 조선인의 법적지위와 국적문제에 대한 언급은 조선인들이 가장 많이 집중되어 있는 연변에서부터 시작되었다. 1946년 1월1일, 당시 연변 전원공서의 부전원 둥쿤이(董昆一)는 신년사에서 "의심할 바 없이 연변지역에 거주하고 있는 한인은 반느시 성부의 법령을 준수하고 정부의 법적 보호를 받아야 한다. 중국국적에의 가입을 원하는 한인은 입적할 수 있으며 중화민국의 국민이 될 수 있다. 이리하여 조선족은 중화민족 가운데 하나의 소수민족이 될 수 있다. 우리 정부는 민족평등의 원칙에 의하여 조선족으로 하여금 정치 경제와 문화상에서 해방과 발전의 권리를 누리도록 하며 민족의 언어문자, 풍속습관, 종교 신앙 등도 일률적으로 존중된다. 이것에는 추호의 의심의 여지가 없다"[73]고 하면서 조선인의 중국적 가입 및 중국 내의 소수민족의 일원으로서 인정한다는 입장을 천명하였다.

당시 중공 연변지위 서기 류쥔시우(劉俊秀)는 1948년 12월의 「민족정책에 관한 몇 가지 문제에 대하여」라는 보고에서 "연변 경내에 거주하고 있는 조선 인민을 중국 경내의 소수민족으로, 중화민주공화국의 일부분으로 인정한다. 민주정부는 민족평등의 원칙에 따라 조선 인민에게 토지권·인권·재산권을 부여하며 인민의 생명재산 안전을 보장하여 준다.…무릇 과거에 연변지역에 거주하였으며 토지개혁에서 현지 민주정부에 정식으로 호적가입을 한 자는 중국국

---

73) 延邊朝鮮族自治州檔案館編(1985), 「中共延邊吉東吉敦地委延邊專署重要文件匯編」 第1輯, 8쪽.

민(城鎭을 포함)으로 인정한다. 무릇 토지개혁에서 정식으로 호적에 가입하지 않았거나 새롭게 조선으로부터 건너와 임시 거주하는 자는 조선의 교민으로 간주 한다"고 천명하였다.

1945년 8월부터 1949년 10월 중화인민공화국이 건립될 때까지 중국에 잔류한 대부분의 조선인들은 중국 국적에 가입하였다. 이러한 과정을 통해 더 이상 조선인(朝鮮人)이나 한인(韓人) 혹은 고려인(高麗人)으로 불리지 않고 중국 내에서는 소수민족으로서 조선족으로 불리어지면서 재중 조선족 사회가 형성되어 갔다. 중국공산당이 동북지역을 장악하면서 영주를 결심한 조선인들에게 토지개혁을 통해 토지를 분배하였고, 지방정권수립에 참여하도록 하여 참정권도 부여하였다. 그러한 과정을 거치면서 조선인들은 더 이상 한국인이 아닌 중국 국적의 조선족으로 탈바꿈하게 되었다.

특히 토지개혁이 중국내 기타 지역보다 빨리 진행된 동북 경내 해방구의 각급 당조직과 지방정부에서는 해당 지역 내의 토지분배 방안에서 "무릇 땅이 없거나 땅이 적은 농민으로서 고농, 전농, 빈농, 관내의 노동자(勞工)를 불문하고, 그가 중국인이든 고려인이든을 불문하고, 일률적으로 호당 인구의 다소를 비례로 공평하게 토지를 획득할 권리가 있다", "조선인에 대하여 동일시하여 토지를 분배하여야 하며 토지소유권을 주어야 한다."고 규정함으로써 조선인의 토지소유권 보장을 확실히 하였다. 그리고 중국과 조선 사이에서 "이쪽도 내 조국이고 저쪽도 내 조국"인 조선인의 이중적 입장과 이중적 조국 관념에 대하여서도 객관적으로 이해를 했으며 "그들의 이중국적을 인정한다. 지금으로서는 중국 국민으로서 중국 국민의 일체 권리를 향유하고 중국의 인민해방전쟁에 참가하며 일단 조선이 외적의 침입을 받을 경우, 만약 그들이 원한다면 언제든지 조선인의 신분으로 조선의 반침략전쟁에 투입할 수 있다."고 하였다. 1949년 9월, 전국정치협상회의 제1차 회의가 북경에서 개최되었을 때 당시 중공연변지위서기 겸 연변전원공서의 전원이었던 주덕해가 전국 10명의 소수민족대표 중의 일원으로 본 회의에 참석하였으며, 10월 1일 개국대전에도 참가하게 되었다. 이로써 조선인은 중화인민공화국의 건립과 함께 최종적으로 중국의 소수민족으로 인정받게 되었다. 1950년 12월 6일의 중공당 기관지 인민일보는 "1949년 9월의 중국인민징치협상회의 개막으로 동북경내의 조선인민은 중국경내의 소수민족 자격으로 각 형제민족과 만나게 되었으며 이로부터 중화인민공화국 각 민족 인민 가운데의 새로운 구성부분으로서의 조선족은 과거 각 형제민족인민의 관념속의 중국거주 조선교민으로부터 구별되어 나왔다."74)고 중국내의 조선족으로서의 입지를 명확히 하였다.

중화인민공화국이 설립되던 1949년부터 문화대혁명이 발발하기 직전인 1965년까지의 재중 조선족 사회는 사상과 이념은 물론이고 사회체제에서도 이전 시기와 확연히 구분된다. 이 시기의 주요 특징으로는 중국 전역에 걸쳐 사회주의 체제가 수립되면서 재중 조선족 사회도 새로운 변화를 맞이하게 된다. 그것은 정치, 경제, 사회, 문화, 사상 등 모든 영역에 걸친 광범위하고 획기적이며 혁명적인 것이었다. 이 시기의 조선족 사회의 변화는 재중 조선족의 역사에서 대단히 중요한 위치를 차지하는데, 그것은 이 시기에 확립된 사회주의체제가 조선족에게 전혀 새로운 역사경험이었기 때문이고, 이 시기가 조선족이 중국의 일원으로 정착하는데 대단히 중요한 시

---

74) "中國境內的朝鮮民族", 「人民日報」, 1950.12.06.

점이며, 한반도의 모국과 새로운 관계를 설정하면서 중국이라는 오직 하나의 조국관을 형성하는 시기였기 때문이다.[75]

먼저, 중화인민공화국 수립 후 재중 조선족 사회는 거주국에서의 법적 신분이 변경됨에 따라 한반도로부터의 이주민에서 중국의 합법적인 국민으로 자리 잡게 되었다. 1952년 8월 29일에 연변전구(延邊專區)의 5개현에서 71만 명의 대표자 300명(조선족 대표 209명)이 참여한 제1기 인민대표대회의가 개최되었다. 회의에서는 연변조선민족자치구의 성립과 더불어 주덕해(朱德海, 조선족)를 인민정부 주석으로 선출하고 둥위쿤(董玉昆, 한족)과 최채(崔采, 조선족)를 부주석으로 선출하였으며, 32명의 정·부위원과 법원장, 검찰원장을 선출하였다.

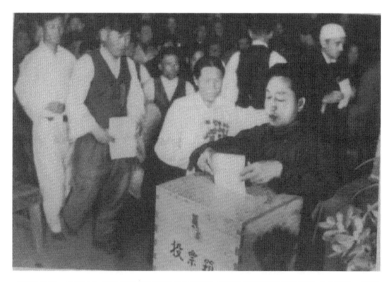

<그림 3-3> 1952년 9월 3일 연변조선족자치구 제1차 인민대표대회에서 투표하는 장면.

---

75) 김태국, 「연변조선족자치주의 성립과 조선족 사회의 변천(1949-1965)」, 『연변조선족사회의 과거와 현재』, 2006, 137-138쪽.

회의에서는 또 「길림성 연변조선민족자치구 인민정부조직조례」
를 채택하였다. 「연변조선민족자치구 인민정부조직조례」 제4조에는
"연변자치구 인민정부는 조선문과 중문(漢文)을 직권행사의 주요
언어로 사용해야 한다."고 규정하였다. 조선족 인민들이 자민족 언
어와 문화로 국가사무에 참여하고 자민족 내부의 지방 사무를 관리
하도록 하기 위하여 자치구에 번역과를 설립하고 각 현, 시에 전문
번역 간부들을 배치하여 기관 공문과 서류들을 조선어와 한어 두
가시 문자를 사용하여 작성하도록 하였다. 당대표대회, 인민대표대
회와 각급 중요회의에 모두 통역을 배치하여 조선족은 자민족 언어
로 토론에 참가하고 의견을 제출할 수 있도록 하였으며 법원 소송
도 자민족 언어와 문자의 사용을 가능케 하였다.

<그림 3-4> 연변조선민족자치구 제1차 인민대표회의(1952년 9월 3일)

<그림 3-5> 연변조선민족자치구 인민정부(1952년 9월 3일)
주석 주덕해(중앙)와 부주석 둥위쿤(좌), 최채(우)

<그림 3-6> 연변조선민족자치구 인민정부 수립 대회(1952년 9월 3일)

그 후 조선족 사회는 자체적 민족공동체 유지와 전통문화 전승에 노력하는 것과 동시에 현실적 수요에 의해 중국 소수민족의 일원으로서 사회주의 제도에의 적응과 사회주의 이념의 수용에 보다 적극적으로 동참하게 된다. 따라서 과거 민족공동체의 형성과 유지에 중요한 요소로 작용했던 민족의식과 민족문화는 사회주의 주류문화와 융합하고 사회주의 건설에 적응하며 공조하는 가운데 점차 질적 변화를 보이면서 재중 조선족 사회 특유의 문화를 형성하기 시작했다. 그 결과 조선족은 자체의 민족정체성을 유지하면서 공동체적 삶을 유지해 나갔지만 삶의 내용 및 가치지향에 있어서 상당한 변화를 겪었다.[76)]

---

76) 허명철, 「조선족공동체와 정체의식」, 『통일인문학논총』 제52집(2011.11), 312-313쪽.

우선 1949년 이후 재중 조선족 사회에서는 공산당 조직이 사회 전반에 걸쳐 조직되면서 사회 변혁을 이끄는 중추세력으로 자리 잡았다.[77] 이어서 중국공산당이 주도한 사회주의 정권의 기반을 다지기 위한 일련의 작업들이 본격적으로 추진되었다. 거기에는 '생산 건설', '항미원조', '반혁명 진압', '3반 5반 운동' 등 일련의 정치운동이 포함된다. 그 과정에서 중국공산당은 조선족 가운데서 인재들을 선발하여 민족간부로 육성하고, 이들을 중심으로 정권 수립에

<그림 3-7> 길림성 연변조선민족자치구 인민정부 현판

---

77) 물론, 1945년 해방 후 조선인 사회에서 중공의 지시를 따르는 연안 출신의 간부들이 핵심세력으로 부상하여 조직을 확대하는데 앞장섰음은 주지의 사실이다. 이진영, 「중국 공산당의 조선족 정책의 기원에 대하여(1927-1949)」, 『재외한인연구』, 2000년 제9호, 173-175쪽.

필요한 인재를 충원하였다.[78] 중공은 또 중국 국민으로서의 조선족의 지위와 권리를 인정하는 동시에 항전시기 후반부터 주장해오던 민족구역자치를 실천에 옮겨 1952년에 연변지역을 조선족자치구(1955년에 새로운 헌법규정에 따라 자치주로 변경하였음)로 규정하였고, 1958년에는 장백현을 조선족 자치현으로 제정하였다. 두 개의 자치지역 외에도 동북3성과 내몽골자치구 경내에 50여 개의 민족자치향(진)(길림성내에11개, 흑룡강성 내에 20개, 요녕성 내에 16개, 내몽골자치구내에1개)[79]를 건립하여 민족공동체의 유지와 발전에 공간적 및 정책적 조건을 제공하였다.

다음으로, 조선족이 중화민족의 일원으로 편입하게 되는 1945년에서 1957년까지는 조선족에 대한 개념 규정이 나타나는 시기이자 법률적으로 국적문제가 중요한 이슈가 되었던 시기이다. 중국에 거주하고 있던 한인의 국적 변동에 대해서는 여러 견해가 존재하고 있다. 그러나 그에 관한 법령이나 지침이 정해졌다면 그 내용은 무엇이고, 적용 범위는 어느 정도인가 하는 점은 아직도 분명하지 않다. 그러나 이런 혼란이 기본적으로 종식되는 것은 1957년에 이르러서다.[80]

중국의 한인이 가장 많이 거주하던 지역인 간도지역과 그 주변의 목단강 연선의 경우 이미 1946년 초에는 공산당이 실제적으로 장악한 지역이다. 공산당은 3차례에 걸친 토지개혁을 통해 이 지역의 행정권을 장악했고 그 결과 한인의 호구를 파악하고 있었다. 파악

---

78) 김태국, 「연변조선족자치주의 성립과 조선족 사회의 변천(1949-1965)」, 『연변조선족사회의 과거와 현재』, 2006, 142-143쪽.

79) 정신철(1999), 259-261쪽.

80) 沈志華, 「東北朝鮮族居民跨境流動:新中國政府的對策及其結果(1950-1962)」, 『史學月刊』, 2011年第11期, 69-84쪽.

된 한인들 중 6만 5천 명 정도의 장정이 중국의 국공내전에 동원되었다. 행정-징세-군 동원의 측면에서 본다면 이 시기의 중국 공산당은 연변에서 실질적인 정부의 형태를 가지고 있던 것으로 보인다. 영사문제도 북한의 인민위원회와 일부 협의한 흔적이 있다. 하지만 1948년 북한정권이 성립하고 1949년 중국이 성립하기까지 양측의 업무처리는 지침에 의존하되 많은 예외가 있었던 것 같다. 많은 한인들은 거의 자유롭게 양국을 왕래하였다. 물론 허가증이 필요하여 당국이 발행하기도 하였으나, 기본적으로 북한으로 돌아가는 데는 제약이 없었다.[81)

1948년 12월에 열린 "조선민족문제에 대한 간담회"는 과도기적인 이 시기의 모습을 보여준다. 소위 연안파라 할 수 있는 중국공산당 지도하의 주덕해를 비롯한 미래의 조선족 지도자들은 민족구역자치 내에서 중국의 소수민족으로서 조선족을 위치시켰고, 당시 행정전원(專員)이었던 임춘추를 비롯한 김일성 계열은 해방 전의 약속대로 간도를 조선(북한)에 귀속시켜야 한다는 주장을 하였다.[82) 이러한 논쟁이 존재했다는 사실은 당시 중국 공산당의 승리가 확실시되는 시점에서, 조선족에 대한 문제를 확정하려는 공산당의 입장이 드러나는 것이지만, 동시에 여전히 혼란스런 입장을 반영하고 있다.

특히, 예외적이라 할 수 있는 여러 조치들은 특수 사항이라고 하기에는 너무나 일반적이었던 당시의 상황을 반영한다. 중국의 국공내전에 동원됐던 6만 5천명의 조선족 관병이 1949년 12월 어느 날

---

81) 당시 한인들의 자유로운 월경 행위에 대한 상세한 분석은 沈志華, 「東北朝鮮族居民跨境流動: 新中國政府的對策及其結果(1950-1962)」를 참조.

82) 이진영, 「중국 공산당의 조선족 정책의 기원에 대하여(1927-1949)」, 『재외한인연구』, 2000년 제9호, 179-181쪽.

갑자기 정저우(鄭州)에 집결하여 북한으로 들어가 인민군 3개 사단으로 편제된 것이나, 한국전쟁 기간과 그 후에 북한의 전후 복구사업에 많은 조선족이 참여한 사실 등은 그 당시의 특수상황을 반영한다. 문제는 이들 중 많은 이들이 북한에 잔류하여 북한 정부나 당에서 일하였고, 또한 일부는 원하면 다시 중국으로 돌아갔고 중국 정부도 이를 용인했다는 것이다. 사실상의 이중국적의 상황이 유지되었던 것이다. 1957년 중국정부가 지역적 개념을 사용하여, 산하이관(山海關) 이북의 한인을 조선족으로, 산하이관 이남의 한인과 이후 중국에 들어온 자를 조교(朝僑, 조선교포)로 분류하기까지 이런 특수한 상황은 계속된다.[83]

---

83) 박병광, 「중국 소수민족정책의 형성과 전개: 민족동화와 융화의 변주곡에 관하여」, 『국제정치논총』, 2000년, 433-434쪽.

제4절 재중 조선인(한인)에서 중국 조선족으로

국적과는 별도로, '중화민족'의 일원이라는 개념에 의한 조선족으로의 논리적 작업도 계속 진행되고 있었다. 역설적이게도, 소위 중국의 토착민족이 아닌 한인을 중화민족의 일원으로 개념화하는 과정에서 중국의 민족이론이 발전하였고 민족정책의 시행에 있어서 모델이 되었다는 것이다. 1945년-1949년 사이의 공산당의 선언과 문건들에는 중국의 한인을 표현하는 여러 용어가 혼재하고 있으며 이는 최종적으로 조선족으로 정리되었다. 민족구역 자치에 의한 연변조선족자치주의 탄생도 이와 궤적을 같이 한다. 1952년 성립한 자치구(주)는 중국의 통일을 우선시하는 입장이 강조된 것으로, 역사적인 간도의 영토 할양 요구에 대한 해결책으로서의 성격도 가지고 있었다고 볼 수 있다.[84]

영토와 정치적 형태에 대한 문제가 일단락되자 중국 정부가 취한 행동은 중화민족주의에서 중요한 국민적 통합과정의 실천이었다. 1957년 이후 중국은 정치적 동원이 특징인 시기로 접어들게 된다. 이 시기의 조선족 정책에서 중요한 것은 이런 정치적 동원을 통해서 중국의 한인이 실제적으로 중화민족의 일원인 조선족으로 다시 태어났다는 것이다. 북한과의 관계는 중소분쟁에서 보여준 북한의 태도로 인한 여파와 북한의 '8월 종파사건'의 영향과 중국내의 반우파투쟁으로 인하여 이제는 북한을 하나의 외국으로 보게 되었다. 중국내의 한인은 북한과 구별되는 중국인으로 자신을 규정하는 것

---

84) 이진영, 「중국 정부가 바라보는 조선족과 조선족 정책」,
　　http://blog.daum.net/jinguk9/2707019(검색일: 2014. 05. 10.)

을 강요받게 된 상황이었다고 할 수 있다. 반우파투쟁과 지방민족주의(조선족의 민족주의) 투쟁에서 나타난 '다중 조국관'은 이런 고민을 잘 나타내고 있다. '다중 조국관'이란 중국내의 한인에게 여러 조국 혹은 모국이 있다는 것으로, 사회주의 모국인 소련과, 이민자로써의 모국인 고국(故國) 한반도와 지금의 조국 중국이 있다는 것이다. 물론, 중국을 제외한 나머지 모국은 포기하도록 강요받았다. 심지어는 고국이라는 표현도 쓰지 못하게 하였다. 이런 현상은 문화내혁명(1966-76)의 초기에 더욱 심하였는데, 일체의 민족적 특색이 나타나는 표현을 사용하지 못하게 하였다. 특히, 계급대오 정리 운동기간(1968-9)에는 많은 조선족들이 이러한 민족문제로 인하여 희생되게 된다.

정치적인 민족주의가 봉쇄된 시점에서 문화적 민족주의도 제약을 받았다. 민족학교의 구성이나 수업내용, 교과과정 등에 대해서도 제약이 나타났고 이러한 소위 정치화할 소지가 큰 문화적 요소에 대한 통제는 '민족 언어 순결론' 논쟁에서 나타나고 있다. '민족 언어 순결론' 논쟁은 중국어의 어휘와 구조가 조선어에 침투하는 상황에서 민족어를 지키려는 노력에서 시작되었으나, 반우파투쟁 등을 거치면서 정치적인 것으로 간주되어 많은 참여자들이 숙청되는 계기가 된다. 즉, 조선족은 이제 중화민족의 일원으로서 존재할 것을 강요받은 것이며, 이러한 실제적 강요는 30여 년간 지속되면서 중국의 한인을 한반도의 한인과 많이 구별되게 하는 계기가 되었다.

신중국 성립 후 중국의 소수민족들은 중국공산당의 정책노선의 변화에 따라 자치영역의 위축과 경제적 통합에의 압력을 경험하였다. 소수민족의 자치와 권익을 보장하고 장려하는 분위기는 1956년의 '백화제방운동'에 대한 중국공산당의 정책이 변화하면서 급속히 냉각, 퇴보하였다. 1957년 이후 중국공산당은 반우파운동, 인민공사운동, 그리고 1966년의 문화대혁명을 전개하면서 소수민족정책도 공존과 융합의 논리보다 이데올로기적인 동화가 강요되었다. 소수민족정책이 좌경화 되면서 재중 조선족 사회와 기타 소수민족 지역에서 많은 지식인, 애국인사, 민족간부가 우파분자로 잘못 분류되었으며 민족자치의 영역이 심각한 타격을 받았다.

마오쩌둥은 중화인민공화국 건국 후에도 계속혁명을 주창하며 인민 내부에 존재하는 자본주의 복벽(復辟) 세력과 투쟁할 것을 지속적으로 강조했다. 마오는 민족자치보다 한족 중심의 사회주의 혁명이 더 중요하다고 인식했기 때문에 1956년 4월 중국공산당 중앙위원회 정치국 확대회의에서는 생산 수단의 개인 소유에 대한 사회주의적 개조가 기본적으로 완수되었다고 보고 사회주의 혁명을 통한 사회주의 국가 건설을 강조하며 1957년부터 전국의 대규모적인 사회주의 건설을 추진하기 시작했다. 이에 따라 소수민족과 소수민족 지역에 대한 대대적 통합 정책을 실시했다. 당시 소수민족 정책의 기본 논리는 '소수민족 문제의 실질은 계급 문제'이므로 계급투쟁의 형태를 통해 현존하는 소수민족 문제를 해결해야 한다는 것이었다. 이에 따라 1957년의 반우파 투쟁에서 시작해 문화대혁명(1966-76)에 이르는 20년 동안 중국은 계급투쟁으로 몸살을 앓았다. 조선족도 줄곧 정치운동의 소용돌이 속에서 수많은 간부와 대중이 박해를 받았으며, 이 과정에서 점차 중국화, 사회주의화되었다. 문혁 이전에는 주로 문화계 및 지식계 인사들이 투쟁의 대상이었으며, 투쟁의 주체는 중국공산당의 각급 조직이었다. 그러나 문혁 시기에는 이러한 갈등이 다소 변형되어 나타났는데, 초기의 한

두 달은 전통 방식대로 각급 당 기구의 주도 하에 문화계 및 지식계 인사들을 공격했으나, 후기에는 한때 군중이 집권층을 공격하는 형태로 변모하였다.[85]

연변조선족자치주는 성립 이후 조선족의 민족자치구역으로 순조롭게 발전하였지만, 다른 민족자치지역과 마찬가지로 1950년대 말 대약진시기와 1966년부터 1976년 사이의 문화대혁명기간 중에는 좌경노선으로 인하여 민족구역자치가 유명무실해지고, 조선족들의 평등자치권이 크게 침해당했다. 1968년 8월에는 연변조선족자치주 혁명위원회가 자치주정권을 장악하면서, 혁명위원회의 주임은 한족(漢族)으로 교체되었으며, 당시 제1언어로 사용되던 조선어사용도 취소되었고, 모든 문서는 한어(漢語)로만 작성되게 하였으며, 각종 언어연구기구와 번역기구들은 모두 철폐되었으며, 조선어로 된 언론도 정간되었다. 후에 중국의 관변 학계에서는 이것을 좌익사상 아래 조선족의 특색을 부정하고 강제적으로 민족동화정책을 실시하려는 결과였다고 기술하고 있다.[86]

재중 조선족에 대한 민족정책은 중국의 한반도정책과도 매우 밀접한 관계가 있다. 그것은 재중 조선족이 바로 한반도와 접경하는 지역에 살고 있는 과계민족(跨界民族)이며 북한과 한국과 밀접한 관계가 있기 때문이다. 동북삼성지역의 인구는 약 1억 명이고, 그 중에서도 소수민족은 10.7%이며, 조선족이 소수민족 인구의 거의 20%를 차지하고 있다는 현실에서 중국정부의 조선족정책은 바로 한반도와 밀접한 관련이 있다는 것을 충분히 유추할 수가 있다.

---

85) 염인호, 「'傳單'을 통해 본 중국 연변지방 문화대혁명과 파벌투쟁」, 『연변 조선족 사회의 과거와 현재』, 180쪽.

86) 金炳鎬主編, 『中國民族自治州的民族關係』(北京: 中央民族大學出版社), 2006, 57-59쪽.

재중 조선족은 외래 민족이고 모국을 배후에 두고 있는 과계민족으로서 이주 이후 오늘날까지 정체성에 대하여 늘 문제가 되어 왔다. 특히 1966년부터 1976년 사이의 문화대혁명시기에는 각종 정치적인 구호 아래 연변의 조선족 간부들이 숙청되었고, 1971년 당위원회의 간부는 전부 한족으로 교체되었고, 8개 현의 정·부서기 중에서 7명만 조선족으로 26.6%를 차지하였을 뿐이다. 또한 지방민족주의나 민족분열주의의 온상이라는 이유로 연변대학은 파괴되었고, 조선어문 전공을 중국어로 교육시키고, 중국 조선족사 혹은 조선족 고대사 등 조선민족 특색의 교육과정을 전부 취소되기도 하였다.[87]

문화대혁명이 끝나고 1979년부터 덩샤오핑의 주도로 개혁·개방정책이 시작되면서 연변지역도 민족자치주의 특색을 회복하였고, 1981년 1월에는 『延邊朝鮮族自治州自治條例』의 수정문제를 토론하여 1985년 7월 길림성인민대표대회 상무위원회의 비준을 얻어 그해 8월 23일 정식으로 공포, 실시되었다. 이로써 연변조선족자치주는 자치주로서 새로운 시대에 진입하였다. 조선어와 문자의 사용이 회복되었고, 중앙정부의 민족정책에 근거한 간부정책도 실시되어 1980년에는 자치주의 민족화가 이루어져서 자치주정부 간부의 60%, 소속 8개 현, 시의 간부의 50%가 조선족으로 임용되었다.[88]

현재 연변조선족자치주는 민족자치구역으로서 민족자치권을 구체적으로 실시하고 있다. 연변조선족자치주는 전국 30개의 자치주 중에서 처음으로 『延邊朝鮮族自治州自治條例』를 제정하였고, 그 후 각종 자치조례를 발표하여 민족자치의 기반을 강화하고 있다. 그

---

87) 金炳鎬主編, 위의 책, 56-57쪽.
88) 金炳鎬主編, 위의 책, 61-63쪽.

이후 지속적으로 자치법규조례를 제정하였고, 연변조선족자치주 인민대표대회상무위원회의 자료에 따르면 현재 45개의 자치조례를 제정하였다. 그 중에는 『延邊朝鮮族自治州朝鮮語言文字工作條例』・『延邊朝鮮族自治州朝鮮語言文字工作條例』・『延邊朝鮮族自治州朝鮮族文化工作條例』등이 포함되어 있다.

중국의 사회주의체제 수립 과정에서 조선족 사회에서의 갈등은 주로 상위계층에서 발생했다고 볼 수 있는데, 시기별로는 해방 직후의 민족간부와 사회주의 간부 및 민족자결과 민족구역자치, 정권수립과 자치주 수립 후의 민족의식과 국가의식 사이의 모순과 갈등이 가장 중요하다고 볼 수 있다.

중국공산당이 중국국민당과 내전을 벌인 1946년부터 1949년 사이 이들 동북삼성지역의 한인들은 많은 사람들이 중국공산당에 협력하였는데, 조선인 20명 중 1명은 중국인민해방군에 참여(叄軍)했으며,[89] 민공(民工)으로 참전한 사람도 30여만 명에 달했다고 한다. 북쪽으로는 쑹화(松花)강과 백두산 자락에서부터 남쪽으로 하이난다오(海南島)까지 '중국해방'을 위해서 투쟁하였다. 이들은 조선을 위한 희생이 아니라 중국공산당을 위해서 희생하였고, 그것이 그들이 이국땅인 중국에서 생존하는 길이었을 것이다.

하지만 이들의 삶과 생존을 위한 투쟁과 변화는 여기에서 그치지 않았다. 중국의 정치적 환경 변화와 함께 그것을 수용하고 자신을 변화시킬 수밖에 없었다. 1950년대에는 중국정부의 사회주의 이념 체제의 '소련 일변도' 방침에 따라 소련식의 교육과 정치생활을 배

---

89) 통계에 의하면 당시 동북의 '해방구'에서 참군한 조선인 청장년은 모두 62,924명으로 당시 조선인 인구의 5%에 해당한다. 「朝鮮族」, 中央政府门户网站, http://www.gov.cn/guoqing/2015-07/23/content_2901626.htm

웠고, 1950년대 중반부터 중국과 소련의 갈등이 심화되면서부터는 사회주의국가인 북한과 교류하면서 '북한 일변도'로 살아야 했다. 따라서 이들은 재중 조선족 자체의 문화와 중국문화, 그리고 북한의 '조선 문화'와의 교류를 통해서 조선족 특유의 문화를 형성했다.

중국공산당이 통치하는 중국의 정치적 좌경화 속에서 이들은 수시로 비판의 대상이 되었다. 중화인민공화국 건국 초기에는 민족정풍운동 속에서 조선족 전통문화가 협애한 민족주의 문화라는 비판을 받아야 했고, 1957년의 반우파투쟁 중에는 우파주의자라는 비판을 받아야 했다. 또한 1966년부터 1976년 사이의 문화대혁명 기간에는 중국과 북한과의 관계가 악화되면서 조선족과 북한과의 교류도 중단되었으며, '사인방'과 좌파들로부터 조선족은 "조국관을 해결하지 못한 민족, 수시로 조국으로부터 도망할 수 있는 민족"으로 '분열주의자'로 비판을 받았고, 한국(남한)에 친척이 있는 사람들은 '남조선 간첩'으로, 북한에 친척이 있는 사람은 '조선 특무'로 몰려 심각하게 숙청을 당했다. 또한 조선족의 전통문화와 관습은 문화대혁명의 타파 대상인 '四舊(낡은 사상, 문화, 풍속, 습관)'로 분류되었다. 이러한 과정을 거치면서 조선족의 문화는 '소련 일변도'에서 '북한 일변도', 그리고 '중국 일변도'로 변화해 갔다.[90)]

그것은 단순히 문화적 변화 혹은 생활의 변화가 아니라, 타국에서 이민 와서 정착한 중국 내의 소수민족으로서 겪어야 했던 조선족의 주체성이나 정치의식의 변화였다고 할 수 있다. 즉 이 과정에서 민족속성이나 민족주체성은 조선민족과 중국 국적의 소수민족으로서 조선족이라는 이중성의 사이에서 배회하여야 하였다. 정치적

---

90) 李承律, 위의 책, 120쪽.

으로, 문화적으로 혹은 이들의 삶 자체가 바로 그러한 이중성의 속성을 벗어나기가 힘들었다. 다시 말해서 조선족은 한반도에서 중국으로 이주하여 정착한 과경민족이며, 지난 세기 동안 항일운동과 중국의 내전을 겪어야 했고, 중국의 정치적, 외교적, 경제적 변화를 몸소 겪으면서 "정식으로 중국에 뿌리를 내리고, 한반도라는 조국이 있으면서, 중국을 또 다른 조국으로 삼는 민족, 조선민족의 공동 혈통이 있으면서도 중국의 국민자격"을 갖춘 중국의 55개의 소수민족의 하나인 "중화민족"의 일원이 된 것이다. 따리서 이들은 "중국의 소수민족의 하나로 특수한 민족소질과 문화를 갖춘 과경민족"이 된 것이다.[91] 이러한 역사적 원인과 정치적 과정을 거치면서 형성된 이중적 민족속성과 민족주체성이 강한 과경민족으로서 재중 조선족 사회의 특성으로 인하여 이들이 "비교적 완전한 변연문화 체계"를 갖추었고, 그러한 사회적 문화적 특성이 그들이 중국의 개혁·개방과정에서 쉽게 '국제조류'에 편승하여 중국을 떠나 세계 각국으로 떠날 수 있게 한 것이라고 설명하는 사람도 있다.[92]

이와 같이 중화인민공화국 성립 이후 좌와 우 사이를 왔다 갔다 하던 중국 공산당의 정책 변화 속에서 55개 소수민족 중 하나로서의 조선족은 '민족'에 관한 국가의 담론에 지속적으로 영향을 받아 왔다. 1950년대 초와 같이 중국 공산당이 소수민족에 대해 비교적 호의적이었던 시기에 공산당은 조선족의 자치와 권익을 적극 존중해 주었다. 예컨대 조선어의 통용이 권장되었는가 하면 조선족들을 위한 민족학교가 증설되었고 조선어로 된 잡지 발간이 이루어졌다. 그러나 1957년 이후 중국 공산당은 반우파운동, 인민공사운동, 나

---

91) 李承律, 위의 책, 106쪽.
92) 李承律, 위의 책, 189쪽.

아가 1966년에는 문화대혁명을 전개하면서 소수민족에 대해서 이전의 공존과 융합보다는 이데올로기적인 동화를 강요하였다. 사회주의 혁명으로의 중국 인민 전체의 통합과 결속이 강조되었고 소수민족의 자율성은 중국 전체의 이익에 해가 되는 것으로서 부정되었으며, 각급 학교에서의 조선어 학습 시간은 축소되었으며 조선족 출신의 고위 간부들은 비판받거나 제거되었다.

중국인과 구별되는 존재로서, 혹은 중국 56개 민족 중 하나의 '민족'으로서 그들만의 독특한 족성을 조선족이 부여받게 된 것은 바로 이와 같은 국가의 공식적인 담론 속에서였다. 즉 중국 정부는 조선족이 공산주의 혁명 당시 높은 참여를 보였다는 것을 이유로 이들에게 여타 소수민족에 비해 우수성을 부여해 주었지만, 이후 극심한 정치변동 속에서 사실상 조선족에게 불리한 정책을 펴 왔으며, 그러한 정책들은 반복적으로 한족과의 분리를 강화시킴으로써 조선족을 중국 중심으로부터 주변부화 시키는 결과를 초래했다.

이러한 국가의 공식적 담론은 강력한 힘으로서 조선족의 민족 정체성 형성에 개입했다. 그러나 비록 조선족의 민족 정체성을 형성하는 데 있어서 국가의 '구획하기'가 결정적인 역할을 담당했지만, 조선족의 민족 정체성은 어디까지나 스스로 자기화하는 과정, 즉 '인정'과 '동의'의 과정을 거쳐서 이루어졌다. 예를 들어 중국 정부가 중화인민공화국 성립 초기 조선족의 혁명적 자질을 높이 인정해주었던 것 또한 여타 민족과 다른 조선족만의 우수성으로 인식하고 있다. 더욱이 중국 정부의 민족 정책에 의해 유지 혹은 강조되었던 언어, 가무(歌舞), 체육 등의 특질들은 이들에게 조선족만의 고유성으로 강화되었다. 마을(村) 주민들에게 있어서 이러한 것들은 중국 조선족이 왜 여타 민족과 구별되는 독특한 집단인가 하는 민족 정체성의 중심을 형성했다.

이러한 예를 통해서 알 수 있는 것은 조선족의 민족 정체성이란 결코 국가의 '민족 정치학'과 분리되어 '자연적으로' 형성된 것이 아니라는 점이다. 오히려 민족 정체성은 국가가 부여한 '족성'의 경계 내에서, 그러나 그 중에서 주민들이 '선택하고' '증류된' 경험을 통해 구성된다. 여기서 '선택한' 경험이라는 것은 다양한 과거 경험들 속에서 특정의 사실만이 조선족 민족 정체성의 재료로 선별된다는 것이며, '증류된' 경험이라는 것은 그 선택된 사실조차도 어느 순간 과거 당시의 맥락으로부터 자유로워지면서 오히려 현재에 봉사하는 새로운 의미를 획득하게 된다는 것이다.

여기가 바로 당파적인 국가 정책이 중립적이고 투명한 객관적 사실로서, 다시 말해 민족 정체성의 원초성으로 전치되는 과정이 개입되는 지점이다. 즉 정책이 주민들의 삶 속으로 침투하고 일상화됨에 따라 국가가 규정한 내용은 주민들의 경험으로서 순수성을 획득하게 되고, 일단 민족 정체성으로 받아들여진 이후부터는 세대에 걸쳐 반복, 전수됨으로써 점점 더 객관적인 사실로 고정된다. 따라서 중국내에서 조선족이 타 집단과 경계 짓도록 만든 특정 내용의 선별 및 그와 관련된 민족 정체성의 문제는 결국 국가 권력에 의해 규정되고 객관화됨으로써 권위를 부여받게 된 것이라고 할 수 있다.[93]

중화인민공화국이 수립되던 1949년부터 문화대혁명이 발발하기 직전인 1965년까지의 재중 조선족 사회는 정치적으로는 연변조선족자치주라는 민족구역자치 행정단위를 보장받으면서 중국 소수민족의 일원으로 그 지위를 확고히 하게 되었고, 사상적으로는 중국

---

93) 이현정, "조선족의 종족 정체성 형성 과정에 관한 연구,"『비교문화연구』제7집 2호, (2001) 63-105쪽.

공산당의 절대적인 영도 지위와 권위가 강조되었으며 사회주의 이념이 주요 화두가 되었다. 특히 1958년의 민족정풍운동을 거치면서 혈통에 근거한 다조국관이 비판을 받게 되고 중국 국민으로서의 권리와 의무가 강조되었으며 중국을 유일한 조국으로 간주하기 시작하였다. 이 시기에 재중 조선족은 사회주의 국가체제 속에 편입된 소수민족의 일원으로서 자신에게 새롭게 부여된 정체성을 탐색하고 확보해 나가는 모색의 과정에서 동화와 정체성 유지라는 갈등 속에서도 민족의 얼을 지키면서 정체성과 독자성을 수호하기 위한 노력을 경주해 왔다.

제4장

중국의 소수민족간부 정책과
조선족 사회

중국의 소수민족은 대체로 광범위한 변방지역에 편중되어 거주하고 있기 때문에 정치적, 군사적, 경제적 관심의 대상이 되어 왔다. 중국은 소수민족을 중화민족의 구성원으로 간주하는 입장에서 소수민족 문제에 접근하고 있다. 그러므로 조선족의 입지도 이와 같은 관점에서 파악해야 할 것이다. 뿐만 아니라 소수민족에 대한 정책은 중국의 제반 국가정책 가운데서도 가장 중요한 비중을 차지하는 것 중의 하나이며, 다민족국가의 통일적 체제를 유지하기 위한 국내정치의 안정과도 밀접한 관련이 있는 핵심 사안이기도 하다. 특히 중국공산당이 소수민족의 간부들과 지도급 인사들을 대상으로 하는 통일전선전술은 전체 통일전선전술의 각 분야 가운데서 가장 중요한 대상으로 취급되고 있다. 당연히 중국의 조선족에 대한 정책도 여기서 예외일 수 없다.

특히 '당-국가체제'를 특징으로 하는 중국에서 '간부대오(幹部隊伍)'의 안정은 정치안정에 있어 매우 핵심적 요소이다. 공산당은 프롤레타리아 계급을 대표하는 전위정당으로서 모든 정치권력을 독점하며(一黨專政), 레닌주의의 규정에 따라 인민의 대표기구·정부와 같은 당외(黨外)조직이나 사회세력을 철저히 통제하고 지도(黨的領導)한다.[94] '공산당의 영도' 원칙은 공산당 통치엘리트와 그 외 세력들 간의 권력과 자원배분 관계를 결정지으며, 정치적 견해가 다른 이들이나 집단의 권력추구와 도전을 원천적으로 봉쇄한다. 이러한 당의 영도원칙은 바로 정치적(사상적)·조직적으로 무장한 간부

---

94) 謝庆奎, 『当代中国政府』(沈阳: 辽宁人民出版社, 1996), 68~76; 胡伟, 『政府过程』(杭州:浙江人民出版社, 1998), 35쪽. 중국에서 간부는 시기별, 분야별로 다소의 개념적 차이를 보이고는 있으나, 총괄적으로 볼 때, "종(縱)적으로는 국가주석에서 일선기관의 사무원까지, 횡(橫)적으로는 당과 정부, 국가가 통제하는 대중조직, 국유기업, 그리고 학교, 연구소, 병원 등 사업기관의 관리자를 포함하여 중국의 당·정·군을 통괄하는 관리자 인적대오"라 할 수 있다.

대오에 의해 국가와 사회세력 구석구석에 관철되어 국가에 대한 당의 효과적인 통제를 가능케 하는 것이다. 따라서 간부대오의 안정성을 유지하는 것이 당의 영도지위를 확보하는 것이며, 동시에 당-국가 체제의 정치안정을 담보할 수 있게 되는 것이다. 이러한 간부정책은 소수민족 정책에 있어서 더욱 큰 중요성을 갖기 때문에 중국공산당이 혁명시기부터 현재까지 지속적으로 심혈을 기울여 온 부분이다. 즉 중국은 소수민족간부를 혁명적 간부로 양성하여 제반 민족문제를 해소함으로써 프롤레타리아 계급독재를 실현한다는 최고 강령에 의거하여 소수민족간부를 양성, 기용해 왔다.95)

중국에서 민족구역자치를 실시하는 지역에서 소수민족간부의 상황은 그 지역 전체의 전반적인 민족사업과 자치의 수준을 가늠하는 중요한 지표의 하나이다.96) 마찬가지로, 재중조선족 사회가 형성되고 유지·발전되어 온 구심점에는 엘리트, 특히 간부들의 역할이 매우 중요한 핵심이었으므로 거기에 대해서 보다 상세하게 파악할 필요가 있다. 본 장에서는 재중 조선족 사회의 이주 정착기를 중심으로 조선족 간부 형성의 과정과 특징 및 그 과정에서 중공의 의도와 조선인 엘리트의 역할 등을 고찰해 보고자 한다.

---

95) 박치정, 「중국의 소수민족정책과 조선족의 장래」, 『중국연구』, 제12집, 1993, 16쪽.

96) 조용호, 박문일 주편, 『21세기로 매진하는 중국조선족 발전방략 연구』(심양: 요녕민족출판사, 1997), 870쪽.

제1절 중국의 소수민족간부 양성정책
변천 과정

1. 소수민족간부 양성의 시기구분

1) 정권수립 이전 시기

중국 공산당은 혁명과 정권수립 과정에서 민족문제를 중시하였고, 특히 소수민족 간부의 양성에 매우 주력했다. 건당 초기(1920년대 초)에 중공은 이미 다양한 방법을 통해 소수민족 간부를 양성했다. 비록 이 시기의 소수민족 간부의 수는 많지 않았지만 기본적인 방침은 수립되었다고 볼 수 있다.

1931년 '중화공농병소비에트(中華工農兵蘇維埃)' 제1차 전국대표대회에서 채택한 "중국 경내의 소수민족 문제에 관한 결의안(關於中國境內少數民族問題決議案)"에서는 "중화소비에트공화국은 소수민족 지역의 생산력 발전과 문화 교육 수준의 제고 및 민족간부의 육성과 발탁에 특별히 주의를 기울이고 도와서 민족 간의 질시와 선입견을 없애고 어떤 민족차별도 없는 공농(工農, 노동자 농민)국가를 건설한다."고 천명했다.[97] 이는 중공이 제시한 최초의 소수민족 간부 양성정책으로, 민족간부의 중요성을 명확히 밝힌 것이다.

대장정(長征, 1934) 시기에 중공은 소수민족지역에서 혁명 역량을 강화하기 위해 소수민족들과 접촉하며 그들과의 연대를 강화했

---

97) 康基柱, 『中國共産黨民族綱領政策文獻導讀(1921年 7月-1949年 9月)』(北京: 中央民族大學出版社, 2013), 158쪽.

다. 그 과정에서 하달한 "중국 공농홍군 총정치부의 소수민족을 쟁취하는 업무에 관한 훈령(中國工農紅軍總政治部關於爭取少數民族工作的訓令)"에서 "인원이 많은 경우 마땅히 소수민족 단독의 연대를 결성하고 특히 그들의 자체의 간부를 양성해야 한다."고 강조했다.[98] 이를 통해 대장정 도중의 소수민족과의 연대를 강화하여 그들 지역을 순조롭게 통과할 수 있었다.

1937년 '만주사변'이 발생한 후 중공은 후방인 서북지역에 근거지를 두고 소수민족간부 양성에 주력했다. 1938년 10월에 개최한 중공 6기 6중전회의 보고 "항일 민족통일전선과 당의 조직 문제에 관하여(關于抗日民族統一戰線與黨的組織問題)"에서 "소수민족 중의 개명한 지식분자를 많이 찾아서 이들을 교육하여 소수민족 업무의 간부가 되게 한다."[99]는 방침이 채택되어 중공은 대규모의 정규적인 소수민족 간부 양성을 시작했다. 이를 위해 1941년에는 연안민족학원이 설립되었다.

국공내전시기에는 소수민족지역의 지지를 얻기 위해 중공은 보다 다양한 소수민족 간부 양성 방안을 채택했으며, 보다 효율적인 간부 양성을 위해 소수민족 간부를 민족지역에 파견하여 간부를 양성하게 하는 정책도 채택했다. 이처럼 항일과 국공내전시기 중공의 소수민족 간부 양성은 이론과 실천의 면에서 더욱 체계화되어 건국 이후 소수민족 간부 양성의 초석을 다졌다고 하겠다.[100]

2) 정권수립 이후 시기

---

98) 康基柱, 위의 책, 254쪽.

99) 康基柱, 위의 책, 320쪽.

100) 조영래, 「중국 소수민족정책과 민족간부 양성: 교육정책을 중심으로」, 『인문학연구』, 2008년 (제14권), 186쪽.

중화인민공화국 성립 이후 중국의 소수민족간부 양성은 무엇보다도 민족구역자치에서 중앙정부의 권력 내에서 민족 스스로가 통치하게 하기 위해서는 중앙의 민족정책을 정확하게 전달할 다수의 중간자가 필요했다. 친중국적인 민족간부의 양성을 위해 중국정부는 북경의 중앙민족학원과 더불어 각 지구에 중앙민족학원분교를 설립하여 소수민족 정치간부와 전문기술간부를 양성했다. 그 결과, 1953년에 10여 만에 불과했던 민족간부가 1958년에는 40만으로 증가하게 되며, 이들은 중국민족정책의 첨병역할을 하였다. 구체적으로는 대략 네시기로 구분해 볼 수 있다.

첫째, 1949년부터 1953년까지로 지방 정권을 적극 건립하기 위해 각 구(區) 정권기관의 지도 효율을 강화시키고 부분적으로는 기존의 간부를 활용하여 새로운 간부를 양성하였다. 간부의 양성·훈련은 주로 정치간부에 역점을 두었고 부차적으로는 전문 간부와 기술 간부를 양성하였다.

둘째, 1955년부터 1966년 문화대혁명 직전까지의 사회주의 혁명과 사회주의 건설에 매진한 시기로, 중국의 사회경제 제도를 개혁하고 개인소유제를 소멸시켜 집단소유제와 전민소유제로 개조하였다. 이 과정에서 소수민족지역에 자본주의 사상이 팽배하여 사회주의 혁명과 건설에 역행한다고 판단해 민족간부에게 계급교육을 시행하여 철저한 사상교육으로 공산주의화시켰다.

셋째, 1966년부터 1978년까지의 시기로 소수민족간부가 권력투쟁의 상황에서 지방민족주의자로 몰려 대대적인 숙청을 당한 시기이다.

끝으로, 1978년 '중국 공산당 제11기 제3중전회'에서부터 현재까지의 시기이다. 소수민족 간부 양성에 대한 정책은 '4개 현대화 건설에 필요한 공산주의로 각성된 소수민족 정치간부와 전문기술을 양성하여 소수민족지구의 사회주의 현대화에 봉사하도록 해야 한다'는 원칙 아래 교육하고 있다.

2. 소수민족간부 양성기관

중국의 소수민족간부는 크게 정치간부와 전문간부로 나누어지는데, 정치간부는 주로 각 지역에 설립된 민족학원이나 당·군 간부학원 또는 간부 훈련반에서 양성되며 전문기술간부는 각급 학교 또는 '상설 직업 훈련반'에서 양성한다. 소수민족간부 훈련의 연원은 장시(江西) 소비에트정권이 붕괴된 후 시작된 장정(長征)과정에 참여한 먀오족(苗族), 이족(彝族), 쫭족(壯族) 청년들과 옌안(延安)시기에 참여한 만저우족(滿族), 후이족(回族), 차오시엔인(朝鮮人), 멍구족(蒙古族) 청년들 중 우수한 자들을 선발하여 '중앙당교(中央黨校)'에 보내어 훈련시킨 것에서 시작된다.

그 후 1941년 9월 중국 공산당은 옌안에 '산깐닝변구민족학원(陝甘寧邊區民族學院),' '옌안민족학원(延安民族學院)'을 설립하고 소수민족간부를 양성하기 시작하였다. 중국 정부는 중국공산당에 대한 소수민족지역의 지지획득과 소수민족에 대한 중국공산당의 정책 관철을 위해 소수민족간부를 양성함을 분명히 하고 있다. 그러므로 옌안민족학원은 중국에 사회주의 정권이 수립되기까지 많은 소수민족 간부를 양성하여 소수민족 지역에서 정치 활동에 종사케 한다는 통일전선 전략의 차원에서 이루어졌기 때문에 이들 소수민족과의 연합전략전술은 공산 정권의 수립에 적지 않은 힘이 되었다.

1949년 수립된 중국공산당 정권은 1950년 11월 24일 정무원 제16차 정무회의에서 '소수민족간부 양성 시행방안(培養少數民族幹部施行方案)'과 '중앙민족학원 건설 준비 시행방안(中央民族學院建設準備施行方案)'을 의결하여 소수민족간부의 대대적 양성에 관한 방침과 학제와 양성기관 등에 관한 제도화를 도모했는데 그 요지는 다음과 같다. 먼저, 소수민족 간부 양성방침을 보면, '정치학 교과와 정치훈련반을 개설하여 보통의 정치간부를 양성하고 필요한 전문간부와 기술간부의 양성을 보조로 한다.'고 하고 있으며, 둘째, 훈련기구로는 북경에 중앙민족학원을 설립하는 것 외에 서북, 서남, 중남부 각지에 중앙민족학원 분교를 한 곳씩 개설하며 필요시 증설할 수 있다. 소수민족 관련 각 성(省)에 민족간부학교를 설립하며 관련 구(區)나 현(縣)에 임시적인 '소수민족간부 훈련반'을 설치한다. 또한 관련 각급 정부는 계획성 있게 점진적으로 소수민족 소학교, 중고등학교를 설립하거나 정리하여야 한다는 정책을 유지하고 있다. 그리고 교과과정은 '각 민족학원은 장기반과 단기반을 둔다. 장기반은 2-3년의 기간으로 지식 분자와 상당수의 자민족 언어와 한족 언어에 능통한 간부를 양성하며 단기반은 구급(區級) 및 영련급(營連級) 이상의 간부를 훈련한다.'는 기본 틀을 제시하고 있다.[101]

이상의 방침과 제도를 근거로 1951년 6월 베이징에 정식으로 중앙민족학원이 설립되자 중앙정부는 '중앙 민족학원 설립 비준 방안

---

101) 高永久等 編著, 『民族政治学槪论』(天津: 南開大學出版社, 2008), 244-247쪽. 조선족 간부의 양성기관에 관해서는 오현수, 「조선족 간부양성」, 『중국조선족역사족적』총서편찬위원회 편, 『창업』(북경: 민족출판사), 1994, 62-64쪽 참조.

(「中央民族學院設立批準施行方案」)'에서 중앙민족학원의 주요 임무를 다음과 같이 밝히고 있다. 먼저 "국내의 각 소수민족이 구역자치를 실행하고 정치, 경제, 문화 건설을 발전시킬 수 있도록 고급 및 중급의 간부를 양성한다. 둘째, 중국의 소수민족문제와 각 소수민족의 언어문자, 역사문화, 사회경제를 연구하고 소수민족의 우수한 역사 문화를 소개하고 육성한다. 셋째, 소수민족과 관련된 출판물의 편집과 번역작업을 조작하고 지도한다." 이러한 취지에 따라 중앙민족학원은 그 실립 초기 실제의 필요에 따라 민저 군정간부 훈련반과 본과의 정치학과(政治系)와 어문학과(語文系)를 두었는데, 단기의 정치훈련을 위주로 하는 군정간부 훈련반은 4-6개월 동안 각 민족 중 현급(縣級)의 과장과 구장(區長) 이상의 각종 업무 요원과 군대의 영급(營級) 이상의 간부 또는 현(縣) 이상 범위의 '애국민주인사'를 대상으로 하였다. 그리고 본과의 정치학과는 2년의 기간으로 각 민족의 '혁명골간'을 양성하였는데, 그 모집 대상은 단기반의 훈련을 거친 후 재학습을 원하는 자, 혁명투쟁 참가 경력이 2년 이상인 자, 중학 졸업 이상 또는 그와 동등한 학력을 인정받은 각 민족의 청년이었다. 중앙 민족학원은 설립 초기에는 중앙 민족사무위원회의 지휘 감독을 받았으나 후에 교육부의 지휘와 중앙민족사무위원회의 감독을 받게 되었다.

중앙민족학원과 지방 민족학원은 원칙상 동일한 것이나 중앙민족학원은 주로 중급 이상의 현직 간부 훈련과 교양이 비교적 높은 문화 종사자에 대한 교육을 담당하고, 지방 민족학원은 지방의 기층간부에 대한 교육과 훈련을 위주로 하고 있다. 그러나 두 기관 모두 그 목적은 소수민족 간부에 대한 정치사상 교육을 실시하고 공산주의로 각성된 소수민족 정치 간부를 양성하며, 동시에 민족학원이 양성할 필요가 있는 '紅'과 '專'102)을 겸비한 전문 간부와 기술 간부를 양성하는데 있을 뿐만 아니라 또한 소수민족 간부의 양성을 비롯한 민족 사무에 필요하거나 민족 사무에 종사하기를 지원하는 한족 간부를 양성하는 데에도 그 목적이 있다.

---

102) 중국에서 인간, 특히 간부가 겸비해야 할 두 가지 자질로서 '홍(紅)'은 올바른 공산주의 사상, '전(專)'은 전문적 지식 및 기술을 가리킨다.

제2절 해방전쟁 시기 조선인 간부의
역할과 특징

　해방전쟁 시기 동북지역에서의 중공 중앙의 세력 확장 및 권력 장악과정에 따라 조선족 사회의 간부 구성도 근본적인 변화 과정을 겪게 된다. 바꾸어 말하면 중공의 해방전쟁(제3차 국공내전)시기는 중국 잔류 조선인들이 중국공산당의 혁명에 투신하면서 민족공동체를 중국의 성원으로 가입, 정착시키는 과정이었고, 장차 조선족으로 신분이 전환되는 주요한 단계이기도 하다. 이는 중공의 지휘 하에 주덕해를 비롯한 조선인 간부들과 민중들이 함께 선택한 결과라고 하겠다.103)

1. 해방 이전 시기 중공에의 통합과정

　중국의 동북지역에 중공 만주성위원회가 세워진 1927년 당시는 이미 조선공산주의자들이 이 지역에서 활발히 활동을 전개하고 있을 때였다. 반면에 새로 성립된 만주성위원회는 주로 랴오닝(遼寧)성을 중심으로 활동하여 연변지역 조선인들과의 연계가 활발하였다고 볼 수 없다. 이는 당시의 중국공산당이 비록 산하이관 이남의 관내에서는 당 중앙을 중심으로 활동하고 있었다 할지라도, 동북지역에서는 중앙당의 영향이 상대적으로 미미했기 때문이다.104) 제1

---

103) 최국철, 『주덕해평전』, 연변인민출판사, 2012년, 140쪽.

차 국공합작이 결렬된 후 중공은 동북지역에서 당의 영도를 통일시키기 위해 1927년 10월 중공 북방국에서 천웨이런(陳爲人)을 파견하여 봉천(선양)에 중공 만주임시위원회를 설립하고, 이듬해 3월에 중공 중앙의 비준을 거쳐 중공 만주성위원회를 정식으로 설립했다. 그러나 중앙의 힘이 미약했던 동북에서는 1930년 봄까지도 소수의 당원이 주로 도시 지역에서 활동했고, 농촌에서의 활동은 극히 적었으며, 북만 지역의 중공 당원들도 주로 하얼빈과 중동철도 연선 등지에 집중되어 있었다. 이는 중국공산당 중앙 자체도 초기의 형성과정에 있었고, 동북의 정치적인 구조가 관내와 달랐기 때문이었다.

<표 4-1> 초창기 중공의 연변지역 당 조직 책임자 일람표(1928-1936)

기구(기간)	직위명칭	성명
중공용정촌지부(1928.02-1928.08)	서기	저우둥쟈오(周東郊)
중공연변구위(1928.08-1929.01)	서기	저우둥쟈오(周東郊)
중공연변구위(1929.01-1929.02)	서기	류졘장(劉建章)
중공연변특지(1930.02-1930.08)	서기	왕겅(王耿)
중공연화중심현위(1930.08-1930.10)	서기	왕겅
중공동만특위(1930.10-1931.10)	서기	랴오루웨이(廖如愿)
중공동만특위(1931.11-1934.03)	서기	퉁창룽(童長榮)
중공동만임시특위(1934.03-1935.02)	서기	왕중산(王中山)
중공동만특위(1935.03-1935.05)	서기	웨이쩡민(魏拯民)
중공동만특위(1935.05-1935.10)	서기	주밍(朱明)
중공동만성위(1935.11-1936.07)※	서기	웨이쩡민

출처: 中共延邊州委組織部等編, 『中國共産黨延邊朝鮮族自治州組織史資料』(延吉: 中共延邊州委機關印刷廠, 1991), 18쪽. ※ 조직을 건립하지 못했음

---

104) 방향, 박웅, 「북만 조선족지구에서의 중공당 조직의 건설」, 『중국조선족역사족적』총서편찬위원회 편, 『불씨』(북경: 민족출판사), 1995, 535쪽; 정신철, 『조선족 사회의 현황과 미래』(심양: 요녕민족출판사, 2010), 7쪽.

1928년 3월 만주성위원회를 설립한 후 중공은 일부 당원들을 연변에 파견하여 중공 연변구위원회를 설립하고 개별적으로 조선공산주의자들을 중공 조직으로 흡수하기 시작했다. 그러나 당시 조선공산주의자의 절대다수는 조선공산당 조직에서 활동하면서 중공 조직과는 '형제당'으로서의 관계를 유지했다.[105]

특히 만주사변으로 일본이 동북을 장악하고, 중공 중앙은 대장정과 그에 따른 '옌안(延安)시대'에 돌입하면서 동북의 공산주의자와의 연계는 상내적으로 너 악해졌기 때문에 중공중앙은 상징적인 권위만을 지니고 있었다고 할 수 있다. 이러한 상황은 중공의 조선인에 대한 정책이 선언적인 차원에 머물게 하는 결과를 가져왔다. 비록 상징적인 선언이지만, 당시 중공의 조선인에 대한 입장은 레닌의 민족자결원칙에 따른 정책을 표방하고, 그것을 조선인 지역에 적용하려 했다.[106] 비록 당시에 중공이 이러한 선언을 실행할 실제 역량은 없었지만, 중공은 동북에서 조선인 문제가 가지는 중요성과 자신들의 한계를 자각하고, 관내의 조선 공산주의자들을 연락관으로 파견하여, 동북의 조선 공산주의자들과의 연계를 추진하려고 하였다. 이것은, 독립적·분산적으로 이루어진 조선공산주의자와 중국공산주의자의 동북에서의 투쟁을 중국 공산당의 관할 하에서 통합하려는 시도였다.

중공 만주성위원회는 1930년 '공산당 국제(共産國際, 코민테른)'가 제시한 '일국일당(一國一黨) 원칙'을 수용하면서, 조선인의 민족혁명운동은 중국혁명의 일부분이며, 조선공산당원은 중국공산당에

---

105) 『중국조선족역사족적』총서편찬위원회편, 『불씨』(북경: 민족출판사), 1995, 512쪽.

106) 이진영, 「중국 공산당의 조선족 정책의 기원에 대하여(1927-1949)」, 『재외한인연구』, 2000년 제9호, 165-166쪽.

개인자격으로 재가입하여야 하고, 중공은 동북에서 중공의 단일한 지도력 내에서 조선민족의 혁명운동을 지원해야 한다고 선언했다. 이에 따라, 조선공산당 만주총국은 해체되었으며, 일본에 대항하여 조선독립을 목표로 한 조선 공산주의자들은 공산당 국제의 명령과 민족의 독립이라는 문제에서 고심하게 된다. 그럼에도 불구하고 조선 공산주의자들의 중공 가입이 저조하자, 중공은 그들의 노선을 따르고 중공에 충성서약을 한 조선공산주의자에 한해서 중공 가입을 허락하고, 가입된 공산주의자들을 중심으로 동만지위를 운영하게 된다. 이로 인해 기존의 조선 공산주의자들 사이의 분파투쟁과 함께, 중공에의 가입은 조선 공산주의자들 사이에서 노선갈등을 초래하였고 이것이 후에 '민생단 사건'의 단초가 되었다. 이처럼 조직화 사업을 통해 지배력을 확보하려는 중공의 노력은 분열조장과 통제를 통해 진전을 이루었으며, 1930년 11월 중공은 "초보적 수준에서 조선공산주의자의 중공 가입이 완결되었고, 남은 일은 당내의 분리주의적인 잔여 분자들을 소탕하는 것이며, 당내에 있는 민족적 분열이라는 선입관 자체를 불식시키는 것"이라고 천명하게 된다. 결국 이것은, 이미 가입한 조선공산주의자에 대해서도 민족적 특색을 용납하지 않겠다는 뜻이었으며, 중공 노선에 복종하지 않는 자들은 분열주의자로 매도됨을 의미했다. 만주성위원회는 지도력을 확보한 후, 조직 확대에 착수했는데, 이는 폭발적인 당원 증가로 설명할 수 있다. 100명가량이었던 동북의 중공당원은 2,000명으로 증가하게 되었고, 공산당 지부도 12개에서 85개로 증가했다. 여기에서 85%의 당원은 조선족이었다.[107]

---

107) 이진영, 「중국 공산당의 조선족 정책의 기원에 대하여(1927-1949)」, 168-169쪽; 주보중, 조선족은 중화민족의 어엿한 일원, .

그러나 조직 확대 후에도 조선공산주의자의 일부는 여전히 조선의 독립해방을 최고의 목표로 삼고 활동하고 있었고, 이것은 중공의 입장과는 상치되는 것이었다. 이에 중공은 대대적인 숙청을 하게 되는데 그것이 1932년부터 시작된 민생단 사건이다. 그 결과는 조선 공산주의자들에게는 심각한 것이었다. 43명의 간부를 포함해 431명의 조선인 공산주의자 (약 25%)가 일본군이 아닌 중공에 의해 살해되었다. 50%에 해당하는 1,000여명이 조사를 받았고, 그 중 561명이 구금되거나 당적을 박탈당했다. 이 사건의 본질은 당대 조선인과 중국인 간의 주도권을 둘러싼 투쟁이었으며, 민족문제를 중국 공산당원들이 이용하였다고 볼 수 있다. 1931년 만주사변 후, 일본이 빠르게 중부 만주를 점령하자, 친일 조선인 단체들은 조선인에게 자치를 확대할 정책을 일본이 가지고 있다고 선전하였다. 물론, 이것은 하나의 선전에 불과하였으나, 문제는 일부 조선 공산주의자들이 중공의 선언대로 조선 소비에트창설, 조선인 자치, 간도지역 독립 같은 의제를 동시에 주장하고 있었다는데 있다. 중공은 이를 친일적인 것으로 해석하고, 조선인들의 주장을 반당적이고 당을 분열시키는 행동으로 치부하였던 것이다.108)

사실 민생단 사건은 민족주의적인 조선인 간부나 당원을 숙청하고, 한족의 우위를 점하려는 것으로, 민족의식이 강한 조선인 사이에서, 소수인 한족의 지도권을 확립하고, 조선인의 족성을 약화시키려는 일관된 중공당의 지향 때문이기도 했다. 그 결과 조선공산주의 운동은 심대한 타격을 입었고, 설상가상으로 일제의 대대적인 소탕작전에 의해 동북의 공산주의 운동 역시 타격을 받아 1940년

---

108) 이진영, 위의 논문, 170-171쪽.

대에 들어서는 사실상 동북에서 조선공산주의 운동은 종언을 고했다고 할 수 있다.

2. 해방 후 중공중앙의 동북 주도권 확립과 조선족 간부의 교체

1945년 일본이 패망하면서 그 전까지 사실상 독립적으로 움직였던 동북의 공산당 조직에 대해 중공 중앙이 직접 개입하여 지도권을 확립하기 시작했는데, 이것은 대 조선족 정책에 있어서도 모든 주체의 변화를 의미했다.

1945년 8월 14일 소련군의 대일전 참전 대가 문제를 해결하기 위한 중소조약이 체결되었는데, 이것은 스탈린이 중국 동북지방이 국민당정부의 관할권 아래 있음을 분명히 하고 중국공산당에 의한 동북지배를 허용하지 않겠다는 의사를 드러낸 것이었다. 이에 중국공산당 중앙은 "동북3성은 중소조약이 규정한 범위 내에 들어 있으며 행정권은 국민당 수중에 있고 우리 당이 군대를 파견해서 활동할 수 있는지의 여부는 현재 단정할 수 없다. 그러나 간부를 파견해서 공작하는 것은 문제가 없다"는 결론을 내리고 린펑(林楓)을 비롯해 간부 천여 명을 동북지방으로 파견했다.[109] 그리고 9월 18일 동북지방을 통일적으로 지도하기 위하여 펑전(彭眞), 천윈(陳雲) 등을 선양(瀋陽)으로 파견하여 펑전을 서기로 하는 '중국공산당동북국(中國共産黨東北局)'을 창설하였다.[110]

---

109) 韓俊光・姚作起 編, 『解放戰爭時期的東滿根據地』(延吉: 延邊人民出版社, 1991) 547-548쪽.
110) 韓俊光・姚作起 編, 위의 책, 551쪽.

해방 후 동만 지역에는 크게 지하에 있던 그 지역 공산주의자들, 소련군과 함께 온 동북항일 연군의 88여단세력, 그리고 후에 중앙 당에서 파견한 33인조 등 세 부류의 공산주의자들이 존재했다. 중공은 만주성위원회를 재조직하면서, 길림성 위원회 아래에 연변지위를 설치했다. 이를 위해 중공중앙은 33인의 중국인으로 구성된 소위 33인의 연안 간부를 연변으로 보내는데, 이들은 만주성위원회와 길림성 위원회라는 계통을 밟아 온 것이 아니라, 연안에서 직접 파견된 사람들이었다. 이것은 중공중앙이 조선인 문제를 대하는 태도를 보여주는 것으로, 중공 중앙의 조선인 지역을 장악하려는 의지를 명확히 나타낸 것이라고 할 수 있다.

만주와 연고가 없었던 중공중앙에서 파견한 33인조가 먼저 착수한 것은 기존의 조선공산주의자들을 대체하는 새로운 공산주의자들을 양성하여 조선인 대중과의 연계를 확보하는 것이었다. 이것은 치안유지 뿐 아니라, 중국 공산당 정책의 침투를 위해서도 꼭 필요한 일이었다. 기존의 만주에 기반을 두었던 세력들을 무력화시키고 있었기 때문에 이것은 무척 시급한 일이었다. 당시 민족간부로서 중공과 조선인 대중을 연결하는 역할을 한 집단은 조선 의용군으로, 이후 조선족 사회의 지도층을 형성하게 된다. 이들 33인조는 중공중앙의 합법적 권위를 배경으로, 기존의 연변위원회를 해체하고 연변 지위를 설립했으며 그 중 13인은 외곽 대중조직을 접수하여 그 장을 맡았다. 또한 정부에 해당하는 연변 전원공서도 만들어지는데, 관쉬안팅(關選庭)을 그 장으로 하고, 둥쿤이(董崑一)이 부책임자가 되었다. 더 중요한 것은 무장력인 인민해방군 연변 사단이 만들어지는데, 강신태를 사령관으로 임명하기는 하나, 정치위원을 융원타오(雍文濤)가 담당함으로써 사실상 중국인이 실권을 장악하게 된다. 그 중 가장 중요한 인물은 당시 연변지위 서기 류쥔시우(劉俊秀)인데, 그가 연변 및 중국 공산당의 조선인 정책에 대한 실질적 책임자였다.[111]

이처럼 중공중앙의 연변장악은 먼저 공작위원회를 설치한 후, 연변이나 만주와 전혀 연고가 없는 인물들을 연변에 파견하여 무장세력 부분을 장악하고, 당 조직화를 추진하는 과정을 통해, 기존의 조선인 조직을 붕괴시키고, 나아가서는 저우바오중(周保中)의 88여단 세력마저 무력화시키게 된다. 즉, 만주와는 사실상 상징적 관계에 있던 중공 중앙이 해방 전에 이미 동만 지역에 근거지를 설정하게 되는 것이다. 이러한 당의 재조직은 조선인정책에서도 큰 변화를 보이게 되는데, 그것은 친 연안 성향의 새로운 조선인 지도층의 등장과 조선인의 참군 운동과 토지개혁을 통한 개조와 동원이다.

1945년 8월말 연변의 각 지역에는 노동동맹, 농민동맹, 청년동맹, 여성동맹 등이 조직되었고 이들 조직이 모여 9월 19일 '연변노농청부총동맹(延邊勞農靑婦總同盟)'을 결성했다.[112] 이들 대중조직의 구성원은 거의 대부분이 조선인이었다. 10월 27일에는 9월 19일 연길에서 결성된 '연변노농청부총동맹'을 '연변인민민주대동맹(延邊人民民主大同盟)'으로 개칭하고 위원장에 지희겸(池喜謙, 조선인), 부위원장에 쉬루이(徐瑞, 한족), 선즈란(申之瀾, 한족)을 선출하고 신민주주의 내지 인민민주주의 혁명의 강령을 채택했다. 민주대동맹은 생산의 조직, 교육의 운영 등의 민정사무를 처리하면서 전쟁이재민을 구제했을 뿐만 아니라 무장집단을 조직하고 관리함에

---

111) 이진영, 「중국 공산당의 조선족 정책의 기원에 대하여(1927-1949)」, 173-176쪽.

112) 延邊朝鮮族自治州槪況編纂執筆組編, 『延邊朝鮮族自治州槪況』, (延吉: 延邊人民出版社, 1984), 66쪽.

따라서 사실상 정권의 기초를 구축하는 역할을 담당했다.113) 이 민주대동맹의 구성원 대부분이 조선인이었다는 점을 고려하면, 당시 연변의 조선인은 연변에 중국공산당의 지방정권이 성립하는 대중적 기반을 창출하는 역할을 담당했다고 할 수 있다.

연변에서의 중공당 조직은 중국공산당 동북위원회의 결정에 따라 10월 20일이 되어 '중국공산당연변위원회(中國共産黨延邊委員會)'로 출범하였다. 서기에는 동북항일연군 연변분견대(延邊分遣隊)로 9월 18일 연길에 도착한 강신태(姜信泰)가 임명되었다. 연변위원회는 당 조직의 구축에 몰두하는 한편 대중 조직인 연변인민 민주대동맹을 지도하면서 10월말에는 '동북인민자치군(東北人民自治軍)'에 소속하는 '연변경비여(延邊警備旅)'를 편성했다. 연변위원회는 당초 동북항일연군계의 멤버가 주축이 되어 조직 활동을 전개하고 있었는데, 1945년 11월 12일 중국공산당 동북국과 길림성공작위원회가 파견한 융원타오 등 33명의 한족 당간부가 관내로부터 연길에 도착했고, 동시에 연안파 조선인 부대(조선의용군 제5지대)에서 활동한 문정일(文正一) 등 30여명의 조선인 당간부도 12월 8일 연길에 도착했다. 이들은 중공길림성공작위원회의 결정에 근거해 중공연변위원회를 해산하고 11월 15일 융원타오를 서기로 하는 '중국공산당연변지방위원회(中國共産黨延邊地方委員會)'를 설치했다. 중공중앙의 직접적인 지도하에 조직재편이 이루어졌던 것이다. 중공연변지위는 11월 20일 연변인민대표대회를 개최하면서 민주정권 건설사업에 착수했다. 이 대회를 통해 13명으로 구성되는 '연변정무위원회(延邊政務委員會)'를 구성하였는데, 이 중에는 강신태, 임계학(林啓學), 지희겸, 박근식(朴根植), 강동수(姜東洙) 등 조선인

---

113) 延邊朝鮮族自治州槪況編纂執筆組編, 위의 책, 67-68쪽.

위원이 포함되어 있었다. 연변정무위원회는 설립 다음날 제1차 회의를 열어 10대 시정방침을 채택하고 '연변행정독찰전원공서(延邊行政督察專員公署)'를 조직했다. 연변행정독찰전원공서는 '간도임시정부'를 접수하여 관리했는데, 이에 의해 연변에서의 지도권은 완전히 중공중앙으로 이전되었다.[114]

<표 4-2> 중공 연변주위 연혁과 역대 당서기 일람표(1945-1949)

기구(기간)	직위명칭	성명
중공연변위원회(1945.10-1945.11)	서기	강신태(姜信泰)
중공연변지위(1945.11-1946.02)	서기	융원타오(擁文濤)
중공길동분성위(1946.02-1946.07)	서기	탕톈지(唐天際)
중공연변지위 중공길돈지위 (1947.03-1947.09)	서기	쿵위안(孔原) 스레이(石磊)
중공길동지위(1947.09-1948.03)	서기	쿵위안
중공연변지위(1948.04-1949.07)	서기	쿵위안
중공연변지위(1948.07-1949.02)	서기	류쥔시우(劉俊秀)

출처: 中共延邊州委組織部等編, 『中國共產黨延邊朝鮮族自治州組織史資料』(延吉: 中共延邊州委機關印刷廠, 1991), 19쪽.

이런 상황 하에서 연변 조선인 중에서 중공중앙과 밀접한 관계를 가지고 있었던 연안의 조선의용군 제5지대가 주도권을 발휘하게 되었고, 동북항일연군계 인사로 구성되어 있었던 중공동북위원회가 지도권을 상실하였다. 조선인 내에서도 같은 상황이 전개되어 동북항일연군에서 활동한 조선인 간부가 연변의 정계에서 서서히 후퇴하고 있었던 것이었다. 따라서 연변에서는 중국공산당중앙에 가장 가깝고 충실한 조선인 당원이 크게 활약하게 되었는데, 그 대표적인 인물이 주덕해, 문정일 등이었다.[115] 특히 주덕해는 중국공

114) 延邊朝鮮族自治州槪況編纂執筆組編, 위의 책, 65쪽.

산당원(1931년 가입)이었고 청년기에 북만 일대에서 항일운동을 한 항일연군 출신이었기에 중국혁명의 진행 상황에 대한 이해가 빨라 일찌감치 자신을 거기에 적응시켰고, 당시의 상황에서 민족과 중국의 운명적인 연계를 감지하기 시작했다고 한다. 그는 조선혁명군정대학에서 항일투사들과 의용대 출신들이 연안에서 합류하고, 다시 연안의 혁명기류에 편승하는 과정을 목도하면서 중국혁명과 조선혁명의 연대적 관계와 특수성에 대해 고민했다. 이와 같은 자각은 필연적으로 민족의 정치적 소재와 지위, 그리고 '번지수(국가소속)'을 고민하게 되는 결과를 낳았다. 그의 이러한 고민은 1945년 하반기부터 1949년 2월까지 하얼빈에서 제3지대 정치위원으로 활동하면서 하나씩 실천적인 행동으로 나타났고, 1948년 4월부터는 동북행정위원회 민정처 소속 민족사무처 처장으로 재임하면서 민족 성격이 성숙되어 갔다. 이 시기는 그가 민족문제에 있어서 과도기적인 사상을 완성하는 시기였다고 할 수 있다. 그가 이러한 고민을 하기 시작한 첫 번째 발단은 조선의용군의 조선 진출 무산인데, 이는 '조선민족 해방의 선봉대,' '중국 항일전쟁 중의 국제종대 선봉대' 등으로 호칭되던 조선의용군의 '정치적 성격'의 격하로 비춰졌기 때문이다. 따라서 그는 중국의 항일연군 출신 민족간부로서 조선인들이 조선으로 이주하는 것만이 생존 수단은 아니며, 중국공산당의 영도 하에 중국에서의 영구 정착과 중국 국민으로의 전환을 설파하기 시작했다. 그 후 제3지대 정위로 '민운사업(토지개혁)'에 투신하고, 국민당과의 싸움에서 민족 집단의 삶의 현장을 직접 눈으로 확인하면서 그의 이러한 신념은 더욱 확고해 졌다.

1948년 2월까지의 연변행정독찰전원공서는 관쉬안팅(關選庭), 스

---

115) 최국철, 『주덕해평전』, 연변인민출판사, 2012년, 12-15쪽.

위안첸(施元千) 등이 주도하고 있었다. 1948년 3월부터는 임춘추(林春秋), 문정일, 주덕해 등 조선인이 전원(專員)이 되어 연변의 정권 건설을 지도했다. 그러나 그 실무담당 조직의 책임자는 거의가 한족이었다.[116)

<표 4-3> 연변전원공서(延邊專員公署)와 연변조선민족자치구인민정부의 정·부책임자

연변전원공서(1945.11-1949.09. 1952년 8월 연변조선민족자치구인민정부로 개칭)	
전원(專員)	부전원(副專員)
관쥔옌(關俊彦<關選庭>, 1945.11-1946.03)	둥쿤이(董昆一, 1945.11-1946.03)
둥쿤이(1946.03-1946.07)	
쉬위안취안(徐元泉, 겸임, 1946.07-1946.08)	
(겸임, 1947.02-1947.09)	
	양강이(楊剛毅, 1948.03-1948.05)
임춘추(林春秋, 1948.03-1949.03)	문정일(文正一, 1948.03-1948.10)
	린팅샹(藺庭祥, 1948.05-1949.03)
문정일(1949.03-1949.07)	둥위쿤(董玉昆, 1949.03-1952.08)
주덕해(朱德海, 1949.07-1952.08)	
연변조선민족자치구인민정부(1952.08-1955.02)	
주석(主席)	부주석(副主席)
	둥위쿤(1952.08-1955.02)
주덕해(1952.08-1955.02)	최채(崔采, 1952.08-1955.02)

출처: 『吉林省人民政府誌(1986-2000)』
　　　http://www.jl.gov.cn/szfz_1986-2000/00zjlb/

1948년의 길동지구(吉東地區)의 당원수를 보면 관내(關內)에서 온 당원은 324명, 동북항일연군계의 당원은 13명, 새로 영입된 당원은 2,662명이었다. 당시 연변은 중공중앙이 파견한 조선족 및 한족 당원으로 조직이 형성되고 있었음을 말해주고 있다. 과거 동북항일연군에 협력한 조선인 당원으로서 해방 후에도 연변의 지도적 위치에서 활약한 사람은 극히 드물었다. 이는 동북지방에서의 중국

---

116) 中共延邊州委組織部編, 『中國共産黨延邊朝鮮族自治州組織史』, (延吉: 延邊人民出版社, 1991), 170.

공산당의 정치주도권이 확립되고 있었다는 것을 의미했다.

이와 같은 분위기 속에서 1948년 12월 21일 중국공산당동북국과 동북행정위원회의 위탁을 받아 '민족사업좌담회'가 길림에서 개최되었다. 좌담회에는 주덕해, 임춘추, 이덕산(李德山), 장복(張福), 문정일 등 각 지구에서 활동하고 있던 조선인 간부 40여명이 참가하고, 저우바오중, 천정련(陳正人) 등 길림성위원회의 주요 중국인 책임자들도 참석했다. 회의는 해방 후 3년간의 민족사업의 지도사상, 정책방침과 부대건설, 참군, 참정, 정권건설, 경제, 문화, 교육 등 가 방면의 경험과 교훈을 총괄하면서 향후 연변에서 민족구역자치를 실시하고 민족지구 사업을 더욱 발전시킬 것을 결정하였다고 한다.117)

<그림 4-1> 1948년 12월 21일 길림에서 개최된 민족사업 좌담회

---

117) 中共延邊州委黨史硏究所編, 위의 책, 351쪽.

이 좌담회에서는 연변의 향후 정치적 지위에 관해서도 심각한 논의가 진행되었는데, 중공의 지원을 받는 주덕해를 위시한 동북행정위원회의 신흥 민족간부들은 중공의 안(案)인 구역자치를 주장하여 저우바오중 등 중국 간부들의 전폭적 지지를 받았다.[118) 한편 소련의 영향을 받은 임민호(林民鎬) 등은 민족자치공화국을 주장했지만 별 호응이 없었다고 한다. 또 하나의 중요한 제안은 항일연군 계열에서 나왔다. 그들은 연변은 중국으로부터 독립할 권리가 있고, 그렇지 않으면 조선족이 다수 거주하는 하이린, 닝안, 둥닝 등의 지역과 함께 북한에 귀속되어야 한다고 주장하였다. 당시 연변 전원공서의 전원(책임자)이었던 임춘추가 이를 주장했는데, 그는 항일전쟁 기간 중 중공이 계속 민족자결권을 조선족에게 주고, 간도를 할양할 수 있다고 하였으므로 이 약속을 지켜야 한다고 주장한 것이다. 그러나 중공이 조직하고, 형식적으로 조선족의 견해를 청취한 것에 불과한 토론회였기 때문에 결과는 당연히 중공의 의도대로 구역자치가 채택되었다.[119)

동북행정위원회는 좌담회가 끝나자마자 연변지구에 대한 지도와 동북조선인의 특수한 문제에 대한 통일적 지도를 강화하기 위해 주덕해를 수반으로 하는 조선인 간부를 연변에 집중시키게 된다. 즉 소련식 연방제의 이론적 가능성을 차단하고 북한과의 합병을 주장하는 위험성을 봉쇄하며 중국공산당 중앙 직속의 연변출신 조선인

---

118) 1948년 12월에 개최된 민족사업 좌담회에서 조선민족의 귀속문제에 대한 토론 중에 주덕해는 민족구역자치안을 제출하여 주보중 당시 길림성장의 전폭적인 지지를 받았으며, 이로써 중공 중앙의 신임을 받게 되었다. 이는 주덕해가 1949년 3월 20일에 연변으로 진출하는 결정적인 계기가 되었다. 최국철,『주덕해평전』, 연변인민출판사, 2012년, 200-203쪽.

119) 이진영, 「중국 공산당의 조선족 정책의 기원에 대하여(1927-1949)」,위의 논문, 179-180; 염인호, 「중국 연변 조선족의 민족정체성에 대한 일고찰(1945.8-1950.말)」,『한국사연구』, 2008년 140호. 145쪽.

간부들에 의한 조선인 자치를 지향하게 된 것이다.

결국 이 논쟁의 결과로 연변 조선인 지역에서의 지도층 변화가 더욱 확실해지는데, 항일연군 계열은 이선으로 후퇴하게 되고, 그 지도자인 저우바오중 마저도 윈난(雲南)성으로 전보되어 동북지역과의 연계가 끊어지게 된다. 조선인의 경우는 이 논쟁 후에 임춘추를 포함한 많은 사람들이 북한으로 가게 된다. 이에 반해, 주덕해를 위시하여 중공이 배출한 새로운 민족간부가 발탁되어 민족 사무를 전담하게 된다. 결론적으로 이 논쟁의 결과는 중공 중앙의 권력이 연변에서 완전히 공고해졌음을 의미한다고 할 수 있다. 즉 친중공적인 조선인으로 조선인 지역을 장악한 중공은 민족간부를 대량으로 양성하기 시작하면서 연변을 비롯한 조선인 지역에서 지배력을 공고히 했던 것이다.[120] 이에 따라 1949년 2-3월경에는 연안에서 온 중국인 간부들이 관내로 되돌아가고 그 해 5월에는 중공연변지구위원회 서기에 주덕해, 위원으로 문정일, 최채, 임민호 등이 임명되어 연변의 민족구역자치를 실시할 기반을 만들어갔다.

---

120) 이진영, 위의 논문, 181쪽.

제3절 정권수립 후 조선족 간부의 역할과 특징

　　조선족간부를 그 형성 시기와 역할을 중심으로 구분해 보면 초기 단계에는 혁명간부를 위주로 군인출신들이 많았으며, 이들의 역할은 주로 '혁명'과 '건국'에 치중되어 있었다. 조선인의 주요 집거지였던 연변지역에서의 항일 투쟁과 혁명전쟁은 일찍부터 간부를 양성하는 용광로 역할을 했다. 따라서 자치주 창립 시기의 조선족 고참 간부의 대다수가 이들 전쟁에 참가한 경력이 있는 직업혁명가 출신이었다.[121] 이들 혁명간부 가운데서 친 중공계를 위주로 구성된 정치엘리트들 중 일부 최고위층은 지식이라든지 모든 면에서 뛰어난 간부들이 많았지만, 대부분의 중·하층 간부들은 단순히 혁명에 참가한 경력을 인정받아 등용되었기 때문에 수적으로는 많았지만 학벌과 소양이 그다지 높지 않았다. 이는 당시 교육이 제대로 보급되어 있지 않아서 나타난 당연한 결과로 볼 수 있다. 당시 연안 출신의 주요 간부였던 주덕해는 조선의용군 제3지대(支隊)를 창설함과 동시에 간부를 양성하는 교도대를 설립하여 지대 내의 우수한 전사들을 선발하여 교도대로 보내 정치학습을 시켰다. 수료 후에는 각자의 재능에 따라 부대 내의 각 부서에 간부로 배치했다. 후에 연변으로 진출할 때 주덕해가 배양한 이들 간부들과 그가 친히 발탁한 간부들이 대거 동반하게 되는데, 그의 정치적 동지인 최채도 거기에 포함된다.[122]

---

121) 조용호, 박문일 주편, 『21세기로 매진하는 중국조선족 발전방략 연구』, 873-875쪽.
122) 최국철, 『주덕해평전』, 연변인민출판사, 2012년, 160쪽.

중화인민공화국 수립 후 조선족 분포지역의 각급 정부의 행정부문에서는 조선족 간부들을 대량으로 중용하였다. 특히 1950년대에 연변대학이 설립된 후 연변자치구의 당정간부 구성에서 연변대학 출신들이 많은 직책을 차지하게 되었다. 그로 인해 연변조선족자치구에서는 자치구설립 이래 각급 정부 기능부문의 주요 직책에서 외형상 기본적으로 '간부 민족화'를 실현하였다.

연변주가 이처럼 신속하게 '간부 민족화'를 실현하게 된 데에는 공산당의 일관된 민족정책과 직접적 관련이 있다고 한다. 1928년 중공만주성위는 일찌감치 조선인 간부의 양성을 중시하고 양림(楊林) 등과 같은 조선인 인재를 발탁하고 배양하였으며, 항일전쟁시기에도 수많은 조선인 혁명가들을 공산당 조직에 흡수하고 중국의 항일전쟁에 투입시켜 이홍광(李紅光)·허형식(許亨植) 등과 같은 수많은 항일투사를 배출하였다는 것이다. 해방전쟁시기 공산당은 조선인 간부를 배양하기 위해 여러 가지 형식의 간부학교를 세웠는데, 그 중 1946년 초에 용정에 설립된 동북군정대학 길림분교와 1948년에 설립된 연변정치간부학교는 대량의 당·정·군 및 대중단체와 조직의 간부들을 양성하였다. 이어 1949년 3월 조선인 인재를 양성하려는 취지에서 최초의 소수민족대학인 연변대학을 설립하기에 이르렀으며 그 뒤로 1954년에 중공연변지위당교(1956년에 중공연변주위 당교로 개명)를 설립하였다.[123]

그 결과 1952년 연변조선족 인구가 전체인구의 62%를 차지한데 비하여 조선족간부는 전체 자치구 간부의 78%를 차지하여 6,090명에 달하였다. 1955년 조선족 간부는 1만 명으로 증가하여 전체 구

---

123) 조용호, 박문일 주편, 위의 책, 872쪽.

간부 총수의 77%를 차지하였다. 그 중 조선족 간부가 구위원회 기관에서 차지하는 비중은 76%, 전 구의 정법·농업·재정·수리부문에서 차지하는 비중은 75%-76%, 문화교육 계통에서 차지하는 비중은 87%에 달하였다. 자치구 각급 정부의 과장급 이상 영도간부 중 조선족이 73%를 차지했다. 1962년 연변주 내의 조선족 인구는 전체 인구의 50.04%를 차지하였지만 조선족 간부가 차지하는 비중은 전체 간부의 64%였다.[124]

그 외에도 사회 각계에서 주도적인 역할을 하는 핵심 엘리트들이 많이 배출되었는데, 이들 엘리트와 당정기관의 간부들을 통틀어 지식엘리트라고 할 수 있다. 개혁·개방 이후 최근까지는 경제 엘리트들이 새롭게 약진하여 기존의 지식 엘리트들과 연대하여 민족사회의 구심점이 되고 있다는 분석도 나오고 있다.

그러나 민족간부대오의 성장은 결코 순조롭게만 진행된 것은 아니었다. 1957년부터 1962년 3월까지 전국 범위 내에서 '반우파투쟁'[125]과 '민족정풍 운동'이 전개되면서 조선족 간부들이 '우파분자'와 '지방민족주의자'로 비판을 받게 되었으며 민족간부들의 적극성이 큰 타격을 입게 되었다. 연변의 조선족 지식인들은 정풍운동 과정에서 좌담회나 지상토론을 진행하면서 중국공산당의 소수민족 정책에 대해서 많은 불만을 표출했다. 주덕해도 포괄적으로는 중앙당의 소수민족정책을 긍정적으로 평가했지만 지엽적으로는 비판을 가했다. 그는 "민족집거지구에서 민족구역자치를 실현했지만,

---

124) 延邊朝鮮族自治州槪況修訂本編寫組, 『延邊朝鮮族自治州槪況』(延吉: 民族出版社, 2009), 160쪽.

125) 1957년 4월 27일 중국 공산당 중앙위원회는 정풍운동을 하라는 지시를 중국 각 지역에 하달했다. 원래의 목적은 당 내부의 잘못된 경향을 추방하기 위한 것이었고, 당 내부 뿐만 아니라 외부에서의 언론 자유를 보장하기 위한 것이기도 했다. 그러나 정풍운동의 과정에서 중앙당에 대한 비판이 급속도로 많아지자, 중앙당은 자산계급 우파분자를 공격할 것을 지시했다. 즉, 반우파투쟁을 시작하여 1957년 하반기부터 중국 전역에서 반우파 투쟁이 벌어지게 되었다.

형식뿐이고 내용이 없으며 민족의 내부 문제를 해결하는 자치권한이 약하다. 행정부가 수직적 명령체계를 가지고 있기 때문에 자치지구에서 통일적으로 지도하기 어려워 실제로는 민족자치가 이루어지고 있지 않다. 또한 민족이 산재한 산재지구에서도 한족과 소수민족문제, 인민정부와 소수민족간의 모순이 있다. 이는 인민정부가 소수민족의 권리를 보장해주지 못하기 때문인데, 이 때문에 적지 않은 문제가 발생하고 있다."는 점 등을 지적했다.126) 특히 '문화대혁명' 시기에는 중공의 민족정책이 파괴를 딩하면시 민족구역 자치는 유명무실하게 되었고, 대부분의 조선족 간부들이 '조선특무,' '수정주의 분자' 등의 누명을 쓰고 배척, 타격을 받게 되었으며 민족간부의 비중도 대폭 하락하였다. 1971년 연변주 당위원회를 재건하면서 전주 8개 현과 시의 26명의 정·부서기 중 오직 7명만이 조선족 간부로, 전체의 27%에 불과했다. 결과적으로 주위원회와 각 현, 시의 최고 책임자 중 조선족 간부는 한명도 없었다. '4인방' 타도 이후, 특히 11기 3중전회 이후 각종 모순들이 시정되면서 중국공산당은 다시 민족간부정책을 실시하였다. '문화대혁명' 기간에 억울한 누명을 쓰고 배척, 타격을 받은 간부들이 전후로 복직하였고, 자치기관의 간부 민족화 요구에 따라 우수한 조선족 인재들이 간부로 선발되었다. 특히 1982년에 수정된 「헌법」과 1984년에 공표된 「민족구역자치법(民族區域自治法)」은 민족지역의 자치제도를 새로운 역사적 단계로 발전시키는 계기가 되었다. 새로 수정된 「헌법」과 「민족구역자치법(民族區域自治法)」에는 중화인민공화국은 전

---

126) "동북공정의 시작, 연변정풍운동," 2012/12/22
    http://pgr21.com/pb/pb.php?id=freedom&no=41219&page=6&sn1=on&divpage=7&sn=on&keyword=%ED%9B%84%EC%B6%94%ED%86%B5&select_arrange=vote&desc=desc

국 각 민족 인민들이 공통으로 창설한 통일된 다민족국가이며, 민
족자치지역 행정기관 및 지방인민대표대회(입법기관)의 일인자는
자치민족의 국민이 담당해야 한다고 규정되어 있다.

<표 4-4> 연변조선족자치주 민족간부 비례(1952-1992)

연도/구분	한족 간부 수	조선족 간부 수	자치주 간부 중 조선족 간부 비율(%)	자치주 인구 중 조선족 인구 비율(%)
1952	550	1,710	74	62
1965	2,573	3,080	58	46
1976	16,370	25,500	59.5	41
1985	26,370	27,646	51.6	40.5
1992	65,192	58,100	45	39.5

출처: 김종국, "21세기 전반기 연변조선족자치주 간부 발전 전망," 『21세기로 매진하는 중국조선족 방략
연구』(요녕민족출판사, 1997), 874쪽.

제4절 조선족 간부의 민족간부로서의 역할

중국공산당은 다양한 민족문제를 해결하는데 있어서의 관건은 인품과 능력을 겸비한 광범위한 소수민족 간부대오를 건설하는 것이라고 강조한다. 다만 이런 원칙 하에서 양성되고 선발된 소수민족 간부들은 우선 당의 기본노선을 확고히 집행하고 언제 어디서나 당중앙과 고도의 일치성을 유지하고 중국의 헌법을 확고부동하게 고수하며 국가의 통일과 여러 민족의 단결을 수호할 것을 요구받는다. 이것은 혁명시기에서나 정권을 수립한 후에나 변함없이 적용되어 온 가장 기본적인 원칙이다.

중국에서도 가정, 학교, 대중매체 등을 통해서 정치사회화가 이루어지고 있다. 그러나 중국에서는 모든 권력이 당과 국가에 집중되어 있기 때문에 다원주의 사회와는 달리 비공식적 구조에 의한 정치사회화보다는 공식적 구조에 의한 정치사회화가 보다 일반적이다. 따라서 중국의 정치사회화는 가정, 동료집단, 교회 등의 사회화보다는 당 조직, 학교, 군중단체, 군대, 대중매체, 하방, 군중운동 등에 의한 사회화가 더 중요하다. 특히 당은 정치사상교육의 내용을 결정하는 곳으로서 최고의 정치권력기관이면서 동시에 사상정치교육기관으로서의 기능을 수행하고 있다. 그리고 학교는 학생이 실천을 위한 이론적 기초를 연마하고 새로운 사회주의적 인간형으로의 성숙을 실현하는 토대로 작용하고, 대중매체는 당과 국가의 정책을 전파하는 전위적인 역할을 담당한다.[127]

---

127) 전인영·김왕식, 『중국조선족의 정치사회화과정과 동화적 국민통합의 방향』, 서울: 집문당, 1996년, 40-41쪽.

그러나 조선족 사회에 있어서 가족은 정권 차원의 사회주의적 가족정책의 영향을 받았음에도 불구하고 조선족의 문화와 전통을 유지하는 데 있어서 핵심적인 역할을 담당하는 '사회화의 기초단위로서의 기능을 충실히 수행했다고 할 수 있다. 반면에 조선족의 학교교육을 통한 사회화는 중국의 사회주의적 교육정책의 범위 내에서 이루어진 것이었다. 따라서 소수민족의 정체성을 유지하기 위한 교육은 중국의 소수민족정책이 허용하는 한도 내에서 이루어져야 하는 제한적인 것이었다. 결국 조선족의 학교교육도 비록 조선어로 이루어지고 있다고는 하지만 조선족의 민족적 정체성을 함양할 수 있는 구체적인 내용을 담고 있지 못하다는 문제점을 지니고 있다.[128]

한편 중국에서 신문방송 등의 언론매체는 당의 정책을 선전 보급하여 인민대중을 당이 원하는 인간형으로 개조하는 기능을 담당하는 사회주의적 정치사회화의 주요 수단 중의 하나이다. 조선족 거주지역의 매체들은 비록 개혁·개방 이후 언론 본연의 정보전달 기능에 충실해지긴 했으나 매체의 자주성 원칙은 반드시 당성원칙과 통일되어야 하며 당의 규율에 복종하고 당의 노선과 정책에 대한 선전을 핵심 과업으로 삼을 수밖에 없다.[129]

중국공산당이 소수민족간부의 양성과 기용을 중시하는 원인은 그것이 당의 간부정책의 일부분이라는 면도 있지만 다른 한편으로는 소수민족간부가 당 및 국가와 소수민족 군중을 연계하는 중요한 교량 역할을 하기 때문이다. 따라서 중국공산당에 있어서 소수민족간부정책을 관철하여 집행하는 것은 중국에서 민족구역자치제도를 견지, 완성하고 단결되고 안정된 정치국면을 공고히 하고 발전시키

128) 전인영·김왕식, 위의 책, 48-50쪽.
129) 전인영·김왕식, 위의 책, 50-53쪽.

며 소수민족지구의 경제를 진흥시키는데 필수적이다. 소수민족 간부들은 자민족의 역사를 잘 알고 자민족의 문화와 언어, 풍속습관에 익숙하기 때문에 자민족을 사랑하고 자민족을 진흥시키려는 강렬한 염원이 있으며 자민족 대중들의 염원과 요구를 충분히 반영할 수 있다고 여기기 때문에 중국에서는 수요에 따라 동등한 조건하에서는 우선 소수민족간부를 선발, 임용하는 경우가 많다. 따라서 소수민족 간부들은 당과 국가의 간부이면서도 자민족의 대표 역할을 잘해야 하며 자민족의 이익을 많이 대변하고 많이 일해야 할 의무가 있다는 주장도 나온다.[130] 그러나 실제에 있어서는 위의 두 가지 역할의 균형점을 찾기가 쉽지 않다. 특히 당 중앙 또는 중앙 정부의 노선이나 태도가 좌경화 되었을 경우 소수민족 간부들의 운신의 폭은 극도로 좁아질 수밖에 없었다.

한편 개혁개방 이후 재중 조선족 사회가 직면한 위기 중의 하나는 민족 간부들의 급격한 감소로 인하여 민족사업이 위축되고 조선족의 위상이 추락하는 현실이다. 다민족 국가인 중국에서 소수민족간부의 중용과 일정한 비례에 따른 소수민족간부 수량의 확보는 각 민족의 정치적 권리와 평등한 지위를 구현하고 각 민족의 정체성을 확보하며 각 민족의 안정·단결을 담보하는 가장 중요한 요인의 하나이기 때문이다.

신중국 수립 후 60여 년간 재중 조선족은 많은 국가간부(공직자)를 배출하였다. 조선족간부 중에는 청렴하면서도 실무 능력과 성과가 뛰어나 각급 당정부문과 타민족들의 높은 평가를 받았으며 그만큼 조선족의 사회적 위상도 높았다. 또 그만큼 정치, 경제, 문화교

---

130) 윤수범, 「소수민족간부의 옳바른 자세에 대하여」, 『길림신문』, 2012. 05. 21.
http://kr.chinajilin.com.cn/qihua/content/2012-05/21/content_87357.htm

육 등 여러 분야에서 조선족이 봉착한 문제를 해결하는 데도 큰 도움이 되었다. 그러나 1980년대부터 개혁개방이 시작되면서 조선족 간부 진영은 흔들리기 시작하여 급격한 감소세로 돌아섰다. 조선족 간부들이 대량으로 유실되기만 하고 보충되지 못했던 것이다. 민족 간부의 대량 유실과 결핍으로 인해 적지 않은 조선족 집거지의 산업화와 신 농촌 건설이 난항을 겪었으며 민족 문화와 교육 사업도 추진력을 잃고 있다.

물론 조선족 간부가 감소되고 새로 등용되는 간부 수효가 적은 책임을 모두 각급 당정지도부문이나 조직인사 부문에만 돌리는 것은 무리다. 사실 더 큰 책임을 져야 할 장본인은 조선족 자신인 것이다. 개혁개방이 본격적으로 실시되면서 각급 당정기관을 비롯하여 각 분야의 공직에서 근무하던 수많은 조선족간부들이 높은 수입을 바라고 '하해(下海)'하여 대도시로, 연해지구로 유출되었다. 그들이 남긴 빈자리를 메워야 할 조선족의 신세대들, 특히 대졸생과 전문학교 졸업생들도 졸업하기 바쁘게 수입이 높은 외자기업을 찾아 외지로 빠져나갔다. 그것이 비록 시장경제법칙에 따른 불가피한 인적자원의 유동이긴 하지만 그 결과는 각급 당정기관과 민족집거지의 조선족 간부의 단층현상을 초래한 것이다.[131]

이러한 상황을 타개하기 위한 대안으로는 우선 시장경제가 지속적으로 발전하고 있는 현시점에서 조선족 신세대들이 공무원이나 국가간부로 많이 진출하도록 격려해야 한다. 개혁 초기와는 달리 공무원, 국가간부들의 사회적 지위와 대우도 날로 개선되고 있다. 실력과 학력을 갖춘 조선족 젊은이들이 조선족 집거지에서 후계자

---

131) 주현남, "조선족간부 격감 대안은 없는가?"
    http://www.zoglo.net/board/read/forum_netz/78334/0/1240

간부로서 첫 출발을 할 수도 있고 자신의 장점과 실력으로 각급 행정관리부문을 비롯하여 경제, 교육, 언론, 연구기관 등 여러 부문에 진출하여 전문직, 관리직으로 성장할 수도 있을 것이다. 조선족 간부들은 본연의 업무를 잘 처리하는 것 외에도 민족사업에도 관여해야 하는 이중 책임을 지고 있다. 민족의 대표로서, 대변인으로서의 책임을 명심하고 조선족 간부 후계자들을 발굴하고 양성하고 추천하는 일을 잘 처리해야 한다. 특히 퇴임 전에 인사원칙이 허용하는 범위에서 가능하면 조선족간부를 자신이 내놓은 자리에 등용할 수 있도록 노력해야 할 것이다.

제5장

사회주의 개조와 건설 시기의
민족정책과 조선족

중국에서는 1949년 정권 수립부터 문화대혁명이 발발하는 1966년까지를 사회주의 건설시기로 간주한다. 이 시기는 다시 1949년부터 1952년까지의 국민경제 회복기, 1953년부터 1956년까지의 사회주의 개조와 계획경제 건설시기, 1956년부터 1966년까지의 전면적 사회주의 건설기로 세분한다.[132]

제1절 사회주의 개조 시기의 소수민족 정책과 조선족

1. 중국 사회주의 개조의 내용

사회주의 건설을 위한 사회주의 개조란 봉건 잔재를 청산하고 새로운 이상에 맞는 사회주의 국가를 이루기 위한 작업을 의미한다. 중국에서 사회주의 개조는 크게 두 단계로 이루어졌다. 하나는 지방 정권 창출이고, 다른 하나는 토지개혁이다.

지방 정권 창출이란 점령(해방)한 지방에서 중국공산당이 지배하는 독특한 사회주의 정권 구조를 만드는 것이다. 중국은 공산당이 영도하는 당 중심의 국가이므로, 지방은 중앙의 공산당에 복종하는 당 체계와 함께 정권 체계를 성립시켜야 하는 것이다. 정권 구조는 당-정-군-군중 조직이라는 공산당의 조직 원칙에 의해 창출되었

---

132) 손춘일, "해방 전후 재만조선인사회의 동향," 『만주연구』, 제8집, 186쪽.

다. 특히 정과 군중 조직에서 지방적 특색은 두드러진다. 왜냐하면 "권력은 총구에서 나온다."는 마오쩌둥의 언급처럼 당ー군은 공산당의 직접 장악이 필요한 부분이기 때문이다. 공산당 중앙의 치밀한 개입이 내재되어 있는 당ー군 조직 건설과는 달리, 정과 군중 조직의 창설은 사실상 당에 봉사하는 외곽 조직의 성격을 가진다. 정은 행정 체계를 의미하며, 군중 조직은 공산당의 모든 인민을 대표하기에, 그 대표자를 선출하여 조직화하는 것을 의미한다.

<표 5-1> 중국의 행정 급별 소수민족 자치조직

구분	일반 행정조직	소수민족 자치 행정조직
1급(中央)	공산당, 국가의 중앙	
2급(省級)	성 직할시 (북경, 상해, 천진, 중경)	자치구(내몽골, 닝샤 회족, 신장 위구르, 시짱[티베트], 광시 좡족) 특별행정구(홍콩, 마카오)
3급(地區級)	지급 시	자치주, 맹(盟, 내몽골)
4급(縣級)	현급 시, 현	자치현, 기(旗, 내몽골)
5급(鄕級)	향, 진(鎭)	자치향

당(黨)ー정(政)ー군(軍)ー군중조직(群衆組織) 중에서 정(政)의 체계는 사회주의 개조가 완성되면서 4급의 지방 조직체계로 정비된다. 즉 중앙을 정점으로 하여 성급(省級), 지구급(地區級), 현급(縣級), 향급(鄕級)으로 4급의 체계가 세워진 것이다. 현재 성급에는 성, 자치구, 직할시가 포함되어 있다. 이 중 소수민족에게 부여된 성급은 자치구로 통칭된다. 지구급은 지구와 시로 나뉘고, 소수민족에게 부여된 것은 자치주와 맹(내몽골자치구에서 시행)이다. 현급은 현과 시로 나뉘고, 소수민족에게는 자치현과 기(내몽골자치구에서 시행)가 부여되었다. 향은 사회주의 개조가 완료된 이후 추가된 지방 정권으로 향과 진 등이 포함되며, 자치향이 소수민족에게

부여되었다. 중국의 행정 조직은 지방에서의 정권 기구 창출이라는 형태로 이루어진 것이다. 당과 군과는 달리 중국의 국가 체계에서 정과 군중 조직은 핵심적인 요소가 아닌 하부적인 성격을 가진다. 중앙의 당-군이 일체화된 핵심에 복종하는 조직이기 때문이다. 즉, 정권 구조 창출이란 사회주의를 실시하기에 적합하도록 지방에서 제도를 창출하는 것을 의미한다.

지방에서의 정권 구조 창출과 함께 사회주의 개조의 다른 한 틀은 이른바 소유 제도의 개조라 할 토지개혁이다. 해방 당시 대부분의 인구는 농민이었기에, 농촌에서의 토지에 대한 소유 제도를 변화시키는 것은 중요한 과제였다. 토지개혁은 이 과제를 해결하기 위한 방법이었다. 정권 기구 창출이 완료된 후, 혹은 정권 기구 창출 작업과 동시에 토지개혁 작업이 진행되었다. 왜냐하면 토지개혁을 통해 대다수가 고용농 및 소작농 혹은 노예나 소농인 농민들을 해방 전쟁에 동원할 수 있었기 때문이다. 토지개혁은 또한 실제적인 호구 및 인구 조사가 가능해지는 결과를 가져와 지방 행정에서 기본적인 실태 파악의 기초가 되었다. 토지개혁을 통해 공산당은 인민을 지방 차원에서 파악하고, 조직화하며, 사회주의 개조를 위한 주체이자 대상으로 활용하였다.

중국에서 사회주의 개조를 위한 정권의 창출 작업은 건국 후 5년이 지나 헌법이 제정(1954)되면서 완료되었다. 각 지방마다 사실상 준독립적이고 방임적이던 정권 기관들은 중앙의 통제가 존재하는 지방 기관으로 변모하였다. 특히 재정, 군사, 법률 제정의 권한은 중앙에서만 이루어지고, 지방은 그 권한이 제한되는 고도의 중앙 집권적인 사회주의 당 중심 국가가 완성된 것이다. 이것이 곧 중국에서의 사회주의 개조였다.

2. 사회주의 개조와 소수민족정책

중국의 사회주의 개조 작업은 미 해방 지역 및 소수민족 지역에서는 중국의 전국적인 양상과는 다르게 전개되었다. 왜냐하면 한편으로는 점령되지 않아서 실시할 수 없었고, 혹은 소수민족들이 중국의 체계와는 너무 다른 관습과 역사에 기반을 둔 사회 체계를 가지고 있었기 때문이다. 즉 중국공산당의 관점에서 이야기하면, 소수민족 지구에서의 사회주의 개조 작업은 사회주의의 기본을 손상시키지 않으면서 소수민족에게 적합한 방식을 도입하였고, 이는 중국 정부의 소수민족정책 수립이라는 형태로 나타났다.

소수민족정책의 수립은 기본적인 이념과 함께 이념에 근거한 정권 구조의 창출 작업으로 이루어진다. 중국공산당에게 소수민족이란 새로운 것이었다. 대장정의 와중에서 서남－서북의 여러 소수민족 지역을 통과하면서 중공은 소수민족정책의 이념을 정립해 나간다. 해방 전 공산당 점령하의 중화소비에트에서의 각종 선언(1935-1936)과 점령구의 회족(回族) 및 몽골족(蒙古族)에 대한 선언(1940-1941)들이 공산당의 소수민족에 대한 초기적인 정책 선언이었다. 반면에 소수민족에 대한 자치권은 국공내전을 거치면서 개념화하게 된다.

이러한 정책 이념의 정립은 중화인민공화국 성립 바로 전에 열린 「중국인민정치협상회의공동강령(1949. 9. 21.)」으로 수렴된다. 공동강령은 사실상의 임시헌법으로, 소수민족의 실제적인 자치 제도를 규정하고 있다. 즉 '민족구역자치'로 자치권의 개념을 통일하였는데, 중요한 것은 민족이 자치의 단위가 아니라 '민족의 거주 지역에 기초한 자치'라는 점이다. 특히 제4항의 규정이 중요한데, 협애한 민족주의 반대, 민족 독립 정부와 민족공화국 반대, 통일적 국가 군대 제도의 성립, 언어·문자·풍습·종교 보호, 경제·문화·교육의 중시를 그 특징으로 들고 있다. 즉 소수민족의 자치권은 비정치적 영역에서의 자치권으로, 그 구역에 맞는 자치인 것이다. 이는 「민족구역자치법실시요강」(1952)에서 공동 강령을 계승하면서 더욱 명확해졌다. 총 7장 40조로 이루어진 요강은 중국 민족구역자치에 대한 제도화 문건으로, 그 총칙에 중화인민공화국 영토와 불가분리 원칙, 중앙의 통일적 영도, 상급 인민 정부의 영도를 명확히 규정하고 있다.

이와 같은 이념과 정책에 기초하여 소수민족 지역에서의 자치권은 정권 기관 개념에서 자치 기관 권한으로 이양되는 것이다. 그 결과 위에 언급한 자치구, 자치주, 자치현 등 자치 기관을 설립하고, 권한에 대한 규정을 통해 재정, 군사, 법률 제정권이 없는 3급 지방체제가 소수민족 지역에서 만들어지게 된다. 이를 통하여 소수민족 지역은 중국공산당 중앙의 통제 하에 지방 정권 기구의 창출과 구역 자치라는 독특한 권한을 위임받아 사회주의 개조 작업을 실시하게 된 것이다.

3. 중국 조선족 지역의 사회주의 개조

중국 조선족 지역의 사회주의 개조 작업은 여러 면에서 중국 일반은 물론 기타 소수민족 지역과는 다른 특수성을 띠고 있다. 왜냐하면 사회주의 개조의 기초적 모습이 중국 한족 지구 일반보다 선행되어 이루어졌고, 그 결과 역시 '모범적'이라고 칭할 정도로 빠르면서도 광범위하게 이루어졌기 때문이다. 그것은 중국 조선족 지역이 1945년 해방 이후 중국의 어느 지역보다도 일찍 중국공산당에의해 점령되고, 또 국공내전기의 근거지가 되었기 때문이다. 그 결과 공산당은 근거지를 튼튼히 하고 조선족들을 내전에 동원할 수있게 하기 위하여 사회주의 개조 작업을 서두르게 된 것이다. 조선족들 역시 '천입(遷入) 민족'이라는 특수한 사정으로 공산당의 방침에 호응하면서 중화인민공화국이 성립되기도 전인 1948년 4월에이미 기본적인 사회주의 개조를 완성한다.

1) 조선족 지역 정권 기관의 창출

1945년 8월 15일 일본은 연합국에 투항하였다. 소련은 8월 8일에선전 포고를 하고 9일에는 훈춘(琿春)과 수이펀허(綏芬河) 두 방향으로 진격하여, 10일에는 연변의 훈춘을 점령하였다. 14일에는 왕칭(汪淸) 외곽이, 15일에는 왕칭현이, 18일에는 옌지와 투먼이, 19일에는 룽징(龍井)과 둔화(敦化)가,[133] 그리고 20일에는 허룽(和龍)이 소련 홍군의 수중에 들어가 조선인들의 밀집 지역이었던 연변 지역은일본이 항복하기 전에 소련의 지배하에 들어가게 되었다.

소련군과 함께 중공연변지구사업위원회(이하 88여단)가 조선인밀집 지역에 파견되었다. 이들은 중국인과 조선인으로 이루어진 동북항일연군의 지도부로, 중공동북위원회를 구성하고 만주의 각 지역으로 소련군과 함께 진주하여 만주 지역 공산당을 재건하고 소련점령군의 업무를 도왔다. 이때 김일성을 비롯한 조선인 세력은 기

---

133) 이창역, 1991, 「용정시의 쏘련군 환영대회」, 중국조선민족발자취총서 편집위원회 편, 『결전』 (중국조선민족발자취총서 4), 민족출판사, 294-296쪽.

본적으로 북한 지역으로 가게 되고, 그들 중 일부가 연변과 무단장 (牧丹江) 지역, 즉 동만주 지역의 조선인 거주지로 향하게 되었다.[134] 1945년 9월 5일 88여단 명의로 강신태가 다른 조선인 공산주의자들과 함께 연변에 도착하여 연변경비려를 만들었다. 또 10월 중공연변위원회로 확대 개편하고 대중 조직들을 결성하였다. 이때 결성된 연변인민민주대동맹은 조직원이 14만 5,000명(그중 조선인은 13만 7,000명)에 이르렀다.[135] 즉, 당-군과 함께 군중 조직을 설립시킨 것이다. 마오쩌둥의 중국공산당 중앙이 관여하기 전에 다른 그룹의 조선인 공산주의자 그룹이 중국인을 포함한 정권 기관을 조선인 밀집 지역에 창출하는 특수성을 보인 것이다.

그러나 사정은 곧 변화하였다. 만주성위가 재조직 되면서 선양 (瀋陽)에 중공 중앙 동북국이 건립되었다.[136] 중공 중앙은 길림성위 원회 아래에 연길-연변지위 설치를 결정하고, 이를 위해 33인의 중국인으로 구성된 이른바 '33인 옌안 간부(延安幹部)'를 1945년 11월 12일 연변으로 보냈다. 이들 33인조는 연변위원회를 해산하고 연변지방위원회를 만들어 당을 장악했다. 외곽 대중 기구 역시 해산하고 11월 20일 연변인민대표대회를 소집하여[137] 정부에 해당하는 연변전원공서(延邊專員公署)도 설립시켰다.[138] 즉, 당-정과 함께

---

134) 9월 18일 강신태는 소련 경비사령부 부사령원직을 맡고, 김만익이 옌지에, 최명석이 왕칭에, 박락권이 룽징에, 최시영이 허룽에 파견된다. 중공연변주위당사연구소, 1989, 『중공 연변당 조직활동연대기(1928. 2-1949. 9)』, 연변인민출판사, 267쪽.

135) 중공연변주위조직부·중공연변주위당사연구실·연변조선족자치주당안관 편, 1991, 『중국공산당연변조선족자치주조직사(1928. 2-1987. 11.)』, 연변인민출판사, 129쪽.

136) 중공연변주위조직부·중공연변주위당사연구실·연변조선족자치주당안관 편, 위의 책, 267쪽.

137) 延邊朝鮮族自治州檔案館編, 1986, 「延邊人民代表大會會議錄(1945. 11. 20)」, 『中共延邊地委延邊專署重要文件匯編: 第二集(1949. 6-1952. 8)』, 297-299쪽.

138) 연변전원공서는 조선인 중심의 민주대동맹을 접수했음을 분명히 하고 있다. 또 간도성 임시 정부를 폐지하고 간도라는 명칭도 연변으로, 간도시는 옌지시로 개칭했다. 延邊朝鮮族自治州 檔案館編, 1986, 「延邊行政督察專員公署工作報告(1946. 3.)」, 위의 책, 306-311쪽.

군중 조직의 정권 구조를 새롭게 창출한 것이다. 또 무장세력인 인민해방군 연변사단이 만들어지는데, 강신태를 사령관으로 임명하기는 하나 정치 위원을 용원타오(雍文濤)가 담당하여 사실상 중국인이 장악하게 된다. 또 중공 중앙은 국공내전에서 승리하기 위해서는 만주 지역이 군사·정치적으로 공산당 근거지를 설립하는 데 좋은 위치라고 생각했다.[139] 그 결과, 1946년 1월에 공산당 연변지위 1차 확대회의가 소집되었다. 여기에서 연변에서의 무장 공작, 당 건설, 간부 양성, 정권 공작 등에 대해 토론하게 되는데, 조선족의 무장세력이 더 크고, 중국인 무장력은 작고 열성도 없으며 국민당의 영향이 큰 상황에서 어떻게 다수의 조선족을 동원하여 중공의 지지자로 만들 것인지에 대해 토론하였다.[140]

요약하면, 만주와는 사실상 상징적 관계밖에 없던 중공 중앙이 중화인민공화국 건국 전에 이미 만주의 조선족 지역에서 정권 기구를 창출한 것이다. 또 이때 조선족 지역과 중국인 지역을 분리하여 조직화를 시도하면서, 사실상 소수민족의 하나로서 조선족을 위치시키면서 조직한 것도 큰 특색이라 할 수 있다.

2) 동북 해방구의 토지개혁과 조선족

항일전쟁 종결 후 국·공 양당의 만주지역에 대한 쟁탈전이 본격화됨에 따라 재만 조선인들은 각자의 계층과 성분, 그리고 이데올로기 성향에 따라 장래를 선택하는 정치적 기로에 서게 되었다. 당시 그들의 선택지는 네 가지로 귀납되었는데, 첫째는 중공을 따라

---

139) 중공연변주위조직부·중공연변주위당사연구실·연변조선족자치주당안관 편, 앞의 책, 271쪽.

140) 延邊朝鮮族自治州檔案館 編, 1986, 「在延邊支委第1次擴大會議上雍文濤同志的報告及結論(1946. 1. 8.)」, 위의 책, 9-42쪽.

만주에 잔류하는 것, 둘째는 국민당을 따라 내전에 참전하는 것, 셋째는 북조선에 가서 국가 건설에 동참하는 것, 넷째는 남조선으로 귀환하는 것 등이었다.[141]

1945년 일본의 패망 이후부터 1949년 10월 1일 중화인민공화국의 설립까지 공산당과 국민당의 각축이 중국 전역에서 일어났지만, 중국의 동북 지역은 일찌감치 공산당의 세력 안에 편입되었다. 마오쩌둥을 중심으로 한 공산당 지도자들은 그들의 세력 기반을 중국 전체 인구의 대부분을 차지하고 있던 농민들에게 두고 있었고, 이러한 전략은 농민 계층의 지지를 얻는 데에 그 초점이 맞추어졌다. 이것은 바로 토지 문제를 개혁하는 것에 당의 역량을 우선적으로 집결하자는 데 중국공산당 지도부의 견해가 일치한 것이 주된 이유였다.

특히, 중국의 동북 지역은 일본 제국주의의 수탈이 제일 극심한 지역의 하나였다. 일제 강점기에 대부분의 토지는 동양척식회사, 만주척식회사 등 일제가 만든 토지 약탈 기구의 소유, 그리고 친일 대지주들의 소유였다. 대부분의 농민들은 자영 경작자라기보다는 소작농이었다. 중국공산당도 이러한 사실을 파악하고 있어서 이에 대한 토지 문제 해결에 착수하였다.

1946년 3월에 중국공산당 동북국(東北局)은 "일제와 괴뢰 만주국의 토지를 처리하기 위한 지시"를 내렸다. 이 조치의 주요 골자는 '감조감식(減租減息: 소작료와 이자율 인하)' 투쟁과 연계한 내용으로, 공유지와 일본인들, 그리고 친일 대지주들의 토지를 무상으로 농민들에게 나누어 주는 것이었다. 이어서 1946년 5월 4일에

---

141) 손춘일, "해방 전후 재만조선인사회의 동향," 『만주연구』, 제8집, 182쪽.

는 「토지 문제에 관한 지시」가 중국공산당 중앙으로부터 하달되었다. 이것은 이전의 소극적 감조감식 정책으로부터 좀 더 적극적인 토지개혁 방법인 '경자유기전(耕者有其田: 소작농 제도를 배제하고 농사를 짓는 자가 토지를 소유하는 것을 의미)' 정책으로의 전환을 의미했다. 이것을 토대로 중공 중앙 동북국은 7월 7일 「정세와 임무에 관한 결의」를 체결하고 이 지역에서 본격적으로 토지개혁 운동을 전개하였다. 이 토지개혁 운동을 좀 더 구체적으로 말하면, 봉건적 의미의 토지 소유 형태로부터 사회주의적 의미의 토지개혁, 즉 경작자인 농민이 토지를 소유하는 혁명 운동을 뜻한다.142)

토지개혁은 3단계로 실시되었는데, 1946년 7월부터 시작하여 1948년 4월에 끝났다. 1946년의 제1차 토지개혁은 이른바 공유지 분배 운동으로 시작하였다.143) 만주국 시기에 간도 성이었던 연변은 동양척식회사나 만주척식회사, 군용지 등 공유지가 많았는데, 중공은 먼저 이 공유지와 일본인의 토지를 무상으로 농민에게 분배한 것이다. 7월부터 시작한 제1차 토지개혁은 지주에 대한 처단 운동을 통해 계급투쟁의 성격을 띠게 되었다.144)

제2차 운동기인 1947년 10월부터는 토지개혁의 실질적 확대 시기이다. 1947년 7월부터 9월에 걸쳐 열린 회의를 통해서 중국공산당 중앙은 「중국토지법대강(中國土地法大綱)」을 발표하였다. 이 법은 기본적으로 봉건적 토지 제도를 없애고, 경자유기전의 원칙에

---

142) 정신철, 2000, 『중국조선족』, 서울: 신인간사, 42쪽.

143) 延邊朝鮮族自治州檔案館 編, 1986, 雍文濤, 「吉林解放區共地問題(1946. 12)」, 위의 책, 99-129쪽. 공유지 문제는 민족문제라고 지적하고 있다. 조선인 중 80%를 차지하는 빈농들에게는 토지문제가 가장 중요한 문제이기에, 공유지 문제를 정확히 처리하면 장래의 연변의 조선족 민족문제를 기본적으로 해결하는 것이라고 지적하였다.

144) 延邊朝鮮族自治州檔案館 編, 1986, 「孔原同志在群衆會議上關于土地問題的報告(摘要)-吉林分地經驗的初步總結(1947. 1.)」, 위의 책, 130-152쪽.

따라 인구수로 공평하게 토지를 배분하는 것을 원칙으로 하고 있다. 이와 같은 일반 원칙에 따라 동북행정위원회에서는 12월 11일 발표한 '「중국토지법대강」 실시에 관한 보충 방법'을 통해서 "동북해방구 경내의 소수민족은 마땅히 한족과 동등하게 토지를 분배받아야 하며 또 소유권을 향유한다."[145]고 명시하였다. 이에 따라 연변에서도 토지개혁이 진행되었는데, 그 결과 1948년 4월에 이르러서는 전체 연변 지역에서 54만 9,961명에 달하는 농촌 인구가 토지를 분배받았는데, 이것은 연변 전체 농촌 인구의 75.56%에 달하는 것이다. 분배한 토지 면적은 총 경지 면적의 81.16%에 이르고, 1인당 분배받은 토지의 양은 대략 3-4.7무(1무는 대략 200평 정도)가량 되었다. 분배된 토지의 과다는 토지의 질에 따라 그 차이를 두었다. 특히 이 운동은 1948년 1~2월의 당내 정돈 운동과도 연결되어 농민들의 계급과 성분을 구별하고 그에 따라 토지를 배분하는 단계로 진전되었다. 즉 토지개혁은 단순하게 조선족 농민들에게 토지를 분배하는 데 그치지 않고, 조선족의 호구와 인구수를 파악하고 그들의 사회적 계급과 성분을 조사하여 실질적으로 중공의 행정 체제에 편입시키는 것을 의미하는 것이었다. 이처럼 토지의 분배와 더불어 중공 중앙은 지방당 조직의 재건과 강화에도 각별한 노력을 기울였는데, 이에 조선족들도 지방 정부에 대거 참여하게 되었다. 예를 들어, 1948년 말까지 연변 지역에서 뽑힌 5,244명의 공산당원 중 3,834명이 조선족이었다(전체 당원의 73.1%).[146]

1948년 4월 토지개혁은 완료되었다.[147] 1946년 말, 연변의 호수

145) 정신철, 2000, 『중국조선족』, 서울: 신인간사, 44쪽.

146) 『연변개황』, 115쪽.

147) 延邊朝鮮族自治州檔案館 編, 1986, 中共延邊支委, 「土地改革初步總結報告(1948. 8. 16.)」, 위의 책, 219-237쪽.

(총 13만 2,444호)와 인구수(69만 195명)에서 조선족이 70% 이상을 상회하고,[148] 안투를 포함하면 전체 호수(15만 4,243호)와 인구수(71만 8,886명)에서 조선족이 81.9%를 차지하고 있었다. 조선족들은 11만 6,681호, 55만 167명이 평균 4.5-7.05무(畝: 토지 단위)의 토지를 분배받았다.[149] 대다수가 중농 이하의 생활을 한 조선족들의 가난과 토지에 대한 염원이 해결되면서 중공에 대한 지지는 급상승하였다. 많은 조선족 농민들이 중공의 열성 일꾼으로 신참 간부가 되고, 중국 홍군의 이름으로 국공내전에도 적극적으로 참어하게 되는 것이다. 이와 같은 과정을 통해 중국에서의 조선족은 정치적으로 중국 내에서 그들의 지위를 인정받을 수 있었고, 경제적으로도 그들이 오랫동안 개간한 땅의 경작권을 공식적으로 확보할 수 있었다.

3) 중공군에의 참군(參軍)과 중국 소수민족화 과정

이처럼 중국 조선족 지역의 사회주의 개조 과정은 중국의 다른 지역과는 달리 광복 전에, 그것도 광범위하게 진행되어 1948년 초에 이미 완료되었다. 이는 티베트나 위구르 지역 등 중국의 다른 소수민족 지역에서는 1950년대 중반 이후에나 가능한 일이었다. 또 공산당의 점령에 대해 저항적이었던 이들 지역과는 달리, 조선족 지역은 공산당에 대한 지지가 높았고, 오히려 참군을 통해 중국의 국민이 되는 현상이 나타났다.

---

148) 延邊朝鮮族自治州檔案館 編, 1986, 「孔原同志在群工會議上關于土地問題的報告(摘泉): 吉林分地經驗的初步總結(1947. 1.)」, 위의 책, 132쪽.

149) 요작기·남대명, 1992, 「연변에서의 토지개혁」, 중국조선민족발자취총서 편집위원회 편, 『승리』(중국조선민족발자취총서 5), 민족출판사, 406쪽.

참군은 중공군에의 입대를 의미하는데, 이미 1946년 5월부터 있었던 현상이다.[150] 토지개혁을 실시한 후 중공에 대한 신뢰가 높아져 1948년 이후 더욱 확대되었다. 3년의 국공내전 기간에 참군한 조선족은 모두 6만 3,000명인데,[151] 이는 당시 조선족 17명당 1명 꼴이다.[152] 특히 연변에서는 5만 2,000명이 참군하였다. 국공내전 등에서 희생당한 연변 지역 혁명 열사 3,350명 중 조선족이 3,041명을 차지할 정도로 참군한 조선족은 열성적이었다. 참군을 통해 조선족은 중국 국민의 하나인 조선족으로 변모한다. 즉 국민으로서 국방의 의무를 수행하고, 중국 소수민족의 하나로 자리매김하게 되는 것이다. 후방에서는 동북인민자치군(일종의 예비군)으로 6,500명이, 국공내전 관련 노동 동원에 연 30만 2,300명이 참여하여, 토지개혁과 함께 참군은 조선족이 중국의 조선족화 하는 중요한 사업이었다고 할 수 있다.

조선족이 소수민족화 하는 데 중요한 다른 요소는 중국공산당의 지도 원칙에 충실한 이른바 '민족 간부'의 양성이었다. 민족 간부에 대한 교육과 양성은 토지개혁으로 행정사무가 중심이 되는 가운데 필연적으로 닥친 문제였는데, 고급 지방 간부, 중급 이하 기층 간부, 신참 간부를 양성하였다.

고급 지방 간부는 조선의용군을 통해 해결하였다. 조선의용군은 중국의 만주가 아닌 관내 지방에서 활동하였던 조선족 공산주의자들이었는데, 광복 후 고국인 북한으로 입국하려 하였으나 소련은 이들의 입국을 허락하지 않았다. 그것은 조선의용군이 팔로군과 신

---

150) 요작기, 「연변인민들의 참군열」, 위의 책, 433쪽.

151) 6만 5,000명이라는 설도 있다(연변 34,855, 랴오닝 8,753, 헤이룽장 12,644 등). 중국조선민족발자취총서 편집위원회 편, 위의 책, 400쪽.

152) 중국조선민족발자취총서 편집위원회 편, 위의 책, 6쪽.

사군의 일부로 활동했기 때문에 친중국계로 여겨져 김일성을 중심으로 한 정권 작업에 방해가 된다고 생각했기 때문이다. 입국이 저지된 조선의용군은 만주 각지로 분산하여 활동하게 되는데, 1지대는 동변도(東邊道: 지금의 랴오닝 성 남부 지역으로 한국과 접경 지역. 통칭 남만주로도 칭함)로, 3지대는 북만주 지역(하얼빈, 무단장)으로, 5지대는 동만(연변) 지역으로, 7지대는 연변을 제외한 지린 성의 조선 지역으로 가게 된다.[153] 이들 조선의용군은 이후 조선족 사회이 지도층을 형성하게 된다.

중공 중앙은 또한 중공과 조선인 대중을 연결하는 민족 간부로 양성하고자 단기사관학교를 세우고 신참 중·하급 민족 간부를 배출하였다.[154] 그 결과, 빠른 속도로 중간급 이상의 고급 간부가 충원되어 조선족 지역에 파견되어 사업을 하게 되었다. 이때 중공의 추천으로 등장하여 활약한 인물이 주덕해(朱德海)로, 후에 초대 연변조선족자치주 주장을 역임하였다.[155] 그 결과 토지개혁 후 연변 지구의 4,000명에 이르는 기층 간부 중 79%가 조선족이었고, 121명의 현·구급 간부 중에서는 59%가 조선족으로 충원되었다. 특히 동북인민행정위원회부터 현 인민 정부에 이르기까지, 정부 부문에서 조선족 간부의 비율이 증가했던 것이다.[156] 그러나 실질적 권력 기관인 당과 군에는 조선족 간부가 적었다. 1948년 7월 당 조직 건설 결과 현(縣) 당위원회 산하로 34개 구(區)급 당위원회가 성립되고, 221개의 촌(村)급 당지부가 설립되어, 사실상 연변 5개 현에 대한

---

153) 편집부 편, 1987, 『중국의 광활한 대지우에서』, 연변인민출판사, 554-576쪽.
154) 姚作起 主編, 1994, 『東北軍政大學吉林分校』, 遼寧民族出版社 참조.
155) 강창록 외, 1992, 『주덕해』, 실천문학사(서울 재출판) 참조.
156) 중국조선민족발자취총서 편집위원회 편, 1992, 앞의 책, 5쪽.

사회주의 개조가 완성되었다.[157] 이후 촌급 선거를 거쳐 현-구-촌의 3급 민주 정권 건설이 완료된 것이다. 연변은 중국 건국 1년 전에 진정한 의미의 중국 지린성의 한 지방으로 사회주의 개조가 완성된 특이한 경우가 된 것이다.

---

157) 중공연변주위조직부 · 중공연변주위당사연구실 · 연변조선족자치주당안관 편, 앞의 책, 140쪽.

제2절 사회주의 건설 시기의 소수민족 정책과 조선족

1. 중국의 '전면적 사회주의 건설'과 소수민족정책

1956년 4월 중국공산당 중앙위원회 정치국 확대회의에서는 생산수단의 개인소유에 대한 사회주의적 개조가 기본적으로 완수되었다고 보고 사회주의 혁명을 통한 사회주의 국가 건설을 강조하며 1957년부터 전국적으로 대규모의 사회주의 건설을 추진하기 시작했다. 이에 따라 소수민족과 소수민족 지역에 대한 대대적 통일정책을 실시했다.

1957년 4월 27일 중국 공산당 중앙위원회는 정풍(整風)운동을 실시하라는 지시를 중국 각 지역에 하달했다. 그 목적은 당 내부의 그릇된 경향을 추방하기 위한 것이었고, 당 내부 뿐만 아니라 외부에서의 언론 자유를 신장하기 위한 것이기도 했다. 그러나 정풍운동의 과정에서 중앙당에 대한 비판이 급속도로 많아지자, 중앙당은 태도를 바꾸어 자산계급우파분자를 공격할 것을 지시했다. 실제로 57년 하반기부터 중국 전역에서 반우파 투쟁이 벌어지게 된다.

당시 소수민족 정책의 기본 논리는 '소수민족 문제의 실질은 계급 문제'이므로 계급투쟁의 형태를 통해 현존하는 소수민족 문제를 해결해야 한다는 것이었다. 이에 따라 1957년의 반우파투쟁부터 문화대혁명(1966-1976)에 이르는 20년 동안 중국은 계급투쟁으로 몸살을 앓았다. 조선족도 줄곧 정치운동의 소용돌이 속에서 수많은 간부와 대중이 박해를 받았으며, 이 과정에서 점차 중국화, 사회주의화 되었다.

중화인민공화국은 처음 5년 동안 소수민족정책을 만들고 시행하는 과정에서 소련이나 국민당의 경험으로부터 많은 것을 배웠다. 한족과 타민족 간의 깊고도 오랫동안 뿌리내린 불신을 제거하고 하나의 통일된 중국을 건설하기 위해 중국 정부는 소수민족들에게 기본적으로 법적인 평등성을 부여하였고, 그들 자신의 고유문화와 언어를 유지할 수 있도록 하였다. 내몽골의 우란푸(吳蘭夫)나 연변조선족자치구의 주덕해(朱德海) 등의 예에서 볼 수 있듯이 중앙 정부는 소수민족의 전통적 지도자들을 기용하였고, 또한 소수민족 지역에서 간부들을 선발하고 양성하여 당과 정부기구에 채용하였다.

중국의 소수민족정책은 급진적 사회주의 운동(대약진운동)의 태동기인 1956년까지는 대체로 성공적으로 대부분의 소수민족 지역에서 실시되었다. 중국 국무원은 1955년 10월 6일까지 차례로「국무원의 구(區)에 상당하는 민족자치의 개편에 관한 지시」「국무원의 민족향(民族鄕)의 건립에 관한 약간의 문제 지시 사항」「국무원의 구(區)와 현(縣)에 상당하는 민족자치구 개편에 관한 보충 지시」등 여러 가지 지시 훈령을 반포하였다.

이로써 현급 이상의 자치구를 다시 개편하여 자치구(自治區), 자치주(自治州), 자치현(自治縣)으로 새로이 조성하고, 성(省), 전구(專區), 현급(縣級)에 상당하는 지방 정권도 민족구(民族區)와 민족향(民族鄕)으로 개편하였다.

그러나 그것도 잠깐, 중국 전체는 급진적인 사회주의 개조 운동의 회오리에 휘말리게 되었다. 소수민족에 관한 정책도 예외는 아니어서 급진적인 방향으로 선회하기 시작했다. 대약진운동이 설정한 목표를 달성하기 위해 민족의 다양성은 오히려 제약 요소가 되었고, 민족들 간의 더 많은 단결과 통합만이 요구되었다. 대약진운동은 예전의 상당한 정도로 민족적·문화적 다양성을 허용하는 정책으로부터 좀 더 직접적이고 급진적인 동화 정책을 추구하게 되었다.

통합을 이루는 데 최대의 걸림돌은 언어 문제였다. 그리하여 중화인민공화국이 설립된 지 10년이 흐른 뒤, 중국의 소수민족에 대한 언어 정책은 바야흐로 대변혁을 맞게 되었다. 이 변화는 구체적으로 첫째, 모든 연령의 모든 소수민족 인민들에게 푸퉁화(普通話 즉, 표준 중국어)를 배우게 하는 것이었고, 둘째, 만약 이것이 불가능하다면 정부 선전의 완벽한 효과가 나타날 수 있도록 소수민족의 언어를 새로 만들거나 개조하도록 하는 것이었고, 셋째, 초·중등 학교에서 의무적으로 푸퉁화를 사용하게 함으로써 모든 소수민족 지역의 인민들을 완전하게 중국의 국민화 시키는 것이었다.

대약진운동의 실패는 이 시기 중국 정치에서 점진주의자들의 급진주의자들에 대한 승리로 이어졌는데, "천천히 가는 것이 빠른 것이다"라는 구호는 이들의 정책 방향을 잘 나타내 주고 있다. 민족 문제에 대한 정책도 많은 변화를 가져왔는데, 억지로 다민족으로 구성된 인민공사는 해체되었다. 소수민족 특유의 전통, 풍습, 문화는 다시 권장되었고, 학교에서 강압적으로 중국어만을 쓰도록 하던 것도 사라졌다. 그러나 1964년에서 1965년까지 이어졌던 점진주의적인 정책은 1966년 문화대혁명의 시작과 함께 다시 그 막을 내리게 된다. 전국이 급진적 반란 운동의 소용돌이 속으로 휩쓸렸으며 민족정책도 급진적인 방향으로 전개되었다.

1966년 마오쩌둥에 의해 시작된 '문화대혁명'은 중화인민공화국 건립 이래 중국공산당과 전국 각 민족에게 커다란 좌절과 손실을 주었다. 특히 린뱌오(林彪)와 쟝칭(江靑)등은 문화대혁명이 시작되자마자 '통전(統戰), 민족(民族), 종교(宗敎)'등의 사무를 부인하였으며 중앙통전부(中央統戰部)부터 공격을 시작한 이래 각 민족의 간부를 "자산계급의 대리인 또는 반혁명수정주의분자"로 몰아 심각한 피해를 끼쳤다. 문화혁명기간 민족간부는 물론 각급 민족기관(각 지역 민족학원 포함)까지 문을 닫을 정도로 10년의 기간이 전 중국뿐만 아니라 특히 소수민족에게는 암흑기였다. 대약진운동 시기와는 비교도 할 수 없을 정도로 거센 이데올로기 운동의 와중에서 통일전선은 아주 심각하게 공격받았다. '민족투쟁은 계급투쟁의 문제'라는 식의 이론적 근거에 의해서 지역 자치도 폭력적으로 공격당했으며, 민족적 특성의 차이는 무시되었다. 즉각적이고도 급진적인 동화정책의 실시에 의해서 수많은 소수민족 엘리트들이 숙청되었고 소수민족들은 권리가 축소되고 민족적 동질성이 많이 희석되어 다른 어떤 시기보다도 빠른 속도로 한족에 동화되어 갔다.

급진주의자들의 문화대혁명은 1971년 린뱌오의 실각을 기점으로 쇠퇴하기 시작하였고, 1976년 마오쩌둥의 사망 후 10월 6일에 중공 중앙정치국이 쟝칭, 張春喬(장춘챠오) 등 '4인방'의 체포를 명함으로써 10년간의 문화대혁명은 막을 내렸다. 1978년 12월 개최된 중국공산당 제11기 3중전회에서 문화대혁명을 전면적인 과오로 결정 내렸으며, 제11기 3중전회 이후 파괴된 민족정책, 종교정책, 통전정책, 간부정책을 복구시켰으며 손상된 민족관계, 중공중앙, 전국인민대회, 국무원과 각급 기관 등을 회복시켰다. 그러나 린뱌오의 실각 이후에도 민족정책의 변화는 전략적이기보다는 전술적인 변화를 보인다고 할 수 있다. 왜냐하면 급진주의자들이나 온건주의자(점진주의자 혹은 실용주의자)들 모두 근본적으로는 궁극적인 동화의 필연성을 신봉한 것으로 보이기 때문이다. 따라서 민족 문제의 가장 중요한 초점은 바로 완급의 문제라고 하겠다.

개혁·개방과 더불어 1978년 초 새로 개정된 헌법은 공식적으로 소수민족들에게 다시 개화(開花)의 소식을 알려 주었다. "민족구역 자치는 반드시 성실하게 실시되어야 한다." 1975년의 헌법과는 달리 새 헌법은 소수민족들이 그들 고유의 언어나 글자를 사용하는 것은 물론, 더 나아가 그들의 풍속, 관습을 유지하고 개혁할 수 있는 사유를 부여하였다. 새 헌법은 또한 "국가의 최고 기관은 다양한 소수민족의 특성과 요구를 충분히 고려하고 소수민족 간부의 양성에 최선의 노력을 다하여야 한다."고 명시하고 있다.

1984년 10월 1일 발효된 민족구역 자치에 관한 법률은 소수민족들이 그들의 언어와 글자를 사용하고 발전시킬 수 있는 권리와 소수민족 간부의 양성을 다시 한 번 확인하였다. 거기에 덧붙여 이법의 중요한 발전은 첫째로, 자치 지역의 정부는 지역의 필요와 조건에 맞추어 특별히 정책을 제정할 수 있으며 유연한 평가 기준도 채택할 수 있다는 것이고, 둘째로, 만약 상부의 국가 기관이 내려보낸 결의, 결정, 명령, 지시와 같은 것이 지역 조건에 맞지 않는다면 자치 지역의 정부는 상부 기관에 그것들의 수정이나 취소를 요구할 수 있다는 것이다.

이상을 보면 문화대혁명이 막을 내린 이후 중국의 소수민족정책은 자치 지역에 서서히 좀 더 많은 권리를 주는 쪽으로 발전되어 왔다는 것을 명확히 알 수 있다. 그러나 다른 한편으로는 이들이 "민족 통합을 저해하거나 분리를 부추기는 어떠한 행위"에 대해서도 매우 단호한 입장을 취하고 있다는 것도 알 수 있다. 결론적으로 문화대혁명 이후 중국의 소수민족정책은 동화정책이 그 근간을 이루고 있고, 그것은 점진적인 동화정책이라고 볼 수 있다. 물론 이 점진적인 동화정책의 기조는 조선족에 대한 정책에서도 크게 다르지 않다.

2. 중국 조선족 지역의 사회주의 건설

연변에서는 오랫동안 조선인들이 다수를 차지했고 연변의 조선인들은 민족자치를 희망해 왔다. 해방 후 국공내전에서 중국공산당에 협력했던 일부 조선인 지도자들은 연변을 북한에 귀속시켜 줄 것을 중국공산당 측에게 요구하였다. 그러나 그것은 성공하지 못했으며 1952년 9월 연변조선족자치구가 건립되었다. 그 후 연변의 조선인 지도자들은 자치구 구역 확대를 추진하였다. 즉 북으로는 닝안 · 둥닝 일대를, 서쪽으로는 쟈오허(蛟河) · 둔화 일대를, 그리고 서남으로는 창바이를 자치구에 흡수하고자 하였다. 그 목적은 구역을 확대하여 자치구를 성급(省級)의 자치구로 만들어 대외적 위신을 높이고 당시 만주 각지에 산재해 있던 조선인들을 자치구로 불러들임으로써 그들의 불편함을 해소하는데 있었다.[158] 그러나 반우파투쟁이 전개되면서 이러한 자치구 확대운동은 실패로 끝났다.

---

[158] 염인호, "연변조선족자치주의 건립과 자치주 관할 영역 문제," 『한국학논총』, 34권, 2010년 8월, 1285-1309쪽; 1957년 6월, 주덕해는 심복인 김명에게 자치주 확대의 3가지 이유서를 받았는데, 그 내용은 1. 연변자치주의 관할 범위와 경지 면적이 적고 산이 많으며 구릉지대가 많아 조선족 인구는 증가하지만 자급자족이 곤란하다; 2. 연변의 조선족은 한어(중국어)를 못하여 외지에서 일하기가 어렵다; 3. 무단장 일대와 쟈오허, 창바이 등 자치구역을 확대하면 동북 기타 지역의 조선족들이 연변으로 오길 원하더라도 용이하게 안배가 가능하다는 것 등이었다. 최국철, "주덕해의 실각―문화대혁명," 조글로, 2014년 06월 01일. http://www.ckywf.com/blog/read/cuiguozhe/208881/0/0

1) 연변의 소수민족구역자치 실시와 조선족

중국 전역에서의 사회주의 개조 작업은 정권수립 전에 발표된 정협 강령에서 선언한 소수민족구역 자치에 근거하여 시작되었고, 1952년의 「민족구역자치법실시요강」과 1954년의 「헌법」이 반포됨으로써 제도화 되었다. 그 이전에 이미 사회주의 개조(토지개혁과 민주정권 수립)가 완료되었던 조선족 지역에서는 중앙의 이런 새로운 방침에 따라 지역적인 재구성이 이루어지게 된다.

그 중에서 가장 먼저 이루어진 것은 중공 중앙 동북국과 동북행정위원회의 위탁을 받아 1948년 12월 21일 지린(吉林)시에서 '민족사업좌담회'의 명목으로 개최된 연변의 지위에 관한 회의였다.[159] 이 회의의 중요성은 참군과 토지개혁을 통해 중국 국민으로서의 지위가 확실해지면서 중국 소수민족의 하나로서 조선족의 지위를 확정하고, 새로 성립된 북한과의 외사(外事) 문제에 있어서도 확실한 입장을 정한데 있다.

이 토론에는 소련 계열, 항일연군 계열, 그리고 중공 중앙 계열 등 세 부류의 공산주의자들이 참가했는데, 미리 기본적인 가이드라인을 정해 놓고 개최한 회의였지만[160] 토론은 매우 격렬했다고 한다.[161] 조선족의 조국관과 연변의 정치구조가 그 주제였는데, 과연 조선족은 외국인인가, 아니면 중국의 소수민족인가 하는 법적 지위와, 조선족 거주 지역을 어떻게 편성할 것인가에 대해 논의하였다.

---

159) 김동화, "중국조선족에 대한 중국 공산당 민족정책의 역사적 고찰," 김동화·김승철 편, 『당대 중국조선족 연구』, 집문당(서울 재출판), 1995, 34쪽.

160) 劉俊秀, 1986, "關于民族政策中的幾個問題(1948. 12. 9.)", 延邊朝鮮族自治州檔案館編, 앞의 책, 392-395쪽.

161) 강창록 외, 앞의 책, 209-211쪽.

공산주의의 원래 이념에 맞는 '다중 조국관(多重祖國觀)'의 개념이 대두되기도 했다. 다중 조국관이란, 공산주의는 국제주의이므로 소련도 조국이고, 조선족은 중국에서 거주하고 참군도 하므로 중국도 조국이며, 원래 조선반도(한반도)에서 이주하였으므로 북한도 조국이라는 것이다. 이에 대해 중공은 조국관과 공민권은 밀접히 연결되는데, 한 인간은 오직 하나의 조국과 하나의 공민권만이 가능하며, 조선족은 중국인과 같은 수준의 권리와 의무를 향유하므로, 비록 그들이 조선의(한국의) 사람들과 같은 민족일지라도 그들은 마땅히 중국 국민이고 중국이 조국이라는 것이 기본 입장이었다.162) 이러한 중국 정부의 확고한 방침은 이후의 기본 원칙으로 현재까지도 유지되고 있으며, 이런 기준 하에서 '조선족 정책'이 집행된다.

연변의 정치적 구조에 관한 논의는 더욱 심각하게 토론되었다. 중공의 지원을 받는 민족 간부들(주덕해 중심)은 구역 자치(區域自治)를 주장하였다.163) 반면에 소련 계열은 민족자치 공화국을 주장했는데 별 호응이 없었다고 한다.164) 마지막으로 항일연군 계열은 연변은 중국으로부터 독립할 권리가 있고, 그렇지 않으면 조선족이 다수 거주하는 하이린(海林), 닝안(寧安), 둥닝(東寧) 등의 지역과 함께 북한에 귀속되어야 한다고 주장하였다. 당시 연변전원공서의 책임자였던 임춘추(林春秋)가 이를 주장했는데, 그는 항일전쟁 기간 중 중공이 지속적으로 민족자결권을 조선인에게 주고 간도를 할양할 수 있다고 하였으므로 그 약속을 지켜야 한다고 주장한 것이다. 이러한 민족주의에 기반을 둔 주장은 중공으로서는 당연히 받

---

162) 강창록 외, 위의 책, 210-211쪽.
163) 강창록 외, 위의 책, 160-161쪽.
164) 한준광 편, 1990, 『중국조선족인물전』, 연변인민출판사, 481-502쪽.

아들일 수 없는 것이었다. 결국 회의에서는 중공의 안(案)대로 구역 자치가 채택되었다.

1952년에는 「민족구역자치법실시요강」에 따라 조선족 지역에서 도 구역자치에 따른 행정제도상의 변화가 일어났다. 가장 중요한 것은 연변조선족자치구를 성립시킨 것이다. 중요한 점은 이 자치구 가 성급의 기관이냐 하는 것이다. 하지만 이후 1955년 지린 성 산 하의 지구급(地區級)인 연변조선족자치주로 격하되었다. 또 조선족 이 집단 거주하고 있는 하이린, 닝안, 둥닝 등 무단장(牧丹江) 지역 을 헤이룽장(黑龍江) 성으로 편입시키고, 중국인이 집단 거주하고 있는 둔화 현을 조선족 자치주에 포함시켰다. 이런 점에서 볼 때, 중국공산당은 구역 자치로서의 성급 지위를 조선족에게 줄 의사가 근본적으로 없었다고 할 수 있다.[165]

중국 국무원이 1952년 2월 22일 채택하고 중앙인민정부회의가 1952년 8월 8일에 비준한 민족지역 자치의 실행을 위한 일반 계획 에 의거하여 1952년 9월 3일 연변조선족자치구(延邊朝鮮族自治 區)[166]가 성립되었다. 1952년 8월 29일 1시에 연변전구(延邊專區) 5개현에서 71만 명의 대표자 300명이 참여한 제1기 인민대표대회 의가 개최되었다. 이 회의에서는 연변조선민족자치구의 성립과 더

---

165) Lee, Jeanyoung, 1999, "China's Policy towards the Korean Minority in China, 1945-1995", Ph.D. Dissertation, University of London, Chapter 3의 4절을 참조.

166) 이후 1955년 12월에는 새로 채택된 중국 헌법의 규정에 따라 행정 단위로서의 연변조선족자 치구가 자치주로 격하되었다. 초대 주장인 주덕해는 당초 길림성의 장백현과 흑룡강성 남부 의 닝안현 까지 포함하는 '성급' 자치구를 생각했다. 현재의 연변조선족 자치주 면적 4만 3559㎢의 2배 정도 되는 넓이였다. 그러나 중국 공산당 정부는 오히려 조선족이 집단 거주하 고 있던 무단장(牧丹江) 지역을 흑룡강성으로 편입시키고, 다른 민족이 집단 거주하고 있던 둔화현을 조선족 자치구에 포함시켰다. 이것은 물론 조선족의 민족성을 약화시키려는 조치 로, 특히 무단장 지역의 조선족은 형식적인 구역자치마저도 보장받지 못했다. 뿐만 아니라 주덕해는 1957년 민족정풍운동 때 길림, 흑룡강과 요동까지 포함한 자치구 개편을 시도했다 는 이유로 '지방 민족주의자'로 비판받았으며 결국 그는 문화대혁명 때 '매국노', '북조선 간 첩'으로 몰려 숙청당했다. "연변 조선족의 문화대혁명" http://blog.daum.net/plm0369/6216

불어 주덕해를 인민정부 주석으로 선출하고 둥위쿤(董玉昆, 한족)과 최채(조선족)를 부주석으로 선출하였으며, 32명의 정부위원과 법원장, 검찰원장을 선출하였다. 회의에서는 또 「길림성 연변조선민족자치구 인민정부조직조례」를 채택하였다. 「연변조선민족자치구 인민정부조직조례」 제4조에는 "연변자치구 인민정부는 조선문과 한문(漢文)을 직권행사의 주요 언어로 사용해야 한다."고 규정하였다. 조선족 인민들이 자민족 언어와 문화로 국가사무에 참여하고 자민족 내부의 지방 사무를 관리하도록 하기 위하여 자치구에 번역과를 설립하고 각 현, 시에 전문 번역 간부들을 배치하여 기관 공문과 서류들을 조선어와 한어 두 가지 문자를 사용하여 작성하도록 하였다. 당 대표대회, 인민대표대회와 각급 중요회의들은 모두 통역을 배치하여 조선족은 본 민족 언어로 토론에 참가하고 의견을 제출할 수 있도록 하였으며 법원 소송도 본 민족 언어와 문자의 사용을 가능케 하였다. 조선족의 정치 권리의 행사는 간부의 민족화에서도 구현되었다. 조선족분포지역의 각급정부의 행정부문에서는 조선족간부들을 대량으로 중용하였다. 예컨대 연변조선족자치구에서는 자치구설립 이래 각급 정부 기능부문의 주요 책임 보직에서 기본적으로 간부 민족화를 실현하였다. 1952년 연변조선족 인구가 전체인구의 62%를 차지한데 반하여 조선족간부는 전체 자치구 간부의 78%를 차지하여 6,090명에 달하였다. 1955년 조선족 간부는 1만 명으로 증가하여 전주 간부 총수의 77%를 차지하였다. 그중 조선족간부가 주위원회 기관에서 차지하는 비중은 76%, 전주 정법, 농업, 재정, 수리부문에서 차지하는 비중은 75%-76%, 문화교육 계통에서 차지하는 비중은 87%에 달하였다. 자치주 각급 정부 과장급 이상의 영도간부 중 조선족이 73%를 차지했다. 1962년 연변주

내의 조선족 인구는 전체 인구의 50.04%를 차지하였지만 조선족 간부가 차지하는 비중은 전체 간부의 64%였다.[167]

다른 지역의 한인 사회도 일정부분 자치적 행정 구역을 확보했다. 헤이룽장 성에는 5개의 조선족자치구와 33개의 조선족 자치향(鄕)이 있다(1952년에 101개의 조선족 자치 마을이 있었으나 이것이 1956년 33개의 자치향으로 개편되었다). 랴오닝 성과 내몽골 자치지역은 3개의 조선족자치향과 1개의 조선·만주족 공동 자치향을 가지고 있다. 지린의 조선족 자치향 중의 하나는 1958년에 장백 조선족 공동 자치현으로 승격되었다. 1965년 5월에는 투먼 진(鎭)이 투먼 시로 승격되었다.

---

167) 延邊朝鮮族自治州槪況修訂本編寫組(2009), 『延邊朝鮮族自治州槪況』, 延吉: 民族出版社, 160쪽.

제3절 사회주의 개조와 건설기의 정치운동과 조선족

당시 중국 전체가 반우파운동, 대약진운동 그리고 문화대혁명으로 이어지는 거대한 정치적 변혁의 소용돌이 속에서 조선족도 편할 날이 없었다. 특히 소수민족에게 가해진 민족정풍으로 인해 큰 고초를 겪었다. 또한 중국을 휩쓸었던 문화대혁명 시기에는 지난 반우파운동 때 숙청당하지 않은 인물을 숙청하는 것이었으므로 숙청과 탄압이 더욱 격화되었다.

1. 민족정풍운동과 조선족

1956년부터 시작된 전면적 사회주의 건설기에 중국조선족 사회는 빈번한 정치운동에 의해 많은 피해를 입었다. 예를 들어 1957년 여름부터 시작된 반우파투쟁과 1958년 봄부터의 민족정풍운동이 그것이다. 1957년 6월 22일 중국『인민일보』에 "심상치 않은 봄(不尋常的春天)"이란 제목의 사설이 게재되었는데, 이는 전국 범위에서 반우파투쟁이 본격적으로 전개되었다는 신호였다. 이어서 7월 7일에는 『연변일보』에 "각족 인민들은 궐기하여 우파분자들의 진공을 격퇴분쇄하자"는 제하의 사설이 게재되었는데, 이는 연변지역에서도 반우파투쟁이 시작되었음을 의미하는 것이었다.[168] 이 시기에 많은

---

168) 오태호, 「연변에서의 반우파투쟁」, 『중국조선족역사족적』총서편찬위원회 편, 『풍랑』(북경: 민

간부와 지식인들이 '우파분자'라는 누명을 쓰고 모든 정치권리를 박탈당했으며, 소위 "5인 소조"의 감독 하에 강제노동을 할 수밖에 없었다. 그들 중 일부는 농촌으로 가서 그곳 농민들의 감독 하에서, 그리고 일부는 집단적으로 부식품 기지에 가서 강제노동을 했다.[169]

반우파투쟁보다 앞선 정풍운동의 초기에 조선족 간부와 지식인들은 많은 좌담회나 지상토론을 통해 중공의 소수민족 정책에 대한 불만을 표출하고 당 조직과 당의 지도 간부에 대한 의견을 제기했는데, 이는 간부의 관료주의, 종파주의 및 주관주의와 사회주의제도와 현실 사이의 괴리를 해결하기 위해 의견을 제시한 것이었다. 그러나 그들의 이러한 선의는 무시되었고, 원래 정풍운동의 지시에 명시되었던 원칙들도 유린되었다. 결국 불만이 있어도 말하지 않았던 사람은 무사했고 약간의 불만과 의견이라도 말했던 사람에게는 화가 돌아갔던 것이다.

결국 1958년부터 시작된 민족정풍운동의 과정에서 다수의 조선족 간부들과 지식인들이 '지방민족주의자'라는 누명을 쓰고 정치적 탄압을 받았다. 당시 중공중앙은 "단결의 염원에서 출발하여 비판과 자아비판을 거쳐 새로운 단결을 도모하라"는 방침만 하달하고 민족정풍을 진행하라는 별도의 지시는 없었다. 그러나 연변지방에서는 정풍운동이 지방민족주의를 반대하는 운동으로 변질되어 조선족 간부들이 그 주요 대상이 되었다. 그 원인은 당시 일부 지도층 가운데서 조선족에 대한 선입견을 가진 사람들이 있었기 때문이다. 그들이 지적한 소위 연변지방민족주의란 다음의 6가지를 포함한다. 첫째, '자치구역 확장론'으로, 맹목적으로 연변조선족자치구역을 확

족출판사), 1993, 117쪽.

169) 오태호, 위의 글, 119-120쪽.

대하며 자치구역의 행정적 지위를 높이려는 것, 둘째, 조선족들의 '민족우월론'으로, 조선족간부들은 자치기관에서 한족 혹은 다른 민족의 간부가 책임자로 되는 것을 우려한다는 것, 셋째, 조선족 '민족특수론'으로, 자민족의 이익을 위해 다른 민족의 이익을 침해하는 것, 넷째, 조선족 '민족동화론'으로, 민족동화를 방지한다는 미명하에 한족과 조선족을 분리시키려는 것, 다섯째, '민족자치론'으로, 이를 위해 연변에서 조선족 당원을 더 많이 발전시켜 민족자치를 지키려는 것, 여섯째, '다조국론(多祖國論)'으로, 조선족들은 조국문제에 있어서 '다조국론', 즉 제1조국, 법률조국, 무산계급조국, 혈통조국 등을 조작하여 민족분리주의를 고취한다는 것 등이었다.170)

당시 주장이었던 주덕해는 포괄적으로는 중앙당의 소수민족정책을 긍정적으로 평가했지만 부분적으로는 비판을 가했다고 한다. 그는 "민족 집거지구에서 민족구역자치를 실현했지만, 형식뿐이고 내용이 없고 민족 내부 문제를 해결하는 자치권한이 약하다. 행정부가 수직적 명령체계를 가지고 있기 때문에 자치지구에서 통일적으로 지도하기 어려워 실제로는 민족자치가 이루어지고 있지 않다. 또한 민족이 산재한 산재지구에서도 한족과 소수민족문제, 인민정부와 소수민족간의 모순이 있다. 이는 인민정부가 소수민족의 권리를 보장해주지 못하기 때문인데, 이 때문에 적지 않은 문제가 발생하고 있다."고 지적했다. 주덕해는 당시 공산당 중앙후보위원이었다. 그의 이러한 비판과 함께 이 좌담회에 참여한 반대파들인 '완고한 민족주의자'들 역시 공산당의 민족정책에 대해 신랄한 비판을 쏟아냈다고 한다. 이희일의 기록에는 이 당시 산재지구의 문제가

---

170) 손춘일, "해방 전후 재만조선인사회의 동향,"『만주연구』, 제8집, 189-190쪽.

많이 지적되어 민족차별의 정황, 민족문화교육의 경시, 민족간부 출신이 자기 민족언어 사용에 주의를 기울이지 않는 정황, 민족공업 발전 문제 등을 비판했다고 한다. 그리고 좌담회가 끝나갈 무렵에는 연변 자치주를 확대해 자치구를 만들자는 의견도 조선족 지도자들에게 큰 지지를 받았다고 한다.[171] 중국 공산당은 이러한 주덕해의 요청에 대해 강경책을 쓰기 시작한다. 중국어를 강제로 보급하고 연변의 조선족 지도자들의 뜻인 영역과 자치권한의 확대를 허용하지 않고 오히려 그들을 중국인과 동화시키려 한 것이다. 이와 같은 상황에서 1958년 4월 17일, 당시 연변주위 부서기인 김명한이 자치주 직속기관의 당원간부대회에서 자치주당위를 대표하여 이른바 "지방민족주의를 반대하고 민족단결을 강화하자"라는 정치동원 보고를 한 후 민족정풍운동이 본격적으로 시작되었다. 그 후 중국 공산당은 자치구역 확대 주장은 민족주의라고 규탄하며 탄압했고 한어대약진운동을 전개, 조-한(조선족-한족) 연합학교 구성, 중국 조국관 교육 등을 시작했다.

중국이 이와 같이 자치 확대를 탄압한 이유는 바로 조선족들이 북한과 연계될 것을 경계하고 있었기 때문이었다. 1953년 스탈린이 사망하고 흐루쇼프가 등장하면서 중-소 갈등이 발생했고, 북한은 이 기회를 틈타 국내의 연안파와 소련파를 숙청하였다. 중국의 이러한 경계심에 부채질을 한 것은 바로 영토문제였다. 앞에서도 언급했던 바와 같이 1948년 12월 길림시에서 열린 민족사업좌담회에서 당시 연변 행정책임자로 있던 임춘추는 그 세력과 함께 연변의 북한 귀속을 주장했고, 임민호 등은 소련의 방식을 통해 연변을 자

---

171) 최국철, "주덕해의 실각―문화대혁명," 조글로, 2014년 06월 01일.
http://www.ckywf.com/blog/read/cuiguozhe/208881/0/0

치공화국으로 해야 한다고 주장했다. 뿐만 아니라 이 좌담회 직전에 주덕해와 임민호는 북한을 방문했고, 당시 북한의 선전상으로 있던 허정숙은 연변의 민족 자결을 주장했다고 한다. 게다가 임민호는 북한 인사들 앞에서 자치공화국 수립을 위해 노력하며 자치공화국 수립을 통해 연변을 북한에 귀속시킬 것을 말했다고 한다. 임춘추와 임민호는 그 방법론은 달랐지만, 결과적으로는 연변자치구의 북한 귀속을 말했던 것이다. 만주 조선인을 대표했던 주덕해는 연변의 북한 귀속에 관한 것은 전혀 말하지 않았지만, 북한과 연계한다는 발상은 예전부터 가지고 있었고, 1948년 4월에 민족사무처장직을 맡자 연변의 문화건설은 북한에 의지해야 한다고 발언했으며, 연변대학의 교재는 북한의 것을 가져다 썼고, 한국전쟁 발발 직전 중공 중앙 동북국에 연변에 성급의 자치공화국 건립 허가, 조선인들의 심리에 맞는 지방조직 형태 형성을 건의했다. 그러나 1952년에 출범한 연변조선민족자치구는 그 자치권한이 최소화 되어 있어 주덕해는 많이 실망했다고 한다. 그리고 그 이후에 자치권리, 자치구역 확대를 위해 주덕해는 민족주의자들과 손을 잡았다.[172] 따라서 1957년 상반기의 자치구역 확대론을 중국 정부는 연변의 북한 귀속 또는 연변의 자치공화국화의 연계선상에서 판단했던 것이다.

1958년 중공중앙 제8기 제2차 전원회의에서 제기된 '사회주의 건설 총노선'에 의해 조선족 사회는 이와 더불어 진행된 대약진운동과 인민공사화 운동 속에서 경제적인 파탄에 직면하게 된다. 소위 사회주의 총노선은 객관적인 경제발전 법칙을 무시한 전형적인 중국공산당의 좌경노선이었다. 이에 더해 1959년부터 1961년까지

---

172) 염인호, "연변조선족자치주의 건립과 자치주 관할 영역 문제," 『한국학논총』, 34권, 2010년 8월, 1285-1309쪽.

심한 자연재해까지 겹쳐 더욱 힘든 고난의 시기를 겪게 된다. 인민
공사 설립부터 시작하여 1980년대까지 20여 년간 줄곧 평균주의와
"공산풍"에 시달려 왔던 것이다. 더욱이 인민공사는 농민들의 의지
를 이반한 조직행정 형태로, 중앙정부에서 아무리 농촌발전에 관한
사업조례를 하달하여도 농촌에서는 예상처럼 원만한 결과를 얻을
수 없었다.173)

2. 문화대혁명과 조선족

문화대혁명 발발 후 중국의 민족정책은 사실상 민족말살주의 일
변도로 치우치게 되었고 일체의 민족적 특색을 나타내는 표현은 사
용이 금지되었다. 많은 조선족 출신의 당·정지도자들과 지식인들이
'지방민족주의', '조선특무' 등의 누명을 쓰고 숙청되거나 하방(下放)
당했다. 정치적 민족주의는 물론 문화적 민족주의도 제약을 받았다.
민족학교의 구성이나 수업내용, 교과과정 등 각 방면에서도 민족주
의는 엄격히 규제되었다. 조선족은 한반도와의 모든 관계가 단절된
중화민족으로의 일원으로서 정치, 행정, 사회 문화적으로 중국인으
로 정착할 것을 강요받았으며, 이런 상황이 십여 년 간 지속되면서
중국의 조선족을 한반도의 한민족과 구별되게 하였다.174)

1965-1966년은 1957년의 반우파투쟁과 1958년의 대약진운동(大
躍進運動)을 거치면서 발생한 문제들과 그것의 해결방법이 충돌,
대치했던 시기이다. 대약진운동의 결과, 극도로 쇠퇴한 경제 환경

---

173) 손춘일, "해방 전후 재만조선인사회의 동향," 『만주연구』, 제8집, 191쪽.

174) 박금해, "중국의 민족정책과 조선족 사회 현황" http://blog.daum.net/tjscs/11809264

이 주는 피로와 함께 집단 생산에서의 노동점수체계와 부업생산 등으로 소득격차가 커진 농촌에서 터져 나온 불평, 농촌 당 간부의 부패 등은 어떤 식으로든 그 해결이 요구됐다. 이에 대해 류사오치(劉少奇)를 비롯한 대부분의 당 지도자들이 당과 국가의 중앙기구를 이용하여 농촌 상황을 개선하려고 했던 반면, 마오쩌둥은 빈농을 사상적·정치적으로 동원하는 대중운동을 일으키려 했다. 1957년부터 1976년 문혁이 끝날 때까지 지속적으로 진행된 '계급투쟁'의 시대가 문혁의 시작과 함께 대중운동의 모습으로 드러난 것이었다. 마오는 단도직입적으로 "文化大革命은 무엇을 하는 것인가? 바로 계급투쟁이다."라며 계급투쟁이 문혁의 중심 임무라고 밝혔다. 이 시기에 중국 정부의 소수민족 정책은 강경기조로 변화했다. 민족의 문화, 생활습관, 민족 언어와 문자, 민족학원을 모두 폐지하고 전체 소수민족지구를 하나의 기준 아래 표준화하고 동질화하면서 민족적 차이를 부정하고 강압적인 민족동화를 추진했다. 대약진의 실패에서 잠시 벗어난 후 문혁의 발생과 함께 소수민족에 대해 다시 적극적이면서 강경한 정책을 실시하기 시작했다. 이러한 마오의 강압적 민족동화정책은 소수민족의 문화적 특수성을 해체하고 한족으로의 동화를 시도하는 것이었다. 이는 대약진운동 이후 소수민족에 대한 일시적 완화정책이 전략적인 후퇴였을 뿐, 기본정책은 그대로 유지되었음을 의미한다.[175]

　1966년부터는 문화대혁명이 시작되었고 조선족자치주도 그 소용돌이에 휘말리게 되었다. 결과적으로 1967년 1월부터 자치주 내의 당과 정부의 모든 기능은 무력화되었고, 3, 4개월 동안 선양에 주

---

175) 차희정, "문화대혁명의 발생과 중국 조선족의 대응—연변일보 게재 소설을 중심으로," 한국문학논총 제60집(2012. 4), 257-283쪽.

둔한 군대에 의해 지배되었다. 이어서 1968년 8월에는 길림성혁명위원회의 비준에 의해 연변조선족자치주혁명위원회(약칭 연변혁명위원회)가 설립되었다. 그래서 이 연변혁명위원회가 이전 자치 정부가 가지고 있던 행정 범위의 모든 지역, 즉 2개의 도시와 6개의 현을 관할하게 되었다.176)

당시 연변에는 하얼빈 군사공정학원을 갓 졸업한 마오쩌둥의 20대 조카 마오위안신(毛遠新)이 파견돼 "절은 작아도 잡아 없앨 귀신은 수두룩하다"며 숙청을 주도했다. 1967년 1월 25일에 연길에 도착한 마오위안신은 당시 연변군사관제위원회의 주임 가오펑(高峰), 최해룡(崔海龍) 등과 결탁하여 주덕해를 타도하고자 음모를 꾸몄다. 그는 "연변 문화대혁명을 논함"이라는 글을 발표했는데, 제목이 "연변에서는 다시 한 번 대동란과 대분화가 일어나야 한다" 였으며, 전후로 유사한 글을 7편 발표했다. 그 내용은 진정한 반란파(造反派)를 식별하는 표준은 연변에서 가장 큰 집권파인 주덕해를 어떻게 대하느냐에 달렸다는 것이었다. 그는 "주덕해를 타도하고 전 연변을 해방하자!"는 전단지를 대량으로 찍어 살포하면서 각 반란파 조직들을 찾아다니며 선동했다.177)

1967년 7월 중순부터 마오위안신과 가오펑은 "조선족은 신뢰성이 없다," "연변 문화대혁명에 외국이 손을 뻗쳤다"는 등의 소문을 퍼뜨리며 밀실에서 조선족을 음해하는 구호를 만들어 냈다. 그들은 또 연변에서 반역폭동이 일어났으니 무력진압을 하겠다고 중앙에 전보로 보고하였으나 중앙에서 동의하지 않자 중앙의 전보문을 날

---

176) 『연변 조선족 자치주 개황』(연길: 연변인민출판사), 1984, 80쪽.

177) 로동문, "동북의 태상황 모원신이 연변에서 저지른 죄행,"『중국조선족역사족적』총서편찬위원회 편, 『풍랑』(북경: 민족출판사), 1993, 396-397쪽.

조하였다. 8월 4일 그들은 조남기의 반대에도 불구하고 자의적으로 마오쩌둥의 명의로 연길의 '홍색'파에게 총 1천정과 실탄 30만 발을 지급했다.[178] 이것을 시작으로 연변에서는 여러 차례의 무력충돌이 발생했고, 다수의 사상자가 발생했다.

1966년 5월부터 1976년 10월까지 10년간 지속된 "문화대혁명" 기간에 조선족들이 정치적으로 더 심한 타격을 입은 것은 1968년 4월부터 시작된 소위 "계급대오 정리학습반"이었다. 이 학습반은 갖은 형벌을 다 동원하여 소위 "외국간첩"을 색출했는데, 조선족은 거의 다 "남조선특무"로 몰렸다. 예를 들어 연변자치주 사법계통의 학습반에서 175명의 조선족 검찰관이나 경찰들이 "남조선특무"로 몰렸는데, 이는 전 연변자치주 사법계통 조선족검찰, 경찰 총수의 70%를 차치하였다. 그중에서 12명은 학습반 기간에 구타에 의해 죽었으며 82명이 종신불구가 되었다. 한족들을 상대로 한 '지하국민당'을 색출하는 운동도 있었지만 여기에도 상당수의 조선족이 포함되었다.[179]

수많은 조선족 간부와 지식인 그리고 일반인까지도 변절자, 특무(간첩), 반혁명분자, 불순분자로 지목받아 비판을 당했는데 혹자는 감옥에 갇히고, 혹자는 반란파가 임시로 설치한 소위 '소 우리'에 갇혀 자유를 구속당했다. 불법으로 고문실을 설치하고 수 십 가지 형구로 형벌을 가하여 '지하 국민당 색출하기' 운동을 전 자치주로 확산시켜 국민당 지하당원 1,453명을 색출했다. 그 가운데 148명이 심사 과정에서 맞아죽거나 자결했다. 이 운동은 주로 한족들을 상대로 한 것이었지만 여기에도 상당수의 조선족이 포함되었다. 1930년대 초부터 혁명에 참가하였고 연변대학교 창설준비 위원회 때부

---

178) 로동문, 위의 글, 399-400쪽.
179) 손춘일, "해방 전후 재만조선인사회의 동향," 『만주연구』, 제8집, 193쪽.

<그림 5-1> 문혁기간에 비판투쟁을 당하는 주덕해 측근 인사들
자료: "'조선 공동체'에 몰아친 문화혁명 붉은 물결," 『한겨레』 인터넷판, 2009. 12. 10
http://www.hani.co.kr/arti/culture/culture_general/392668.html

터 줄곧 대학을 운영해 온 임민호 총장도 이때 제자들에게 맞아 끝
내 사망했다.

한 보고에 의하면 문화대혁명기간 동안 연변에서 발생한 희생자
수는 놀랄만한 규모였다. 4천여 명이 처형되었고, 5천여 명이 부상
당했으며, 수만 명이 투옥, 격리되었거나 심문을 받았다. 계급투쟁
이 진행되던 이 시기는 현대인으로서는 이성과 지성이 상실된 시기
였다. 그러기에 적지 않은 사람들이 비인간적인 박해를 받다가 울
분을 이기지 못하여 스스로 목숨을 끊었고, 어떤 사람은 시달림 끝
에 원한을 가슴에 품은 채 세상을 떠났다. 수많은 간부와 지식인이
마오쩌둥 주석의 이른바 1966년 '5.7지시'에 의하여 농민으로부터

재교육을 받는다는 명분으로 농촌으로 쫓겨 갔다(下放). 간부와 지식인에 대한 노동개조의 명목 하에서였다.

문화대혁명으로 말미암아 조선어 책, 신문, 잡지, 참고자료 문헌 등은 소각되었거나 압수당했고 출판이 중지되기도 했다. 도서관의 조선어 책은 폐기되거나 열람할 수 없게 되었다. 문화대혁명 기간 동안 신문 잡지 등은 대부분 정간되었으며 조선어 방송은 폐지됐다. 민족주의를 배척한 문화대혁명 지도부는 이에 그치지 않고 조선족 언론인들도 대거 투옥하거나 숙청했다. 조선어를 존중하는 행위를 수정주의 또는 투항주의라고 비판, '조선어무용론'을 내세웠다. 이로 인해 연변조선족자치주 공문서에서 한글이 사라지고 학교의 조선어문교육도 폐지됐다. 1967년 마오쩌둥의 요구에 따라 린뱌오의 지휘 하에 중국인민해방군이 문화대혁명에 간여하면서 연변일보사에도 1개 중대 병력이 진주, 군사통제가 실시됐다. 2월25일 마침내 연변일보는 폐간됐다.

조선족은 문화대혁명을 통해 인명과 재산상의 피해만 받은 것이 아니라 족보가 불태워지는 등 조선족의 민족 전통과 문화의 계승, 발전이 중단되었다. 그 이후 조선족 사회에서는 마오쩌둥에 대한 개인 우상교육이 실시되었다. 기념사진을 찍으면서도 마오쩌둥 어록을 들고 찍어야 했고, 지식인들은 농촌과 공장으로 보내져 노동을 통한 사상개조를 당했다.[180] 그렇게 중앙정부의 눈치를 보게 되며 "혁명은 연변이 모범"이라는 말을 들을 정도로 열성적인 홍위병들이 활약하게 되고 남의 민족 지도자인 마오쩌둥을 경배하기 위해 "연변인민들 모주석을 열애하네"라는 노래까지 만들어 바쳐야 할

---

180) 태창근, "연변 조선족의 문화대혁명," http://blog.daum.net/plm0369/6216(검색일: 2016. 09. 07).

지경에 이르렀다고 한다.

1971년 3월 소집된 제3차 자치주 당 대표대회는 중국공산당 연변조선족자치주위원회를 원상태로 복귀시켰다. 그러나 주덕해는 여전히 연변으로 돌아오지 못했고, 1972년 7월 3일 서거한 후에도 한참 동안 누명을 벗지 못 했다.[181] 그 후 1980년 2월에 소집된 제7기 인민대표대회 제2차 회의에서는 연변조선족자치주혁명위원회를 폐지하고 연변조선족자치주인민정부를 복원시켰다.[182]

정리하자면, 문혁 초기인 1966년 연변에서는 문혁 이전에 발생했던 반우파투쟁의 결과로 역사문제에 대한 반란(造反)을 일으켜 계층, 신분적 변화를 희망한 조반파와 보수파인 홍위병이 등장하게 된다. 1967년 이후 연변 문혁에서의 민족갈등이 첨예화되는 과정에 있어 당시 북·중 관계는 중공의 문혁이라는 혼란한 상황의 정리과정이 '민족' 문제로 진행되는 결과를 초래했다. 이는 그 무엇보다 더 강력한 일체화의 계기를 타의적으로 마련해 주었고, 결국 이로 인해 소수민족 자치주인 연변에서는 중공의 의사에 위배되는 인사들이나 대중들이 특무, 반역자, 매국역적 등의 죄로 덧씌워져 탄압당하는 결과를 초래하게 되었다. 문혁 과정에서 변경지역을 제외한 지역은 계급투쟁과 중공중앙에 대한 비판이 뚜렷이 드러나는 데 반해, 소수민족 지역에서의 문혁은 계급투쟁과 중공중앙에 대한 비판적 사고가 민족문제로 모두 흡수 되어버리는 양상을 보였다. 이처럼 중국 문혁시기에 연변을 포함한 소수민족 지역은 타자(他者)화

---

181) 주덕해의 서거 후 길림성과 연변자치주의 전직 주요 책임자들이 음모를 꾸미고 방해를 하며 주덕해의 누명을 벗겨주지 않았고, 심지어 '4인방'이 타도된 후에도 전임 주위 책임자는 진상을 은폐하고 대중을 억누르면서 여전히 주덕해의 명예를 회복시키지 않았다고 한다. 부록2: "주덕해동지의 억울한 루명을 벗기고 명예를 회복할 데 대한 중공연변주위의 결의," 『중국조선족역사족적』총서편찬위원회 편, 『풍랑』(북경: 민족출판사), 1993, 20쪽.

182) 『연변 조선족 자치주 개황』, 80쪽.

과정을 거치면서 이들 지역에 대한 신중국의 영토적 통합력이 대폭 제고되는 과정을 겪었다.

한편 정권수립 이후 중공의 소수민족 정책과 소수민족의 특수한 위치로 인해 각 구성원들에게 정치적으로 보장되는 사회무대 진출의 기회가 부여되었다. 말하자면 조선족 구성원끼리의 경쟁에 의한 성공의 기회가 주어진 것이다. 이로 인해 개인적인 이해관계의 갈등은 주로 민족 내부에서 발생했으며 조선족 사이에 파벌과 불신을 가져오는 요인으로 작동하기도 했다. 한 조선족 인사는 이것을 소위 '지위 의식'과 민족적 한계성으로 지적한다. 주덕해 역시 이와 같은 '지위 의식' 충돌의 피해자로서 '반우파투쟁' 시기 '지방민족주의자'로 전락될 뻔 했다는 것이다. 일부 조선족 인사들과의 인터뷰와 관련 자료들에 따르면, 지금까지 문혁 시기 주덕해의 실각과 불운했던 운명을 '사인방', 마오위안신(毛遠新), '문화대혁명' 등에 미뤄버리고 있지만 주덕해의 불운을 문화적으로 접근해 보면 부분적으로는 조선족 자체에 잠재하는 한계성에서도 문제를 찾을 수 있다는 점을 간과해서는 안 된다고 주장한다. 중국의 민족간부에게 있어서 가장 경계해야 하는 '지방민족주의자'란 모자를 일부 조선족 자신들도 앞장서서 씌우려 했다는 사실과 타의적으로라도 "주덕해 타도"를 외쳤다는 사실을 잊어서는 안 된다는 것이다.[183] 결국 반우파투쟁 시기의 민족정풍운동과 문화대혁명이라는 거대한 정치 동란의 소용돌이 속에서 수많은 조선족 인사들이 수난을 당한 것을 당시 중국 전체 정치운동의 한 부분으로 볼 수도 있지만, 그 와중에서 일부 정치적 야심가들이 개인적 이익을 위해 부화뇌동하거나 더욱 적

---

183) 최국철, "주덕해의 실각—문화대혁명," 조글로, 2014년 06월 01일
http://www.ckywf.com/blog/read/cuiguozhe/208881/0/0

극성을 발휘했기 때문에 보다 심각한 결과를 빚었다고 하겠다.

　문화대혁명의 참혹한 기억은 재중 조선족 사회에 심각한 후유증을 남겼다. 오늘날 조선족은 과거 중국혁명에 커다란 공헌을 하고 많은 희생을 치르면서 공민권을 얻었음에도 불구하고 타민족(특히 한족)에 비해 위기의식을 갖고 산다. 이와 같은 위기의식은 첫째, 과거 중국공산당(이하 '당')의 거듭되는 정풍운동과 잔혹한 문화대혁명을 겪은 결과이다. 둘째, 당내 인사들의 '사상의 고도의 일치성 유지'를 강조하는 '공산당 방식(共産黨作風)'의 영향에서 비롯된 것이다. 셋째, 소수민족 중에서 국외에 '모국을 둔 민족', 즉 역사적으로 이중국적이었던 신분에서 비롯된 것이다. 이로 인해 한중수교 이후 많은 조선족들이 민족정체성 문제로 고민에 빠지게 되었으며, 이는 다시 조선족 간부와 지식인들의 전통적인 위기의식을 키우는 데 빌미를 제공했다. 특히 중국이 동북공정을 시작한 후 한국 언론이 역사, 영토 등 문제들을 집중적으로 거론하면서 조선족 간부와 지식인들은 몸을 사릴 수밖에 없었다. 비록 중국 사회와 언론도 많이 자유화됐음에도 그들은 지레 겁을 먹고 감히 조선족의 민감한 사안들을 거론하지 못한다. 실제로 중국의 정치사상 영역도 많은 변화를 보이며 글로벌화하고 있다. 그러나 조선족 간부와 지식인들은 지나친 위기의식에서 헤어 나올 줄 모르고 조선족 사회의 현안들을 체념하고 살고 있다. 사전에 불리한 요소들을 차단하기에 급급하다보니 조선족 언론은 조선족 사회의 문제를 솔직하게 거론하지 못하고 '당과 국가의 이익'에 '저촉'되지 않는 차원에서 민족문제를 거론하는 수준에 그치고 있다.[184]

---

184) 태창근, "연변 조선족의 문화대혁명," http://blog.daum.net/plm0369/6216(검색일: 2016. 09. 07).

제6장

개혁·개방 이후 중국의
민족정책과 조선족

제1절 개혁·개방 이후 중국 민족정책의 회복

개혁·개방 정책을 실시한 후 과거 문화대혁명 시기의 급진적 동화 정책의 기조였던 "민족문제는 계급 문제"라는 주장은 시정되었다. 소수민족의 특수성이 다시 인정되었으며, 이 특성이 장기적으로 공존할 것이라는 온건한 정책을 채택하였다. 문화대혁명 시기의 극좌 노선이 "당의 경제정책과 민족·종교·통일전선 및 간부정책에 심각한 악영향을 미쳤다"고 인정하고, 새로운 정책은 빠른 시일 내에 다음의 세 가지 목적을 달성해야 한다고 지적하였다.[185]

첫째, 민족구역자치를 제대로 실시하고 민족단결 및 통합은 민주적 차원 또는 평등의 차원에서 공고히 하도록 한다. 둘째, 민족 간의 정치·경제·문화적 불평등을 점진적으로 제거해야 한다. 셋째, 민족 간의 차이를 인정하고 각 민족의 특성을 인정하면서 민족 간의 모순을 올바르게 처리해야 한다는 것이다.

중국 정부는 1978년 5월 새로운 민족정책을 총괄하기 위해 국무원 산하에 민족사무위원회(民族事務委員會, 이하 '민위'로 약칭)를 설치하였다.[186] 1년 후 민위 제1차 위원확대회의에서 양징런(楊靜仁) 주임은 "앞으로 민족 문제의 과업은 '4항 기본 원칙'[187]을 견지하여 국경의 안전을 확보하는 동시에 사회주의 현대화를 이룩하

---

185) 최우길, 2004, 「중국 개혁·개방 초기(1980년대) 민족정책: 정책기조의 변화와 조선족 사회에의 적용과 관련하여」, 『중국조선족연구』, 선문대 중한번역 문헌연구소, 112-113쪽.

186) 『當代中國民族工作大事記: 1949-1988』, 北京: 民族出版社, 1989, 250-251쪽.

187) 중국이 현대화 목표를 달성하기 위해 경제의 개혁개방을 추진함과 동시에 정치적 안정을 보장하기 위해 제시한 네 가지 기본 원칙이다. 마르크스·레닌주의와 마오쩌둥 사상의 견지, 인민민주독재의 견지, 공산당 영도의 견지, 사회주의 노선의 견지가 그것이다.

는 일이다. 경제의 현대화와 민족 간부 및 전문 인력의 양성을 통해 한족과 소수민족 간의 격차를 줄일 수 있다. 소수민족 지역에서의 법적 평등과 자치권을 포괄하는 기준이 필요하다. 소수민족 지역에서의 4개 현대화 정책을 완성하기 위하여 '민위'를 구성한다."고 밝혔다.[188]

개혁·개방 시기 중국의 민족정책은 1984년 「민족구역자치법」(이하 '자치법'으로 약칭)을 제정함으로써 획기적인 전환을 맞게 된다.[189] 민족자치 지구는 자치법에 따라 "자치지구의 상황에 맞지 않는 경우 중앙 정부가 제정한 법이나 규정을 바꾸거나 적용을 중지할 권한"을 가지고, "지방의 경제적 조건에 따라 특별한 정책을 채택하거나 융통성 있는 조치를 채택할 수 있는 권한"을 가지게 되었다(자치법 20조). 민족 문화와 언어의 측면에서는 "소수민족 언어·문자를 사용하거나 제정할 권리, 민족의 풍속 및 습관을 보존할 자유, 자체의 교육제도 및 과정을 조직할 권리"가 보장되었다(10조). 자치법은 또 지방의 인민대표대회 상임위원회가 관련 소수민족 대표의 수와 비율을 정하도록 하였으며, 자치지방 정부에 더 많은 민족 간부가 포함되도록 할 것을 규정하였다.

그러나 문제는 자치법이 중화인민공화국 헌법에 의거하여 제정된 것으로(제1조), 이 법이 규정하고 있는 모든 자치권은 국무원, 전국인민대표회의 및 헌법의 하위 권한이다. 자치법은 그 서언(序言)에서 "자치법은 중국공산당이 마르크스·레닌주의에 따라 민족 문제를 해결하기 위해 운용되는 기본 정책"임을 천명하고, "자치

---

188) 楊靜仁, 1990, 「社會主義現代化建設時期民族工作的任務」, 『新時期民族工作文獻選編』, 北京: 國家民族事務委員會中共中央文獻研究室, 5-13쪽.

189) 『當代中國民族工作大事記: 1949-1988』, 436쪽.

지방의 각 민족·인민은 중국공산당의 영도 아래, 마르크스·레닌주의와 마오쩌둥 사상의 지도 아래, 인민민주독재(人民民主專政)와 사회주의 노선을 견지하면서 사회주의 현대화 건설에 그 역량을 집중하여야 함"을 명시하고 있다. 이처럼 중국공산당은 여전히 국가의 유일한 최고 권력의 원천이어서 당 우위의 원칙, 민주 집중제의 원칙 등은 자치권을 근본적으로 제약하는 요소라고 할 수 있다.190)

1. 개혁·개방 이후 조선족 사회의 민족자치 회복

1) '복권·명예 회복(平反)'과 민족자치의 회복

개혁·개방의 첫 번째 과제는 과거 청산이었다. 문화대혁명 당시 한족 지역보다 상대적으로 심한 투쟁으로 수난을 겪었던 연변 지역에서 과거는 여전히 아픈 상처로 남아 있었다. 문화대혁명이 가장 극렬했던 초기에 억울한 누명을 쓰고 물러났던 간부들과 지식인들이 복권되기도 하였다.191)

'자본주의 길로 나아가는 집권파(走資派)'로 몰려 심한 박해를 받았던 야오신(姚昕)과 티엔런용(田仁永)이 1972년 4월에 각각 중공 연변주위 당위원회 서기와 상무위원회 부주임으로 복권되었다.192) 그 후 중공 길림성위(吉林省委)는 1978년 4월에 조선족 지

---

190) 최우길, 앞의 책, 118-120쪽.

191) 중공연변주위조직부, 1991, 『중국공산당 연변조선족자치주 조직사』, 연길: 연변인민출판사, 351-352쪽.

192) 중국조선민족발자취총서 편집위원회 편, 1995, 『개혁』(중국조선민족발자취총서 8), 北京: 민족출판사, 2-3쪽.

도자인 조남기(趙南起)를 중공 연변주위 서기 겸 주 혁명위원회 주임으로 임명하여 당의 민족간부 정책을 조정, 시행하도록 했다. 연변주위는 그해 7월 초에 대회를 개최하고 문화대혁명 기간에 정치적으로 핍박을 받았던 사람들을 복권시켰다. 이어서 중공 연변주위는 1978년 6월 조선족의 대표적 지도자인 「주덕해(朱德海) 동지의 억울한 누명을 벗기고 명예를 회복할 데 대한 중공연변위의 결의」를 채택하고 그의 명예를 회복하는 대회를 개최하였다.[193] 그 후 중공 중앙은 1985년 2월에 연변에서 문혁의 대표적 주모자였던 최해룡(崔海龍)의 당적을 제명하였다.

<그림 6-1> 1978년 6월 20일 중공연변주위가 개최한 주덕해의 명예회복 대회

---

193) 중국조선민족발자취총서 편집위원회 편, 앞의 책, 3-5쪽.

그 후 중공 중앙의 지도자들은 1980년대에 기회가 있을 때마다 연변을 방문하여 문화대혁명 시기의 '대한족주의' 범람에 따른 상처를 치유하려 노력하였다. 연변을 방문했던 주요 중앙 지도자는 저우언라이(周恩來: 당시 총리), 덩샤오핑(鄧小平: 당시 정치국 위원 겸 군사위원회 주석, 1983년 8월), 후야오방(胡耀邦: 당 총서기, 1984년 5월), 펑전(彭眞: 전국인대 상무위원장, 1984년 7월) 등이었다. 이들은 각각 "연변조선족자치주를 더욱 빨리 훌륭하게 발전시켜야 한다," "민족 인재를 힘써 양성해야 한다," "민족 단결을 강화하여 연변조선족자치주의 사회주의 현대화 건설을 추진해야 한다."는 등의 격려를 하였다.194) 그 후에도 장쩌민, 후진타오, 시진핑 등 최고 지도자들이 모두 연변을 방문했었다. 그러나 그들이 연변에 지속적으로 관심을 갖고 주의를 기울이는 데는 변방에 대한 안보적인 측면과 이 지역에 분포되어 있는 다양한 자원에 대한 관심의 측면도 존재한다. 거의 모든 지도자들이 이 지역을 방문하여 시찰하면서 주요 산업과 자원에 관심을 돌렸던 것과 최근 시진핑이 동 지역 방문 시에 한반도 유사시 투입 부대 중 하나인 '79집단군'을 방문했던 것195)도 그 증거라고 하겠다.

한편 연변주의 정치적인 면에서는 우선 문화대혁명 기간에 파괴되었던 자치권을 회복하였다. 자치주의 인민대표대회와 정치협상회의가 원래의 기능을 되찾게 되었고, 「연변조선족자치주조례」, 「연변조선족자치주임업관리조례」, 「연변조선족어문사업조례」 등이 제정되어 조선족의 자치 권리가 법제화되었다.

---

194) 위의 책, 5-6쪽.
195) "시진핑, 한반도 유사시 투입부대 79집단군 시찰…강군 지시," 인터넷 중앙일보, 2018. 09. 30. https://news.joins.com/article/23007021

중국인민대표대회 상무위원회는 민족구역자치법의 규정에 근거하여 1984년 소수민족자치주의 자치조례 제정 시험사업을 연변조선족자치주에서 진행하도록 하였다. 조남기(趙南起) 당시 전국인대 민족위원회 부주임이 조직하여 이끈 '자치조례 초안 작성 영도소조(自治條例起草領導小組)'는 중국 헌법과 자치법에 근거하여 「연변조선족자치주자치조례」를 제정하였고, 이는 지린성 인민대표대회 상무위원회의 비준을 받게 되었다.196)

「자치조례」는 다음과 같은 주요 내용을 담고 있다.

(1) 연변조선족자치주 인민대표대회 상무위원회 구성원 가운데 조선족의 수가 전체 위원수의 반을 초과할 수 있으며, 상무위원회 주임은 조선족 공민이 담당할 것; (2) 자치주 주장은 조선족 공민이 담당할 것; (3) 부주장, 비서장, 국장, 위원회 주임 등 자치 기관의 고위 간부 가운데 조선족의 수가 반을 초과할 수 있을 것; (4) 자치주 자치 기관의 공무 수행 시 조선어와 한어를 통용하되, 조선어를 주로 사용할 것 등이다.

자치주 자치 기관은 또한 (1) 법률의 규정에 따라 주내의 광산, 하천, 삼림, 초원, 토지 등의 자연자원을 보호, 관리하며, 자치주의 발전 수요와 국가 계획의 지도하에 본 지방의 자원을 우선적으로 합리적으로 개발, 이용하는 권한; (2) 국가의 규정에 따라 대외적인 경제 및 무역 활동에 적극 나서며, 상급 국가 기관의 비준을 받아 대외 무역지구를 개척하고 수출입 업무를 직접 경영할 권한; (3) 국가의 통일적 계획 아래 외국 자본 및 기술을 도입할 권한; (4) 변경 무역을 통해 수출입하는 권한 등을 가지게 되었다. 「연변

---

196) 조용호·박문일(편), 1997, 『21세기로 매진하는 중국 조선족 발전방략연구』, 요녕민족출판사, 351-352쪽.

조선족자치주자치조례」는 전국에서 최초로 제정된 자치주의 자치 조례로서, 전국 31개의 소수민족자치주들에게 좋은 참고가 되었다고 한다.

연변조선족자치주와 장백조선족자치현은 「민족구역자치법」의 정신에 따라 각각 주 및 현의 자치 조례와 단행 조례를 제정하였다. 조선족들이 흩어져 사는 지구(산재지구, 散在地區)에는 국무원의 「민족향 창립 문제에 관한 통지」의 정신에 따라 민족향(鄕·鎭)이 회복되거나 창립되었다. 동북 3성과 내몽골에 도합 28개의 조선족 향·진과 3개의 조선족·만주족 연합향이 회복 또는 창설되었다. 민족 어문정책으로는 1981년 8월 중국조선족학회가 창립되었고, 조선 어문과 관련한 입법을 통해 1988년 8월 전국에서 처음으로 언어문자 사업에 대한 법률인 「연변조선족자치주어문사업조례」가 공포되었으며, 뒤이어 이 조례의 집행을 보장하는 자치주 정부의 「조선 어문의 학습 사용 상벌 실시 규정」이 공포, 실시되어 조선 어문을 학습하고 사용하는 데 대한 법적 보장이 마련되었다.[197]

---

197) 위의 책, 11쪽.

<표 6-1> 중국 역대 고위 지도자의 연변방문

지도자	방문시기	주요 활동	
저우언라이 (周恩來)	1962년 6월 22-23일	농기구 공장, 연변대학, 연변의학원, 연변농학원 등을 시찰하고 연변주 위원회의 보고를 청취했으며 연길시 신풍대대 노동모범 최죽송의 집에 들러 과학영농을 잘 할 것을 격려했다.	
덩샤오핑 (鄧小平)	1983년 8월 13일	개혁개방의 총설계사인 등소평은 연변을 시찰하고 "연변조선족자치주를 더욱 빨리, 더욱 훌륭히 건설하자(把延边朝鲜族自治州建设的更快些更好些)"는 휘호를 남겼다. 등소평은 조남기와 함께 백두산에도 올랐다.	
후야오방 (胡耀邦)	1984년 5월	연변을 시찰하고 주덕해 기념비의 비명(碑銘)을 친필로 직접 작성했다.	
장쩌민 (江澤民)	1991년 1월 7-9일, 1995년 7월	1991년 연변을 시찰하고 "연변조선족자치주를 전국모범자치주로 건설하자;"(把延边朝鲜族自治州建设成全国模范的自治州)"는 휘호를, 1995년에는 훈춘개발구를 시찰하고 "훈춘과 두만강을 개발하여 동북아 여러 나라와의 우호합작관계를 발전시키자!"는 휘호를 남겼다.	
후진타오 (胡錦濤)	2001년 8월 20일	연변을 방문하여 백두산 아래의 제1촌이라는 명칭을 가진 안투(安圖)의 완바오(萬寶) 약초농장을 시찰했다.	
시진핑 (習近平)	2015년 7월 16-17	'동북진흥'을 위한 길림성 시찰의 일환으로 연변자치주를 방문하여 농촌과 기업의 상황을 파악하고 향후 발전 방향에 대해 관심을 표명했다.	

출처: 인민넷, "중앙지도자와 조선족," 「중국공산당뉴스」와 기타 자료를 참조하여 작성.
http://korea.cpc.people.com.cn/73588/109424/index1.html

2) 한중수교 이후 중국 조선족의 정체성 변화

(1) 중국의 조선족 정체성에 대한 인식 변화

1990년대에 들어오면서부터 한층 강화된 중화민족주의는 재중 조선족 사회에도 심대한 영향을 미치고 있다. 구체적으로는 과거의 빈번한 정치운동에서 겪은 피해로 인한 역사적 트라우마의 심화를 들 수 있으며, 이는 곧바로 정치적 무력감과 함께 '한민족'으로서의 정체성 약화를 강요하고 있다. 특히 한중수교 이후 발생한 일련의 사건들과 그로 인한 한중 갈등의 와중에서 재중 조선족은 과거 사회주의 혁명의 동반자에서 이제는 '하나의 중국'을 위협할 수도 있는 잠재적 갈등 요인으로 대두되었다. 즉 기존의 인식은 중국 공산당에 적극적으로 협조하여 항일투쟁의 승리를 이끈 공헌자, 중국 사회주의혁명과 건설의 동반자였다. 그러나 1992년 한중 수교 이후 신장, 티베트 다음으로 잠재적인 갈등의 대상으로 인식하게 되면서 대외경제교류를 위한 중요한 인적자원이기도 하지만 동시에 잠재적 불안정 요인으로도 비춰지기 시작했다.[198)

(2) 애국주의 고취를 위한 '삼관교육 (三觀敎育)'

중국은 2002년 7월부터 연변 전 지역의 인민과 간부들을 대상으로 애국주의 교육, 즉 삼관교육을 실시했다. 중국 당국은 애국주의 교육을 적대세력의 '서구화,' '분열책동'을 억제하는 가장 유효한 사상적 무기로 간주하고 있다.

'삼관교육'에서 말하는 '삼관'이란 조국관·민족관·역사관을 가

---

198) 김예경, "중국의 조선족 인식: 용의 옆구리의 가시," 『한국과 국제정치』, 제5권 제2호, 2009년(여름), 149쪽.

리킨다. 이는 중국정부가 향후 남북한이 통일되었을 경우를 대비하여 동북 3성의 재중 조선족들을 중국문화권으로 포섭하려는 일종의 정치적인 책략이다. '삼관교육'의 주요 내용은 "조선족은 중국민족이다, 조선족 역사는 중국역사의 일부분이다"라고 교육을 시키는 것으로, 중국의 55개 소수민족 중 유일하게 재중 조선족에게만 교육을 시킨 것은 장차 한반도의 부상을 염두에 두고 장기적인 포석에서 국경분쟁의 가능성을 애국의식 고취를 통해 미리 방지하려는 징치적 공정으로 보인다. 삼관교육이 동북공정과 맞물려 돌아가는 것도 문제이며, 동북공정이 국경분쟁의 가능성을 역사의식을 통해 미리 막으려는 정치적 공정이라고 말하는 이유가 바로 여기에 있다. 향후 남·북한이 통일되었을 경우 재중 조선족들이 많이 살고 있는 동북3성은 문화적으로 한반도에 더 가깝기 때문에 재중 조선족들의 중국 이탈 가능성도 존재하는 문제이므로 동북공정 프로젝트와 조선족에 대한 삼관교육 등은 다분히 정치적인 성향을 띠고 진행되었다고 하겠다.[199)]

사실 이와 유사한 애국주의 교육은 그 역사가 깊다. 전 연변조선족자치주 정치협상회의 부주석 김영만의 '민족정책 교양 일화'라는 회고에 따르면 연변지역에서의 애국주의 교육은 조선족 간부들에 의해 주도되고 일상적으로 진행되어 왔음을 알 수 있다. 그 핵심을 소개하면 다음과 같다. 그는 "나는 1951년부터 1953년까지 중공연변주위 선전부에서 사업하였다. 1952년 봄부터는 당위의 지시 하에 나는 연변조선족자치주 창립을 위한 일련의 선전사업을 하게 되었다. 우선 조선족들에게 '한 개 나라, 한 개 정당, 한 분의 령수'를

199) 김예경, "중국의 조선족 인식: 용의 옆구리의 가시," 『한국과 국제정치』, 제5권 제2호, 2009년(여름), 156쪽.

주제로 하는 애국주의 교양을 진행하였다. 동시에 연변조선족자치주를 창립하는 것은 우리민족의 소망이고 대사이며 당의 민족정책의 배려라는 것을 조선족인민들에게 널리 홍보해주었다." 그는 또 연변조선족자치주 초대 주장 주덕해가 "솔선수범하여 조선족이 중국 대지에서 살아 온 100여년의 역사를 회고하면서 중국공산당은 우리를 영도하여 반제・반봉건혁명을 승리로 이끌어 우리를 나라의 주인이 되게 해준 위해한 당이며, 마오쩌둥 주석은 전국 여러 민족 인민들이 우러러 모시는 인민의 영수라는 도리를 반복적으로 선전" 하였다고 회고했다. 그러나 당시 일부 간부들은 중국조선족의 조국은 조선이며 소련은 무산계급의 조국이며 중국은 임시 거주국에 불과하다고 주장하고 있었기 때문에 주덕해가 이러한 이른바 '다조국론'을 반복적으로 지적하면서 예리한 비판을 가했다고 했다. "주덕해는 회의 때마다 중국공산당은 조선족 사회의 혁명과 건설의 영도적 핵심이라는 것을 강조하였다. 주덕해 동지는 이와 같이 연변의 간부들, 특히 조선족 간부들에게 '한 개 국가(중화인민공화국), 한 개 정당(공산당), 한 분의 영수(마오쩌둥)'에 대한 교양사업을 실제적으로 함으로써 광범한 간부들에게 당의 민족정책에 대한 각오를 한층 높여주었다."는 것이다.200)

'삼관'은 마르크스주의 조국관, 민족관, 역사관을 의미하며, 다음과 같은 내용으로 이루어져 있다. 첫째, 마르크스주의 조국관에 의하면, 공민이 소재국가에서 사회적 지위, 정치적 권리 및 의무를 가지면 그 국가는 곧 조국이 된다. 따라서 중화인민공화국의 모든 국

---

200) 김영만, "1952년 자치주 창립의 경사스런 나날에," 『연변통신』, 2007. 09. 02.
http://yanbianforum.com/board.html?include=&mode=view&id=38337&lc=1000000&sc=&mc=&gid=nb&(검색일: 2014. 02. 18)

민은 단 하나의 조국, 즉 중국만이 가능하다는 것이다. 둘째, 마르크스주의 민족관에 의하면, 민족은 일정한 역사적 발전단계를 통해 형성된 공동언어, 공동지역, 공동경제생활과 공동의 민족문화를 특징으로 하는 공동의 심리소질에서 나타나는 안정된 공동체를 의미한다. 셋째, 마르크스주의역사관에 의하면, 역사적 현상에 대해서는 참과 거짓 여부를 판단하는 동시에 가치판단을 해야 한다. 민족에게는 역사가 존재한다. 또한, 민족은 개체에 의해 형성된 것이자 국가 속에 존재하는 것이라는 점이다. 결국 마르크스주의 민족관에 의하면, "중국 조선족은 약 200년 전부터 한반도에서 이주해 온 과계민족이며, 한 세기 이상의 발전, 진보를 통해 이미 중화민족 대가정의 일원이 되었다. 중국 조선족은 민족 평등과 민족구역자치를 향유하고 있으며, 형제 민족과 더불어 모두 국가의 주인"이라는 것이다.

'삼관교육'의 주요 목적은 다음과 같다:

첫째, 각 민족이 중화민족의 중요한 일부이며, 각 민족의 지위는 평등하고, 국가영토는 신성불가침하다는 사상관념을 수립하는 것.

둘째, 당의 민족과 종교정책을 깊이 있게 이해하고, 민족종교문제를 정확하게 다루며, 민족 간에 서로 분리 될 수 없다는 사상을 수립하는 것.

셋째, 역사에 대한 전면적인 이해와 정확한 인식, 그리고 역사를 왜곡하는 행위에 대한 투쟁, 역사적 엄숙성과 공정성을 지키는 것.

결국 중국은 '통일적 다민족국가'의 목표를 위해 조선족 사회의 어떠한 동요나 분리도 용납하지 않으려고 하는 것이다.

(3) 중국의 한민족 분열 책략과 그 영향

중국의 집요하고도 강력한 '애국주의 교육' 정책은 과거 비교적 중립적 태도를 유지했던 조선족 학자들을 포함한 중국의 학술활동에도 상당한 영향을 미쳤다. 다수의 조선족 학자들 사이에서 각종 논문의 발표나 학생들의 지도를 통해 '중국이 중국 조선족의 유일한 조국이며, 중국 조선족은 중화민족 대가정의 일원'이라는 일종의 '충성맹세'가 이어졌다고 한다. 북경대 교수 샤오허(蕭河)는 2002년 8월23일, ≪인민일보≫를 통해 "56개 민족은 한 가족, 중국은 이 모든 민족의 나라"라고 주장했고, 다수의 조선족 연구자들이 "중국 조선족이 과거에는 '중간 집단적 성격'이라는 모호하고 이중적인 정체성이나, 다(多)조국론, 민족조국 법률조국 등의 모호한 인식을 가졌으나 최근 중국에 대한 분명한 애국주의적 정서를 가지고 명확한 조국관을 확립하고 있다"고 주장했다.201)

중국에서 티베트, 위구르 및 내몽골의 세 소수민족을 제외하고는 재중 조선족들을 포함한 기타 소수민족들은 정치적으로 무력함에 빠져 있는 듯 보인다. 어쩌면 정치에 관심을 보이지 않는 것이 가장 합리적인 태도일 수도 있다. 어차피 정치적인 부문에서의 한계로 심한 무력함을 느끼지만 중국의 경제가 지속적으로 성장하고 있기 때문에 거기에 편승하는 것이 중요하다고 생각할 수도 있는 것이다. 어떤 사람은 이런 상황을 가리켜 '경제성장'이라는 '조증(躁症)'과 정치적 무력감이라는 '울증(鬱症)'이 만나 사회적으로 조울증(躁鬱症)을 만들어내고 있는 것이라고 묘사하기도 한다.

문제는 이와 같은 상황이 재중 조선족 사회 내부의 여론 분열

---

201) 김예경, "중국의 조선족 인식: 용의 옆구리의 가시," 『한국과 국제정치』, 제5권 제2호, 2009년(여름), 159-160쪽; 박금해 정신철(2000).

을 조장하여 학자들 간의 논쟁을 유발하고 심지어 반목이 심화되기도 한다는 점이다. 또 한국과의 교류에서도 소극적이거나 부정적 태도를 갖게 되고 중국 눈치 보기로 인해 갈등이 유발될 수도 있다. 조선족에 대한 중국 정부의 방침이 바뀐 것은 최근 재한 조선족을 대하는 태도에서도 감지되고 있다. 세계 각지로 진출한 화교를 관리하는 중국 국무원 산하의 해외교민관리위원회가 조선족 지원에 나선 것이다. 중국동포연합중앙회 김성학 회장은 "중국 정부는 선진국에 나간 유학생 등 해외에 거주하는 중국인을 받아들이려고 이중국적 부여를 적극적으로 검토하고 있습니다. 만약 그렇게 된다면 한국 생활에서 차별받은 경험이 많을수록 귀국하려는 조선족이 늘어날 것입니다." "몇 년 전까지 재한 조선족에는 거의 신경을 안 쓰고 있었는데 최근에는 민속문화 축제를 비롯해 조선족 행사도 지원하고 단체 후원에도 나서고 있으며 한국 국적을 취득한 조선족 노인들이 모이는 노인정에도 후원할 정도"라고 소개했다. 그는 "중국 정부는 조선족이 한국화 하는 것을 경계해 점차 지원을 넓혀가는 상황이라 모국에서 동포로 인정받지 못하고 차별을 받은 조선족이 귀국한 뒤 중국에 완전히 동화될 수도 있다"고 우려했다.[202]

2. 글로벌화 시대의 조선족

재중 조선족 사회는 개혁개방 실시 후 불과 한 세대 남짓한 시간

---

202) 연합뉴스, 2016. 02. 07, https://www.yna.co.kr/view/AKR20160203207700371?input=1195m

동안 농업사회에서 산업 및 서비스 중심 사회로 변모하였고, 이제는 정보사회 또는 지구촌 사회로 급격하게 나아가고 있다. 변화에 대한 두려움과 부정적인 시각에서 '조선족 사회 붕괴론'이 널리 퍼지기도 하였지만, 한편에서는 중립적인 견해로서 '사회 발전 불가피론' 또는 '사회 변화 적응론'도 대두하였다.

해외로 나간 조선족 중에는 중국으로 돌아갈 사람도 있겠지만, 한국, 일본, 미국 등지에 정착한 조선족은 이미 현지 사회에 뿌리를 내리고 살고 있다고 보아도 큰 무리가 없다. 그들은 중국 출신의 조선족이지만 더 이상 중국 조선족이 아니라 '재한 조선족', '재일 조선족' 등으로 정착했다고 보아도 무방하다.

조선족 사회의 변화를 재일중국조선족연구회의 리강철 회장은 발전 단계 측면에서 조선인(前 조선족 단계, 19세기 후반-20세기 전반) → 중국 조선족 단계(1950-1980년대) → 後 조선족 단계 (1990년대 이후)로 나누고, 그 성격을 로컬(동북) 조선족 → 국가적 (내셔널) 조선족 → 지역적(동아시아) 조선족 → 글로벌 조선족으로 설명하면서, "조선족이 주변에서 중심으로, 지방에서 세계로 이행하고 있다"[203]고 주장한다.

현재 국제사회의 조류는 세계화의 진척과 정보통신이 발달함에 따라 '국가경계의 약화'와 '민족연계의 강화'라는 특징을 노정하고 있다.[204] 이와 같은 배경에서 민족의 통합은 우리민족의 지속적 생존과 발전을 위하여 절대적으로 필요하며, 거대 통합사회가 중심이 되는 국제환경 속에서 우리민족의 독자성을 유지할 수 있는 유일한

---

203) 李鋼哲, 2006, 「グローバル化時代の朝鮮族社會構圖-重層的アプローチ」, 中國朝鮮族研究會(編), 『朝鮮族のグローバルな移動と國際ネットワーク』, 名古屋: アジア經濟文化研究所, 3-19쪽.

204) 조정남, 1999, "동아시아의 민족환경과 재외한인," 『평화연구』 제8호, 11-13쪽.

방법이다. 광복 후 70여년이 지난 지금까지도 미완의 과제로 남겨진 한반도 통일에 아직 많은 난관이 존재하는 상황 하에서 남북교류를 활성화시키고 민족통합을 앞당기는 데 중립적 입장에서 일정한 기여를 할 수 있는 존재가 바로 재외 동포사회이다. 한반도의 통합은 당연히 남북한 당사자의 역할이 무엇보다도 중요하지만, 양자관계가 경색되는 경우에는 문제를 해결하는데 있어서 중개자적 역할을 수행하는 세력도 필요할 것이기 때문에 재외동포의 역할도 중요하다고 볼 수 있다.

700만에 달하는 재외동포 가운데서 기타 어느 국가나 지역의 재외동포보다 더 절실하게 분단의 아픔을 겪었고, 의도의 여부와는 관계없이 보다 현실적인 방식으로 남북 간의 교류와 상호 이해에 기여해 온 것이 재중 조선족 사회라는 데는 의심의 여지가 없다. 뿐만 아니라 현 상황에서 재중 조선족 사회를 제외하고 한반도의 평화통일과정에 직접적으로 참여할 수 있는 재외동포 사회는 없으며, 그 역할은 중국의 부상과 더불어 더욱 확장될 것으로 보인다.

한반도의 통일을 위해서는 사회주의를 표방하면서 눈부신 경제성장을 통해 국제사회 리더로 자리 잡은 중국의 협력이 반드시 필요하며, 현재 북한이 대외 교역의 거의 90%를 중국에 의존하고 있다는 현실을 감안할 때 북한의 발전과 한반도 통일을 위한 중국의 역할은 절대적이다. 따라서 한국, 중국 및 북한과 가장 잘 소통할 수 있는 재중 조선족들의 소통을 위한 가교역할이 더욱 중요해지고 있다. 이러한 배경에서 급변하고 있는 동북아 정세 속에서의 민족통합 또는 통일문제와 관련하여 재중 조선족 사회의 역할과 비전을 검토하는 것은 향후 남북한을 중심으로 세계 범위의 민족통합을 달성하기 위해서도 필요하고, 재중 조선족 사회 자체의 경제적·사회적 지위의 향상을 통해 한반도 통일과정에서 긍정적인 기여를 하도록 유도한다는 점에서도 진지하게 검토되어야 할 문제이다. 따라서 재중 조선족 사회에 대해서도 '전략적' 접근을 할 필요성이 제기되고 있다. 물론, 재중 조선족들이 중국의 국민이라고 하는 특수한 정치적 배경과 중국 외에 모국을 둔 소수민족이라는 한계로 인해 한반도 통일과정에서 공개적이고 결정적인 역할을 하는 데는 명백한 한계가 존재한다.205) 그럼에도 불구하고 재중 조선족 사회는 기타 국가나 지역의 동포사회들과 비교했을 때, 지리적 인접성 및 문화적 배경의 동질성 등에서의 장점으로 인해 한반도와 보다 밀접한 연계를 맺어 왔고, 지금까지 다양한 경로를 통해 한반도 관련 사안들에 개입해 왔다. 재중 조선족들이 남북 간의 교류와 화해 및 통일 환경의 조성을 위해 기여할 수 있는 것은, 주로 그들이 남북한에 걸쳐 유지해 온 인적 유대에 기인한다고 하겠다. 보다 구체적으로는, 그들이 국적개념을 떠나 동포애로써 남북한을 대하기 때문에 정치적이 아닌 민족적 차원에서 통일문제를 다룰 수 있다는 장점이 있으며, 단기적으로는 이산가족문제, 예술, 체육 및 학술교류 등 각 분야에서 남북교류의 매개 역할을 할 수 있다. 보다 더 현실적으로는 사회주의 경제체제에서 시장경제로의 전환을 경험했기 때문에 북한의 체제전환에 있어서 대안적 모델을 제공할 수도 있을 것이다.

---

205) 朴今海·鄭信哲, 2004, "略論中國朝鮮族的愛國主義情結,"『中央民族大學學報(哲學社會科學版)』第4期, 11쪽.

제2절 중국의 개혁·개방과 조선족 사회의 변화

　개혁·개방 이후 중국사회가 도시화와 산업화가 급진전됨에 따라 기존의 농촌공동체는 점차 해체되기 시작했고, 대량의 농촌인구가 도시로 이동하면서 조선족들의 생활관과 가치관에 급속한 변화를 초래했다. 1990년대 이후 조선족 젊은이들이 대도시와 연해도시에 대량 진출하여 새로운 거주지를 형성하였고, 그들의 인생관과 민족관은 점차 변화되기 시작하였다. 즉 조선족의 국민정체성은 강화되는 반면, 민족의식과 민족정체성은 약화되었다.[206] 젊은 세대들의 이기적인 개인주의가 기존의 가치관을 대체하였고, 따라서 민족전통을 고수하는 부모세대와의 갈등과 괴리가 더욱 격화되고 있다.

　인구이동으로 인한 거주지 변화와 경제적 활동무대의 세계적 확장은 결과적으로 조선족의 정체성을 단일한 민족공동체에서 다양한 성격의 도시공동체로 변화하게 하였다. 조선족공동체의 해체 및 변화과정에서 일부 조선족들 가운데는 민족허무주의와 극단적인 민족주의 경향이 엇갈리고 있다. 민족허무주의는 조선족 사회와 중국 주류사회와의 괴리현상을 지적하면서 폐쇄적인 민족공동체의 성찰과 더불어 민족의 존재의미를 부정하며, 나아가 조선어 무용론을 거론한다. 반면 극단적인 민족주의는 기존 조선족 특유의 (이중)정체성을 무시하고 고국인 한국을 구세주로 보면서, 심지어는 국적회

---

206) 김범송, "재중동포 정체성의 다변화: 인구이동과 가치관의 변화를 중심으로," 2009. 06. 08
　　http://www.615europa.de/chunzegisa%2001062007/2447-08062009.html

복까지 운운하고 있다.

이러한 가치관의 변화는 세계화의 추세와 더불어 인구이동에 따른 새로운 거주지의 형성 및 정체성의 변화에 커다란 영향을 미치고 있다. 과거의 폐쇄적인 특징을 나타내는 지역공동체가 해체됨에 따라 민족정체성은 갈수록 약화되고 민족교육이 따라가지 못하는 여건 속에서 (중국)국민정체성은 강화되고 있지만, 민족의 자주성과 주체성은 퇴색되고 있고 중국의 주체민족에 동화되는 민족정체성의 위기가 가속화되고 있는 것이다.[207]

많은 조선족들은 중국 연해지역 도시의 한국기업에서 일하면서 한민족의 동질성을 느끼면서도, 이념과 문화적 차이로 점차 이중정체성을 깨닫게 되었다. 이를 통해 그들은 자신들이 중국의 다른 민족들과 함께 중화인민공화국 건립에 공헌했고, 경제발전과 국가의 건설에 기여한 중국 소수민족의 일원이라는 사실을 새삼 확인하게 된다는 것이다.

재중 조선족 사회는 중국이 개혁·개방을 하기 전까지는 자급자족적 농업경제의 기반 위에서 모국어(조선어)를 매체로 고유한 전통문화를 계승, 발전시켜 왔으며, 높은 교육열에 힘입어 중국 내에서도 문화수준이 가장 높은 민족이라는 위상으로 긍지와 자존심을 지켜 왔다.[208] 그들은 한반도를 떠나 타국에서 한 세기 반을 넘게 살면서도 다방면에서 고유의 민족적 정체성을 지켜 왔으며 기타 국가의 동포들과 비교했을 때 다음과 같은 뚜렷한 특징을 갖고 있다. 첫째, 상대적으로 오랜 이민의 역사를 갖고 있다는 점, 둘째, 자치

---

207) 김범송, "재중동포 정체성의 다변화: 인구이동과 가치관의 변화를 중심으로," 2009. 06. 08
http://www.615europa.de/chunzegisa%2001062007/2447-08062009.html

208) 중국에서의 중국 조선족의 위상에 관한 상세한 서술은 박창근, "남북통일 과정에서 재중동포의 역할," 『OKtimes』, 16쪽.

행정의 의사결정을 할 수 있는 민족자치 지방정부가 있다는 점, 셋째, 한민족의 전통문화를 계승, 발전시켜 중국에서 조선족 문화의 특수성을 표현하고 있는 점 등이다.[209]

그들이 중국에서 살아오면서 가장 중시하고 당면한 과제로 삼아온 것은 당연히 중국의 주류사회에 진입하여 안정적인 생활을 영위하면서 민족의 단합을 유지하는 것이었다. 재중 조선족 사회는 체재국인 중국의 사회주의 정치체제와 북한지역 출신이 많았다는 점, 그리고 북한의 적극적인 재외동포정책에 비해 남한의 해외동포정책 부재 등으로 인해 냉전시기에는 주로 친북한적 성향을 띠고 북한 일변도의 활동만을 해왔다. 이 시기에 재중 조선족들이 갈 수 있는 모국은 북한뿐이었고, 사회주의 체제하에서의 정치사회화 과정을 통해 그들의 우방은 북한으로 인식되어졌다. 따라서 냉전 초기까지만 하더라도 중국과 북한은 같은 사회주의 진영 내에 위치해 있으면서 상호 밀접한 관계를 유지했고, 특히 정부적 차원에서 조선족 언어, 문화, 예술 등 영역들을 북한 기준으로 이루어지도록 규정함으로써 조선족들의 북한에 대한 문화적 일체감도 더 강해지게 되었다. 이에 따라 조선족들은 북한을 형제국가로, 남한을 적대국가로 여기게 되었으며, 북한에 대한 모국 편향성도 강했다.[210] 그러나 냉전기간 동안 재중 조선족 사회에서 한반도문제는 직접적인 이해관계가 걸린 '민족해방'이나 '분단극복'의 문제는 아니었다. 다만 재중 조선족 사회는 한민족의 전통 및 문화를 유지하고 전통적 생활양식과 한글을 사용함으로써 한민족의 정체성을 지켜왔으며, 그것

---

209) 김종국, 1999, 『세기교체의 시각에서 본 중국 조선족』(연길: 연변인민출판사), 133-150쪽.

210) 임채완(2008), "글로벌화시대 디아스포라의 초국가적 활동과 모국: 동남아 화인과 중국조선족에 대한 비교연구", 『국제정치논총』 제48권 제1집, 251쪽.

을 배경으로 한반도의 모국 사람들과 한민족으로서의 뿌리의식을 공유해 왔다. 그 결과 남북 교류와 한반도의 통일문제에 대한 직접적인 참여는 거의 부재했다고 볼 수 있다. 중국의 개혁·개방과 1992년 한중수교 이후에 와서는 재중 조선족 사회에서 한반도 정세와 민족통일에 대한 관심이 높아졌으며 남북통일문제에 대한 직접적인 참여의 조짐도 보이게 되었다. 그 원인으로는 그들이 한민족의 일원이라는 당위성보다는 한반도의 정세변화가 그들에게 미치는 영향에 기인했다고 하겠다.211)

현재 재중 조선족들은 중국의 국민으로서 살아가고 있지만 대체로 남북한을 모두 모국 또는 고국으로 생각하고 조속한 모국의 통일을 바라기는 하지만 결코 북한식 통일은 바라지 않는 것으로 알려지고 있다.212) 그 동안 재중 조선족 사회와 한반도의 관계는 기본적으로 중국과 한반도의 관계, 남북한관계 및 재중 조선족 사회 자체의 요소 등에 의해 설정되어 왔으며, 이러한 요소들은 서로 다른 시기에 각기 다른 정도로 재중 조선족 사회와 한반도의 관계에 영향을 미쳐 왔다. 그 중에서 중국과 한반도의 관계는 어느 시기를 막론하고 결정적인 요소로 작용해 왔다고 하겠는데, 냉전종식 후 중국의 한반도에 대한 정책변화로 재중 조선족 사회는 남북한과 동등한 교류를 시작할 수 있었다. 또 남북한이 정상회담을 개최한 후 적극적인 교류를 시작한 것도 재중 조선족 사회와 한반도의 관계 발전에 그 어느 때보다 유리한 환경을 제공했다. 현재로서는 세 요소 중에서 재중 조선족 사회 자체의 문제가 가장 중요한 요소로 부

---

211) 김강일, "남북통일에 있어서 중국 조선족의 역할,"『한국통일과 해외한인 국제학술회의 논문집』, 전남대학교 사회과학연구소, 1998년, 115쪽.

212) 필자가 2007년과 2012년에 중국 조선족 사회의 일부 엘리트들과 진행한 면담에서 대다수의 인사들이 이와 같은 견해를 밝혔다.

각되고 있다.

과계민족으로서 재중 조선족 사회는 한반도와 지리적, 혈연적으로 밀접한 연계를 갖기 때문에 남북한 모두와 교류를 하면서 가교 역할을 하는 특징을 갖는다. '재중동포,' '재중교포' 또는 '중국의 조선족'을 바라보는 시각은 그들을 부르는 용어만큼이나 다양하다. 대한민국의 정책당국은 그들을 기본적으로 '중국 국적을 가진 외국인'으로 간주하는 반면, 시민단체나 많은 국민들은 '동포'임을 강조한다. 학자들은 '이중 정체성' 또는 '이중적 존재'라는 말로 그들의 입장을 설명한다. 재중 조선족은 중국 국적을 갖고 있어서 정치적 또는 법적으로는 중국인이지만, 혈통적으로는 우리와 같은 한민족이라는 것이다.213) 이러한 입장에 그들을 바라보는 중국의 입장이 겹쳐지면 문제는 더 복잡해진다. 중국의 입장에서 보면, 재중 조선족은 '다민족 통일국가'인 중화인민공화국을 구성하는 56개 민족 중의 하나이며, 현재 형성되고 있거나 이미 완성된 '중화민족'의 일원이다. 재중 조선족은 기타 55개 민족과 평등하게 정치적 권리를 부여받았기 때문에 다른 지역의 동포들 보다 정치적 지위가 상대적으로 높다고 할 수 있다. 그렇기 때문에 동북3성에 거주하는 재중 조선족은 단순한 이주민이라기보다는 개척민으로서, 그리고 비록 형식상이라고 하더라도 이 지역을 이끌어가는 '주체'로서의 지위를 갖는다고 하겠다. 물론 그렇기 때문에 거기에 따르는 의무 또한 큰 것이다.

재중 조선족들이 근대와 현대 중국이라는 환경에서 '주변인'214)

---

213) 최우길, "재외동포정책의 문제점: 재중동포와 관련하여," 재외동포법 개정을 위한 세미나 자료, 우리민족서로돕기운동본부, 2001, 7쪽.

214) 재중 조선족은 '越境민족', '跨境민족', '변두리민족', '遷入민족' 등으로 불려 왔듯이 자신들을 중국사회의 핵심 구성원으로 생각하지 않는 경향이 있다. 이들은 중국 정치와 경제의 주류에

으로 살아오면서 자신의 정체성에 대한 고민을 지속적으로 해왔겠지만 그들이 "우리는 누구인가"라는 물음을 심각하게 제기하고 그에 대해 나름대로 정리한 것은 중국의 경제개혁·개방으로 급격한 사회적 변화를 겪고, 또 한국과 직접 관계를 맺은 후의 일일 것이다. 현재 재중 조선족에게 있어서 "중국은 조국(祖國), 조선(한반도)은 모국(母國) 또는 고국(故國)"으로 받아들여지고 있다. 한국을 방문한 경험이 있는 재중 조선족들은 직접적인 경험을 통해 그들이 한국사회의 구성원으로 받아들여지지 않고 차별을 받아 한국사회에 쉽게 적응할 수 없음을 깨닫고 자신들의 존재에 대한 의미를 되새기는 한편, '집단 정체성에 대한 재확인'을 하게 되었다.[215]

과거에도 재중 조선족은 중국 국민으로서의 현실적·정치적 정체성과 한민족의 일원으로서의 역사적·문화적 정체성 사이에서 배회해 왔다.[216] 그러나 재중 조선족이 자신의 정체성에 대해 심각하게 고민하게 된 것은 비교적 최근의 일이다. 즉 재중 조선족들이 근대와 현대의 중국이라는 환경에서 '주변인'으로 살아오면서 자신의 정체성에 대한 고민을 지속적으로 해 왔겠지만 그들이 본격적으로 "우리는 누구인가"라는 물음을 심각하게 제기하고, 그에 대해 나름대로 정리한 것은(특히 한국과의 관계에서) 중국의 경제개혁·개방으로 급격한 사회적 변화를 겪고 한국과 직접 관계를 맺은 후의 일일 것이다. 그 이후 대규모의 인구이동과 급속한 가치관의 변화로 인해 재중 조선족의 민족정체성은 약화되는 반면, 국민정체성

속해 있다고 생각하지 않으며, '경계인'으로 살고 있다. 박영호, "민족공동체 형성과정에서의 중국 조선족의 역할," 『Research Council on Unification Affairs Newsletter』, No.2 Winter 2004, 87쪽.

215) 정신철, "중국 조선족의 조국관·민족관 및 남북 조선관에 대한 설문조사," 『한반도와 중국 그리고 조선족』(서울: 모시는 사람들, 2004), 149-164쪽.

216) 곽승지, 『동북아시아 시대의 연변과 조선족』, 아이필드, 2008, 34쪽.

은 강화되고 있다.217) 현재 재중 조선족에게 있어서 "중국은 조국 (祖國), 조선은 모국(母國) 또는 고국(故國)"으로 받아들여지고 있다. 한국을 방문한 경험이 있는 조선족들은 직접적인 경험을 통해 그들이 한국사회의 구성원으로 받아들여지지 않고 차별을 받아 한국사회에 쉽게 적응할 수 없음을 깨닫고 자신들의 존재에 대한 의미를 되새기는 한편, '집단 정체성에 대한 재확인'을 하게 된다.

재중 조선족이 한국과의 관계에서 스스로를 어떻게 생각하는가는 앞으로 한반도나 중국대륙의 정치적 상황이 변화함에 따라 달라질 수도 있다. 그러나 재중 조선족이 한국과 직접 관계를 맺은 지 이십여 년이 지난 지금, 한국과의 관계를 위와 같이 정리했으며 앞으로도 이런 인식은 크게 변하지 않을 것으로 보인다. 중국대륙에 급격한 정치적 변동이 없는 한, 대한민국 주도의 통일이 이루어지는 경우라도 이미 내재화 된 재중 조선족의 한국에 대한 서운한 감정 또는 실망감을 염두에 둔다면, 그들의 한국에 대한 상기의 관계 설정은 크게 바뀌지 않을 것으로 추측할 수 있다. 이미 재중 조선족 1세대는 극소수가 되었고, 한반도에서 태어나 부모에 대한 기억이 있는 중간 세대(2-3세)도 점차 줄어들고 있으며, '국가민족주의' 교육을 받아 중국인으로 성장하는 재중 조선족 젊은이들(4세 이후)은 스스로 '중국인임'을 더욱 강조하게 될 것이기 때문이다.218)

---

217) 國家民委民族問題研究中心, "對外開放與中國的朝鮮族," 『民族研究』, 1997年 第6期, 24-24쪽.

218) 이와 관련해서는 김철, "재중동포(조선족)사회의 세대변화와 남북한관: '선 중국국민 후 민족' 자세로 남북관계 접근," 『통일한국』, 2004년 6월, 26-27쪽; 정현욱, "시대의 '경계인'에서 중화민족주의로 옮겨가는 조선족," 『민족21』, 2006년 3월, p117; 朴今海·鄭信哲, "略論中國朝鮮族的愛國主義情結," 『中央民族大學學報(哲學社會科學版)』, 2004年 第4期, 11쪽.

제3절 재중 조선족 사회의 현황과 전망

중국은 1970년대 말부터 개혁·개방정책을 실시하면서 급속한 경제발전을 이룩하였지만 재중 조선족의 주 거주지였던 동북3성 지역은 덩샤오핑의 '선부론(先富論)'에 입각한 불균형 경제발전 전략에서 소외되었고, 중국 변방의 주변부에 위치한 관계로 경제개혁의 혜택이 미치지 못했을 뿐만 아니라 경제발전에 따른 과실도 제대로 누리지 못했다. 오히려 1980년대 말부터 연변지역에 있던 많은 국영기업과 집체기업의 생산이 저하되어 공장이 폐쇄되거나 사영기업으로 전환됨에 따라 이미 활력을 상실하고 있었다. 따라서 생산성이 하락하고 실업률이 상승하는 등 산업의 장기 침체에 빠지게 되었다.

재미학자 박한식이 자신의 경험과 현지조사를 통해 수집된 1차 자료를 이용하여 재중 조선족 사회의 정치문화와 한반도와 재중 조선족의 관계를 분석한 보고서[219]에 의하면, 그는 1979년부터 1988년까지 7차례에 걸쳐 현지를 방문하여 각계 지도층 인사들과 면담을 실시하고 관련 자료들을 수집하여 보고서를 작성했다. 그가 분석한 바에 따르면 당시 중국에서 개방이 가장 늦은 지역이 소수민족 사회이며, 그 중에서도 재중 조선족 사회는 더욱 늦었다고 한다. 특히 재중 조선족의 의식 개방은 훨씬 늦게 이루어졌다. 그 이유로는 첫째, 재중 조선족 사회는 전통적으로 벼농사를 천직으로 믿어

---

219) 박한식, 『재중국 조선족 사회와 한반도(북한의 정책과 한국의 진로)』, 국토통일원, 1989. 그는 하얼빈 출생으로 현지조사 당시 여전히 많은 친지들이 그곳에 살고 있었으며, 한국의 방송과 연계하여 많은 이산가족의 상봉을 주선하여 현지 주민들의 환영을 받았다고 한다.

온 사회였기에 사회적 이동이 극히 제한되어 문화적 교류가 부진했고, 따라서 의식 변화가 쉽지 않았다. 둘째, 문화대혁명 시기 소수민족의 중화민족으로의 동화를 추진하여 정보정치에 의한 공포정치가 자행되었기 때문에 정부에 대한 공포와 발표된 정책에 대한 불신에 젖어 있었다. 따라서 개방정책의 지속성에 대해서도 회의를 품었기 때문이라는 것이다.

그의 보고서에 의하면 의식 개방의 정도도 지역에 따라 달랐고, 개방으로 인힌 변화도 재중 조선족 사회의 위치와 성격에 따라 차이가 나타났다. 일반적으로 연변 조선족자치주가 가장 보수적이고 경직되어 있었으며, 헤이룽쟝 같은 외곽에서는 중앙의 정치변화에 순응하는 속도도 빨랐고 의식도 상대적으로 더 개방적인 것으로 나타났다. 하얼빈, 창춘, 선양 등의 도시는 개혁·개방 초기부터 일찍 개방된 반면 연변, 투먼, 룽징 등 조선족 자치주 내의 도시들은 오랫동안 정치적으로 봉쇄되어 있었으며, 의식구조 역시 경직성을 견지하고 있는 것으로 나타났다.

그가 마지막으로 현지조사를 실시한 1988년 여름부터는 동북 변방의 재중 조선족 사회도 개방의 문을 여는 방향으로의 움직임이 감지되었다. 그러나 이 역시 한족의 의식 개방에는 크게 못 미치는 것이었다. 그 이유는 북한을 의식하는 중국의 정책과 이 지역의 재중 조선족들이 여러 모로 직·간접적인 북한의 영향을 받고 있는 입장에 있었기 때문이다.

사실 중국의 입장으로는 재중 조선족이 계속 벼농사에 의지하며 개방을 서두르지 말 것을 은연중에 희망했다. 왜냐하면 이들의 개방으로 인해 한국과의 관계가 깊어지는 것을 북한이 매우 경계했으며, 실제로 그렇게 되었을 경우 평양으로부터 항의를 받을 수 있다고 판단했기 때문이다.

그러나 그 후 재중 조선족 사회는 중국이 개혁·개방을 시작한 후부터 현재에 이르기까지 일대 지각변동을 경험해 왔다. 이를 두고 일각에서는 전면적 붕괴의 위기가 도래했다고 보고, 다른 한편에서는 오히려 전화위복의 기회가 왔다고 보았다. 앞에서 언급한 '국가경계의 약화'와 '민족연계의 강화'라는 세계사적 패러다임 속에서 발생한 소위 '세 번째 이동시기'[220]에 직면한 재중 조선족 사회의 지각변동을 어떻게 보아야 하고, 그 전망은 어떠한가? 또 당면한 위기를 전화위복의 계기로 삼을 수 있는 대안은 무엇인가? 이와 같은 문제들은 현재 재중 조선족 사회가 당면한 시급히 해결해야 할 문제들이다. 이러한 문제들을 해결할 방안을 모색하기 위해서는 우선 지금이 산업화, 도시화의 시대이니 만큼 재중 조선족 사회의 인구이동은 불가피하다는 전제가 필요하다. 그러한 전제 하에서 이하 현재 재중 조선족 사회에 대해 제기되고 있는 두 가지의 시각을 살펴보기로 한다.

1. 재중 조선족 사회의 해체위기론

중국내에서 조선족의 위상과 역할은 정치, 경제 및 사회의 각 측면에서의 고찰이 필요하다. 현재 조선족의 경제사회적 위상은 상당히 향상되었고 중국정부와 기타 소수민족으로부터 인정받는 소수민족의 지위를 확보하고 있다. 사실 중국 조선족은 그다지 차

---

220) 재중 조선족 사회의 제3차 이동에 대한 자세한 내용에 대해서는 최진욱 외, 2004, 『동북아 한민족사회의 역사적 형성과정 및 실태』(서울: 통일연구원), 72-76쪽 참조.

별을 받고 있지 않으며, 정치적인 지위나 경제적인 활동, 기타 사회활동에서 비교적 자유롭다. 중국의 소수민족은 티베트나 신장과 같이 분리 독립을 주장하는 민감한 지역 이외에는 비교적 '평등'한 지위를 누리고 있다고 한다. 그리고 무엇보다 조선족의 높은 수준의 교육열과 성실성이 중국내에서 조선족의 위상을 강화시킨 일차적인 요인으로 꼽히고 있다. 이와 더불어 한중관계의 확대 및 강화도 밀접히 관련되어 있다. 수교 당시 여러 영역에서 중국에 비해 상대적으로 우세했던 한국과 중국의 교류 증가 추세는 조선족의 활동 공간을 확대해 온 것으로 볼 수 있다. 특히 조선족의 한국 내 노동시장 진출은 이들의 경제력 향상, 그리고 연변 자치주 및 조선족 집거지역의 재정개선에 큰 도움을 준 것으로 평가할 수 있다.221)

그러나 다른 한편으로 중국 당국의 소수민족정책이 지니고 있는 이중적인 '우대'와 '관리' 정책은 조선족의 위상 강화에 기여하는 동시에 위상 제고의 한계로 작용하고 있다. 조선족은 소수민족으로서 사실상 중국 개혁·개방의 이익분배에서 배제되어 왔다.222) 과거부터 줄곧 연변의 조선족 다수는 공업 발전에서 제외되었고 주로 농업에 종사해왔다. 조선족은 특유의 교육열과 근면함으로 어느 정도의 부를 획득해 온 것이지, 사실상 중국 정부의 특별히 큰 혜택이 있었던 것은 아니다. 또한 중국은 표면적으로 소수민족의 문화와 정체성을 존중한다는 정책을 펴왔다고 하지만, 동시에 조선족

---

221) 연변자치주 재정 수입 증대에 크게 공헌한 사실은 이 지역의 조선어 매체나 인터넷 포털 등에서 자주 등장하는 주제이다.

222) 덩샤오핑의 개혁개방은 '선부론(先富論)'과 동부 연안지역부터 시작하는 지역경사정책을 채택했기 때문에 소수민족의 주요 거주지역인 서북, 서남 및 동북지역은 초기 개혁개방의 혜택을 거의 받지 못했다.

자치주의 정체성을 약화시키기 위한 한족들의 이주, 다양한 경제 통합정책 등을 구사해왔다. 특히 조선족으로서의 문화적 정통성을 고집할 경우 중국에서 성공하기가 힘든 구조이다. 그렇기 때문에 조선족은 중국내 소수민족 중에서는 경제적으로 성공한 편이지만 사회적으로는 보통수준이며, 그 위상과 역할도 갈수록 축소되고 있다. 정치적 위상도 일부 조선족이 군부와 행정부 고위직에 등용되어 있지만 이것만으로 정치적 위상이 높다고 할 수 없다. 오히려 연변 조선족 자치주의 자치권한과 영역이 얼마나 확대되는가가 관건인데, 조선족자치주의 격하문제가 이미 공론화된 바 있는 바와 같이 중국에서 조선족의 위상과 역할은 빠른 속도로 하락하고 있다.[223] 현재 연변조선족자치주의 4대 기구의 수장 가운데 조선족이 맡고 있는 것은 자치주 인민정부의 주장뿐이고 나머지 세 기구는 모두 한족이 차지하고 있다. 그 중에서도 모든 정책에서의 최후 결정권과 감독권을 갖는 당 위원회 서기는 장더장(張德江) 이래로 줄곧 한족이 차지했다.[224]

---

223) 사단법인 동북아공동체연구회, 『조선족의 정체성과 향후 역할에 관한 연구』, 경제·인문사회 연구회 대중국 종합연구 협동연구총서, 2010년 3월, 169쪽. 이경호 당시 자치주 주장의 '연변시' 구상에 대해 사회과학원 정신철 연구원은 신랄하게 비판했다.

224) 중국정부의 '조선족정책'에서 가장 특징적인 것은 '국제분쟁' 해결을 위해 조선족 정책을 제정한 것이다. 중국에서는 각급 행정지구의 권력계통 중 당기관의 서기 지위가 행정수장 보다 높다. 장쩌민이 "탈북자 문제"의 해결을 위해 장더장을 연변으로 파견한 후부터 연변주 당서기는 줄곧 타민족(한족)이 담당하였으며, 1990년대 김정일 시대에 발생한 "대 북한 첩보망 붕괴"사건 후 주정부 영도층 조선족들은 실권을 거의 상실하였다고 한다.

<표 6-2> 중공 연변주위원회 연혁과 역대 서기 일람표(1949-)

기구(기간)	직위명칭	성명
중공연변주위(1949.02-1956.12)	서기	주덕해(朱德海)
중공연변주위(1956.12-1967.01)	제1서기	주덕해
중공연변주위(1971.03-1973.06)	제1서기	류리엔(劉璉)
중공연변주위(1973.06-1977.01)	서기	최해룡(崔海龍)
중공연변주위(1977.01-1978.04)	서기	김명한(金明漢)
중공연변주위(1978.04-1982.11)	제1서기	조남기(趙南起)
중공연변주위(1982.11-1983.11)	서기	최림(崔林)
중공연변주위(1983.11-1987.11)	서기	이덕수(李德洙)
중공연변주위(1991-1996.05)	서기	상더샹(張德江)
중공연변주위(1996.05-1998.01)	서기	쑤룽(蘇榮)
중공연변주위(1998.01-2001.01)	서기	왕루린(王儒林)
중공연변주위(2002.02-2004.12)	서기	톈쉐런(田學仁)
중공연변주위(2004.12-2011.04)	서기	덩카이(鄧凱)
중공연변주위(2011.04-2016.01)	서기	장안순(張安順)
중공연변주위(2016.01-2017.06)	서기	좡옌(庄嚴)
중공연변주위(2017.06-)	서기	쟝즈잉(姜治瑩)

출처: 中共延邊州委組織部等編, 『中國共產黨延邊朝鮮族自治州組織史資料』(延吉: 中共延邊州委機
關印刷廠, 1991), 19쪽과 기타 인터넷자료를 참조하여 재구성.

<표 6-3> 연변조선족자치주 4대 기구의 현직지도자

기구 및 직위	중국공산당 연변조선족자치주 위원회 서기	연변조선족자치주 인민대표대회 상무위원회 주임	연변조선족자치주 인민정부 주장	중국인민정치협상회의 연변조선족자치주 위원회 주석
성명	姜治瑩 (쟝즈잉)	紀凱奇(代) (지카이치)	金壽浩(代) (진소우하오)	於曉峰 (위샤오펑)
민족	漢族	漢族	朝鮮族	漢族
호적	길림성 문화시	톈진시	길림성 훈춘시	길림성 허룽시
출생년월	1961年 3月	1959年 2月	1962年 6月	1957年 5月
취임년월	2017年 6月	2017年 6月	2017年 6月	2015年 1月

출처: 연변조선족자치주 4대 기구 현직지도자 https://zh.wikipedia.org/wiki/%E5%BB%B6%E8%BE%B9%
E6%9C%9D%E9%B2%9C%E6%97%8F%E8%87%AA%E6%B2%BB%E5%B7%9E#政治

중국의 개혁·개방 이후 재중 조선족 사회에 발생한 중대한 문제로는 인구유동에 따른 집단거주 지역(集居區, 이하 집거구)의 해체 위기를 들 수 있다.[225] 그것과 연계되어 발생하는 위기로는 민족 자치권 상실의 위기, 민족 정체성의 위기, 교육위기, 인재유출 위기, 농촌경제 위기 등이다.[226] 이러한 위기설의 근저에는 다수 재중 조선족 사회 구성원의 도시와 해외로의 진출에 따른 전통적인 농촌공동체의 해체와 그로 인해 유발된 정체성의 상실과 동화현상의 가속화가 존재한다. 실제로 중국의 개혁·개방과 한중수교는 재중 조선족 사회에 있어서 새로운 도전이자 기회였다. 개혁·개방 이후 재중 조선족 사회에는 대규모의 광범위한 인구유동이 발생, 고유의 농촌중심사회와 문화에 심각한 충격이 발생했고, 그 영향으로 사회구조와 생활양식에도 많은 변화가 발생했다. 재중 조선족 사회는 또한 해외진출과 외부와의 접촉을 통해 자아 정체성을 확인하였다. 그 결과 자신들이 어쩔 수 없는 '중국 조선족'이라는 '국민의식'을 더욱 확고히 자각하게 되었던 것이다.[227]

시장경제체제의 도입과 한중 수교수립 이후 조선족 사회는 한국과 중국 내 대도시지역으로의 대규모 이동, 출산율의 급격한 저하와 인구구조의 고령화로 매우 급격한 변화를 겪고 있다. 연변지역의 조선족 인구는 최근 전체 인구에 대한 상대적 비중뿐만 아니라 절대규모에 있어서도 감소추세를 보인다. 통혼권역과 거주지역의 급격한 확산에 수반하여 조선족 인구의 출산율 감소와 고령화 추세

---

225) 이와 관련한 분석으로는 허명철, 2003, 『전환기의 연변조선족』(심양: 요녕민족출판사), 53-71쪽; 권태환 편저, 2005, 『재중동포사회의 변화: 1990년 이후를 중심으로』(서울: 서울대학교 출판부), 35-66쪽 참조.

226) 김재기, 2002, "중국 조선족 집거구 해체 위기와 대응," 『재외한인연구』, 12호.

227) 이승률, 2007, 『동북아시대와 조선족』(서울: 박영사), 285-286쪽.

는 한국 인구보다도 훨씬 빠른 속도로 진행되고 있다. 연령구조의 불안정화와 민족교육의 위축은 중국 내 속수민족 사회로서 조선족 사회의 위상을 약화시키고 민족정체성의 유지에도 위기상황을 초래할 것으로 우려되고 있다.

2016년 말 기준으로 연변조선족 자치주의 총인구는 214만 명이고, 조선족 인구는 75만 9,000명으로 총 인구의 35.8%를 차지한다.228) 연변조선족자치주 인구 가운데 한족이 이미 조선족의 거의 두 배에 달했다. 인구조사가 호적을 위주로 이루어진다는 점을 감안하면 그 비율 차이는 훨씬 더 커질 것이다. 이와 같은 상황에 대한 재중 조선족의 대응은 불만을 표시하거나 항의하기 보다는 탈출을 선택했는데, 그 탈출구는 한국을 비롯한 해외와 중국의 연해 도시지역이며, 이러한 현상에 대해 '글로벌화', 또는 '노마드의 진취성' 등의 표현으로 자위하고 있다. 이를 두고 일부에서는 피를 대가로 하여 쟁취했던 동북지역의 영역 보다는 개인의 발전과 안위를 우선시하게 되었다는 평가도 있다.

<표 6-4> 연변조선족자치주의 호적인구와 조선족 인구 변화(2005-2017)

년도 /항목	주 전체 인구 (단위: 만 명)	조선족 인구 (단위: 만 명)	조선족 비율 (단위: %)	비율 변동 (단위: %)
2005	217.5	81.6	37.5	-
2006	217.8	81.2	37.3	- 0.2
2007	218.0	80.8	37.0	- 0.3
2008	218.7	80.6	36.8	- 0.2
2009	217.9	80.0	36.7	- 0.1
2010	219.1	80.1	36.6	- 0.1
2011	218.6	79.8	36.5	- 0.1

228) 吉林省统计局, 「延邊朝鮮族自治州2016年國民經濟和社會發展統計公報」, 2017年 3月 17日.

2012	218.3	79.8	36.5	0
2013	215.0	78.2	36.4	- 0.1
2014	214.6	77.8	36.3	- 0.1
2015	213.6	77.4	36.2	- 0.1
2016	212.0	75.9	35.8	- 0.4
2017	210.14	75.72	36.04	+ 0.24

출처: 「延边州国民经济和社会发展统计公报」(2008-2017年)

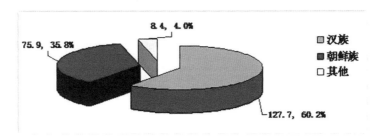

<그림 6-2> 연변조선족자치주의 인구 구성비(2016년 말 기준)
출처: 吉林省统计局, 「延邊朝鮮族自治州2016年國民經濟和社會發展統計公報」, 2017年 3月 17日.

　　재중 조선족이 가장 많이 집중하여 거주해 온 지역이 동북3성,
즉 길림성, 요녕성, 흑룡강성이라는 것은 잘 알려진 사실이다. 연변
조선족자치주를 포함한 동북3성 지역은 첫째, 중국정부의 점진적
동화정책으로 인해 민족적 동질성이 위협받아 왔고, 둘째, 한족의
대규모 이주로 인해 자치지역 내에서조차도 소수민족으로 전락하고
있으며, 셋째, 공산화 이래 중공업중심주의에 입각한 이중가격제로
인하여 경제적 소득 면에서 심각한 격차를 경험했고(조선족의 80%
이상이 농민), 현재 중국정부가 동북진흥정책을 통해 동북지역의
경제발전을 유도하고 있으나, 여전히 경제적 소외에 직면하고 있으
며, 마지막으로 중국정부에 대한 높은 재정의존도로 인하여 표면적
으로 보장된 민족자치마저 심각한 위협에 직면해 있다. 최근의 통

계에 의하면 중국이 개혁·개방을 한지 약 사십 년이 지난 지금 원래 190만여 명에 달하던 인구의 약 3분의 2 가량이 중국 연해지구나 해외(한국 포함)로 이주해서 생업이나 학업에 종사하고 있고, 일부는 원래의 농사를 버리고 인근 도시지역으로 유입되었다고 한다.229) 갈수록 집거구의 재중 조선족 인구가 줄어드는 이유에 대해 중국의 재중 조선족 학자들은 농촌을 떠나 대도시로 유입되는 재중 조선족들과 돈을 벌기 위해 한국으로 오는 재중 조선족들의 증가 및 출산율 저하를 들고 있다. 이리한 추세가 계속되면 연변자치주에서 재중 조선족이 차지하는 인구 비율이 심각한 수준으로 떨어질 것이라는 비관적인 예상도 있다.230)

<표 6-5> 연변조선족자치주의 민족 구성 비율(2010)

민족명칭	漢族	朝鮮族	滿洲族	回族	蒙古族	景頗族	土家族	壯族	苗族	錫伯族	기타 민족
인구수	1,465,758	736,991	57,212	6,370	3,036	194	188	177	154	130	606
주 전체 인구에서 차지하는 비율(%)	64.55	32.45	2.52	0.28	0.13	0.01	0.01	0.01	0.01	0.01	0.03
소수민족 인구에서 차지하는 비율 (%)	---	91.55	7.11	0.79	0.38	0.02	0.02	0.02	0.02	0.02	0.08

출처: 吉林省第六次人口普査領導小組辦公室、吉林省統計局,《吉林省2010年人口普査資料》, 中統計出版社, 2012년 10월.

---

229) "在日中国朝鮮族研究会出书论中国朝鮮族全球移动,"『中国侨网』 http://www.chinaqw.com/hqhr/hryj/200607/28/38511.shtml (검색일: 2007/05/20)

230) 최우길, 2004, "재중동포정책의 방향고찰: 조선족 사회의 현황 및 중국의 소수민족정책에 비추어," 외교통상부 재외국민영사국 재중동포정책세미나(서울: 11월 9일), 쪽.

그렇게 될 경우 집거구의 해체로 인해 과거 재중 조선족 사회가
해 온 중심지와 중개지로서의 역할을 제대로 수행하기가 어렵게 될
뿐 아니라, 이 지역에서의 한민족의 역량을 사장시켜 장기적으로
막대한 기회비용을 부담하게 될 것이므로 적절한 대책마련이 시급
한 상황이다. 앞으로 동북아 경제 공동체가 활성화 되고 한반도가
통일이 된다면 연변은 다시 중요한 지역으로 부상하게 될 것이다.
그 때를 대비하여 이 지역에 대한 선점권을 유지하기 위해서라도
동북지역의 재중 조선족 사회를 살리고 유지하는 작업에 최선의 노
력을 경주해야 할 것이다. 특히 자치주의 유지와 촌민자치의 활성
화를 위해 차세대 간부들을 적극적으로 육성할 필요가 있다.

2. 한민족사회 확산기회론

한편, 소위 '기회설'에 의하면 재중 조선족 사회는 농업을 위주
로 하던 촌락사회에서 공업, 상업과 서비스업을 위주로 하는 도시
산업사회로 진입하고 있고, 농촌공동체에서 근대산업 및 도시문명
과 이웃하는 '코리안 타운'의 형태로 전환하고 있다고 본다. 전술한
재중 조선족 공동체의 해체 위기에도 불구하고 다행스러운 점은 재
중 조선족들이 당면한 '위기'에 대처하여 자구책을 마련하기 위해
적극적으로 나서고 있다는 사실이다. 그 동안 많은 조선족 인구가
이동했음에도 불구하고 동북의 여러 도시와 농촌지역에 일정한 조
선족 공동체가 여전히 건재하며, 동북지역의 조선족 공동체를 보존
하기 위한 노력이 지식인층을 중심으로 활발히 이루어지고 있다.
그들은 새로운 정착지인 도시에서 조선족 집거지를 형성하고,[231]

자체의 단체를 결성하는 등의 노력을 기울이고 있으며, 특히 베이징 등 대도시를 중심으로 민족 언어 교육을 위한 노력도 적극적으로 이루어지면서 재중동포 시민교육운동으로 발전시켜나가고 있다.[232] 또 재중 조선족 사회와 재중 한인 사회를 중심으로 '한겨레사회'라고 하는 하나의 공동체를 지향하는 움직임이 특히 베이징과 연해(沿海)지역을 중심으로 하여 새롭게 일어나고 있는 점도 새로운 현상으로, 앞으로 재중 조선족 사회의 현황과 관련하여 주목되는 부분이다.[233] 이러한 움직임들로 인해 조선족 집거구의 해체와 조선족의 분산을 '위기'로 보기 보다는 하나의 '기회'로 보는 시각과 노력들이 나타나고 있다.

실제로 조선족 사회에서는 이미 새로운 집중촌의 형식으로 도시형집거타운, 도시 근교형 모델, 농촌 중심촌 모델 등 다양한 모델들이 제시되고 실행에 옮겨졌다.[234]

먼저, 도시 근교형 모델은 도시에 가까운 지리적 여건을 활용하여 도시인접지 땅을 폐경하여 2, 3차 산업기지로 전환하고 다시 그곳을 공업단지, 아파트단지, 문화오락구역으로 나누어 촌민들로 하여금 자유롭게 선택하게 한 후 재분배하는 방식이다. 실제로 헤이룽장(黑龍江)성 하이린(海林)시의 신허(新合)촌, 지린(吉林)시 주변의 진펑(金豊)촌, 선양(瀋陽)시의 만룽(滿融)촌, 연맹촌(화원신촌) 등과 같이 대도시 주변에 '집중촌(集中村)'이 세워졌다. 이들 집중

231) 최진욱 외, 『동북아 한민족사회의 역사적 형성과정 및 실태』, 80쪽.

232) 최우길, "중국 조선족 사회와 교육의 변화,"『현대중국연구』, 2집, 178-181쪽. 조성일, 황유복, 서학동 인터뷰, 2007년.

233) 이와 관련한 구체적인 사례를 취재를 통해 엮은 책으로는 이진산 편, 2006, 『중국 한겨레사회 어디까지 왔나?』(하얼빈: 흑룡강조선민족출판사); 차한필, 2006, 『중국 속에 일떠서는 한민족』(서울: 예문서원) 참조.

234) 박금해, "중국의 민족정책과 조선족 사회 현황" http://blog.daum.net/tjscs/11809264

촌은 농업과 공업, 그리고 상업을 연결시킨 복합촌으로 거듭났으며, 산업과 서비스업을 중심으로 교육, 문화, 복지를 아우르는 재중 조선족 사회 공동체의 새로운 모델이 될 것이다. 예를 들면 하이린시 신허촌은 리동춘 이사장의 인솔 하에 마을의 땅을 활용해 농촌집단 기업을 만들었다.[235] 선양시 만룽촌도 1,000여 호의 재중 조선족 가구를 집중시켜 30여개 기업을 세우고 민족경제 진흥의 발전 모델을 지향하고 있다. 이 밖에 도시 집거타운 모델로는 중국 최대의 코리안 타운으로 유명한 선양의 시타(西塔) 거리, 하얼빈(合爾濱)시 샹팡(香坊)구 고려타운 등이 있고, 지린시의 아라디촌처럼 도시 외곽에 있지만 도시 중심에 일부 '집중촌'들을 끼고 있는 '중심촌형,' 그리고 한국의 '두레마을'이 연변(延邊) 등지에 세운 대규모 생태농업단지 등이 있다.[236] 이처럼 선진적인 영농법을 기반으로 고부가가치 농산품을 생산해야 재중 조선족 사회의 해체를 막고 한국에서 회귀하는 이주민들을 재수용 할 수 있는 경제적 토대를 마련할 수 있을 것이다.

다음으로, 산하이관(山海關) 이남의 베이징, 톈진(天津), 칭다오(靑島), 상하이 등지에서도 새로운 코리안 타운이 들어서고 있다. 이 새로운 코리안 타운은 재중 조선족과 한국인 사회의 통합(혹은 혼합)형태로 나타난다. 칭다도, 웨이하이(威海), 옌타이(煙臺)를 중심으로 하는 산둥(山東)반도와 베이징의 왕징(望京) 뉴타운 등을 중심으로 재중 조선족과 한국인이 통합되어 하나의 새로운 '민족사회'를 이룩해 온 것이다. 이와 연계하여 적절한 여건들이 충족된다

235) 김대홍. 2007. "10명 조선족의 꿈, 13억 중국인보다 크다"
http://www.ohmynews.com/NWS_Web/View/at_pg.aspx?cntn_cd=A0000430873(검색일: 2007/09/03)

236) 이승률, 2007, 『동북아시대와 조선족』(서울: 박영사), 252-255쪽.

면 산업과 무역, 교육과 언론을 아우르고 중국 동북지역과 황해권 (黃海圈)을 연결하는 민족공동체 문화네트워크, 한 걸음 더 나아가서 '동북아 한민족 경제 네트워크'가 이루어질 수도 있을 전망이다. 만일 남북한, 그리고 중국과 러시아 연해주 일대에 흩어져 있는 한민족의 역량을 하나로 결집할 수 있다면, 우리도 화교나 유태인 부럽지 않은 번영을 누릴 수 있을 것으로 본다.

그러나 이러한 재중 조선족 공동체의 지각변동과 발전방향을 모색힘에 있어서 가장 경계하고 직극직으로 대처해야 할 문제는 바로 '민족정체성'의 상실이다. 민족정체성을 상실한 개인과 집단의 부의 축적은 큰 의미가 없기 때문이다. 일찍이 300년간 중원을 지배했던 만주족이 자기의 민족적 정체성과 문화를 상실함으로써 흔적도 없이 자취를 감춘 전철을 다시 밟을 수 있기 때문이다. 이러한 의미에서 재중 조선족의 '제3차 이민물결'을 좌시하지 말고 새로 생겨난 우리민족의 공동체에 교육과 문화의 씨를 심는 작업을 서둘러야 할 것이다. 바꾸어 말하면 산하이관 이남으로의 인력 진출에 교육, 문화의 진출을 동반시켜야 한다는 것이다. 그 결과는 동북아 우리민족 경제·문화 네트워크의 연결로 나타날 것이다. 요컨대 민족정체성을 고수하는 작업만 잘 한다면 '제3차 이민물결'에서 재중 조선족 사회가 얻는 것은 민족공동체의 풍요와 확장이지, 잃을 것은 아무 것도 없을 것이라는 것이 조선족 사회 엘리트들의 보편적인 시각이다.

제7장

결 론

중국 공산당의 재중 조선인에 대한 정책은 1920년대 말부터 중공 중앙이 동북지역으로 활동범위를 넓혀 조선인 공산주의자들과의 접촉을 통해 조선인 문제에 눈을 뜨면서부터 시작되었다고 할 수 있다. 특히 그 당시 조선인 문제가 내포한 국제정치상의 민감성으로 인해 중국공산당은 사실상 중국 민족주의의 전통적 형태인 영토적 통일을 추구하게 되었고, 그것이 동북지역에 대한 중국공산당의 지도권 확립의 형태로 나타났다고 할 수 있다.

이와 같은 중국 공산당의 기본 정향은 코민테른의 일국일당 원칙을 동만지구에 적용하면서 민족주의적 성격을 띠게 되었고, 조선인들에게도 족성을 선택하도록 강요하게 된다. 이러한 강요에 의한 분규로 인해 민생단 사건이 발생했고, 조선인의 민족주의는 중국인의 민족주의에 패배하게 되었다. 이 시기에 중국공산당의 조선 공산주의자 및 조선인에 대한 정책은 선언적 의미에서 민족자결이나 공산주의적인 면을 강조하지만, 실제로는 이미 민족주의적인 성격을 내포했던 것이다.

이 시기의 주요 현안이었던 조선족의 족성과 조선인 거주구역 즉 간도의 처리문제는 중국 공산당의 초기 정책에서도 계속 제기되었던 사안이었다. 이에 대해 중공은 선언적 의미에서 때로는 조선인의 자결권을 용인한다고 하였지만 실제로는 점진적으로 조선인 지역에서 중공 자체의 주도권을 수립해 나가고, 결국은 궁극의 목표인 영토의 통일과 민족의 통합을 향해 나아가게 된다. 이것은 일본의 패망 후 중공 중앙이 연변에서 항일연군계를 배제하고 연안계를 위주로 당을 장악해 나가는 과정과 토지개혁 및 참군운동에의 조선인 동원과정을 거쳐 친 중공적인 조선인 간부의 양성 등을 통해 조선인 지역을 장악해 나가는 방향으로 진행된다. 결국 1948년 말에 개최한 민족문제 좌담회에서의 논쟁을 통해 그들의 뜻을 완전히 관철하는 과정에서도 나타난다. 결국 이 논쟁을 전후하여, 중국의 조선인은 사실상 중국인의 일부인 조선족으로 족성을 변경하게 되며, 이에 기초하여 중국정부의 조선족에 대한 민족정책이 이루어지게 된다.

그러나 이들은 중국에서 토착화한 소수민족이 아니며, 현재 한반도에 모국이 존재하고 있으므로 중국의 소수민족 정책에서 특이한 존재라고 할 수 있다. 청나라 초기에는 농북지역이 봉금지대였음에도 불구하고 생계를 위해 조선인들이 산발적으로 이주했으며, 구한말과 일제시대에 본격적으로 조선인들의 이주가 시작되면서 지역공동체 사회를 형성하기 시작하였다. 이후 국민당 정부에게 차별대우를 받았던 조선인들은 적극적으로 공산당에 가담하였는데, 이 지역은 일찍부터 공산주의 운동이 시작되었다. 1946년에는 이미 중공의 지배영역이 되어 토지개혁 등의 사회주의적 개조가 시작되었고, 중공은 소수민족 정책을 수립할 당시 조선족 지역을 소수민족의 모범적 사례로 여겼다. 그러나 한국전쟁 당시 다수의 민족간부를 상실하였고, 1957년부터 시작된 반우파 투쟁과 지방민족주의 투쟁 등을 통해 대부분의 민족간부가 사라지게 되었다. 이처럼 정치적 민족주의가 억압받게 되면서 언어와 학교 교육을 통한 조선족의 문화민족주의 고양의 움직임이 있었으나, 이 역시 정치화 할 수 있다는 우려로 인해 제약을 받는 상황이 30년 이상 지속되면서 조선족은 급격히 한화(漢化) 하게 되었다.

중국의 개혁개방, 특히 1992년의 한중 수교 이후 조선족의 민족정체성은 다시 한 번 동요를 겪게 되었다. 중화민족 속에 융화된 소수민족이 아니라 모국을 가진 '조선족'으로서의 정체성을 다시

한 번 각성하게 된 것이다. 사회주의 국가의 건설에 적극적으로 참여하였고, 농업과 낮은 수준의 공업 경제생활에 익숙해져 있던 조선족에게 한국과의 교류는 가치관의 혼란을 가져다주었던 것이다. 한편 중국 정부에 있어서도 조선족과 한국과의 교류는 문제가 되었다. 한국인의 중국 진출이 조선족 사회의 경제에 영향을 미치면서, 더불어 이들의 민족주의를 고양시킬 우려가 있었기 때문이다. 특별히 조선족 사회를 겨냥한 정책이 발표되지는 않았으나, 조선족을 대상으로 '삼관교육'이라는 애국주의 교육이 실시되었고, 한중간의 주요 쟁점으로 부각된 '동북공정'이나 중국의 고구려 유적 세계문화유산 등재 노력 등은 명백히 분리 독립의 움직임을 원천봉쇄하려는 정책의 일환으로 보인다.

주지하듯이 현재 재중 조선족 사회는 중국이 경제대국으로 부상함에 따라 기회와 더불어 위기를 맞고 있다. 기회는 재중 조선족의 신세대를 중심으로 경제, 사회, 문화, 학계 등 각 방면의 주류사회 진입이 늘어나고 있다는 점에서 찾을 수 있고, 위기는 동북 3성에 형성되어 있던 조선족 집거지역(근거지)이 해체위기에 직면했다는 우려이다. 현재 조선족 사회의 가장 큰 문제는 무엇보다도 인구 유출로 인한 기존 공동체의 붕괴이다. 약 200만에 이르렀던 조선족 중 한국으로 이동한 조선족은 60만이 넘으며, 역시 50만 이상이 중국의 관내로 진출하고 있어, 연변조선족 자치주는 심각한 존립의 위협을 받고 있다. 또한 한족과 혼거하고 있는 지역에서는 많은 조선족의 후속 세대가 漢化 되고 있다.

한편 21세기에 들어와서 세계화, 정보화 추세가 급진전함에 따라 국민국가의 한계를 지적하는 목소리와 함께 각 지역의 한인 동포사회와 한반도를 포괄하는 글로벌 네트워크를 조속히 구축해야 한다는 주장이 제기되었다. 이미 전 세계에 퍼져 있고, 그 확산 과정이 여전히 현재 진행형인 한인 동포사회를 하나의 네트워크로 묶는 작업이야말로 무국경·무한경쟁의 현 시대조류에 대처할 수 있는 첩경으로 인식되었기 때문이다. 다만 그동안 개별적이고 분절적으로 전개되어 온 재외한인들의 네트워크를 어떻게 하나로 수렴할 것인지는 고난도의 정치적 문제이며 우리가 앞으로 반드시 해결해야 할 문제라고 하겠다. 따라서, 세계화를 통해 '국가경계의 약화'와 '민족연계의 강화'라는 국제적 조류 속에서 발생한 중국 조선족 사회의 '확산(또는 분산)' 현상을 어떻게 보아야 하고, 그 전망은 어떠한가? 또 확산의 결과로 나타난 전통 집거지 해체 위기를 전화위복의 계기로 삼을 수 있는 대안은 무엇인가? 이와 같은 문제들은 현재 재중 조선족 사회가 당면한 시급히 해결해야 할 문제들이다. 이러한 문제의식 하에 재중 조선족 사회를 하나로 묶는 네트워크 구축 작업이 어떻게 진행되어 왔는지, 그 문제점은 무엇인지 그리고 미래의 전망은 어떤지 등의 문제들에 대해 세밀한 분석을 진행할 필요가 있다.

과거 중국 조선족들은 중국사회에서 진정한 주류에 편입되지 못한 채 주변부적, 지역적인 삶을 살아왔다. 비록 신 중국 건립에 기여한 공로를 인정받아 조선족 자치주를 형성하였지만 빈번한 정치운동으로 막대한 피해를 입었고, 변방의 소수민족으로서 전통적인 농경사회를 유지해 왔다. 개혁·개방 이후에는 다수 인구의 외부 유출과 중국 공산당 정부의 암묵적인 소수민족 융화정책으로 인해 자치주의 존속마저 위협을 받고 있다. 그들은 보다 더 나은 부의 창출과 학문적 성취 등을 희망하며 한국, 일본이나 미국 등으로 이주하였지만, 여전히 정체성 혼란과 주변인으로서의 한계를 극복하지 못하고 있다.

중국 조선족의 정치적 입지는 그 명칭의 생성에서부터 현대 중국의 정치과정과 중국정치의 큰 부분을 차지하는 민족정치, 그리고 조선족 엘리트들의 인식과 행위가 복합적으로 얽혀 생성된 산물이라고 할 수 있다. 중국정치는 전위대로서의 공산당이 모든 권력을 장악하고 이끌어 나가고 있다. 이는 소수민족지역으로서의 조선족 자치주와 자치현(自治縣) 및 자치향(自治鄕)에서도 마찬가지이다. 그러므로 그들이 중국에서 잔류(미귀환)를 선택했던 순간부터 중국 공산당의 이념과 조직체계에 따라 정치생활을 비롯한 모든 생활을 영위할 수밖에 없었다. 상급에의 절대 복종을 원칙으로 하는 조직 문화 속에서 민족간부라고 해서 특별히 자민족 중심의 정치활동을 전개 할 수는 없었다는 것이다.

현재 조선족들은 중국의 국내정치에서 소수민족정책에 근거하여 중앙과 관련 지방정부의 정치에 직접 참여할 수 있고, 조선족들의 집단거주지에 자치기관을 설치, 자치권을 행사하고 있다. 조선족 자치가 이루어지고 있는 지역은 연변조선족자치주와 장백조선족자치현(長白朝鮮族自治縣)등 지린성 내의 2개 지역이다. 그러나 조선족들이 향유하고 있는 자치권이나 자치의 개념은 어디까지나 "모든 민족은 중국의 公民"이라는 것이 대전제가 되고 있기 때문에 절대적 자치권을 갖는 주권적 자치가 아니라 중앙정부로부터 위임된 범위 내에서의 제한적 업무를 관장하는 행정자치에 불과하다고 볼 수 있다. 따라서 정치학적인 관점에서 조선족 사회를 보았을 때 그 특징은 일종의 '신민형 사회' 또는 국가라는 범주 내에서의 '내부 식민'에 가깝다고 볼 수 있다.

중국의 정치 무대에서의 조선족의 활동상황을 보면 연변자치주나 장백자치현의 경우 조선족 간부의 비율이 50%를 상회하는 등 비교적 활발한 정치·행정 활동이 보장되고 있으나, 가장 핵심적인 당 위원회는 한족에 의해 장악되어 있고, 차세대 간부의 육성과 정계 진출에의 적극성도 높아 보이지 않고 있다. 뿐만 아니라 중국 중앙 지도부에서의 조선족의 활동은 미미한 편이다. 특히 2003년에 조선족 가운데 최고위직에 올랐던 조남기(趙南起) 上將(대장)이 전국인민정치협상회의(전국정협) 부주석에서 물러났고, 2008년에는 중국정부내의 최고위 조선족 관리였던 이덕수(李德洙) 국가민족사무위원회 주임이 전국인민대표대회(전인대)에서 물러나면서 중앙정치무대에서의 조선족의 퇴조 현상이 뚜렷해지고 있다. 이처럼 조선족의 중앙 및 지방 정치무대 진출이 계속 어려워지면서 장기적으로 소수민족으로서의 정체성 유지와 경쟁력 확보에도 매우 부정적 영향이 초래될 것으로 우려된다. 실제로 재중 조선족은 중국내 소수민족 가운데서 경제적으로 성공한 편이지만 사회·정치적으로는 보통수준이며, 그 위상과 역할이 갈수록 축소되고 있다. 정치적 위상도 일부 조선족이 군부와 행정부의 고위직에 등용되어 있지만 이것만으로 정치적 위상이 높다고 할 수 없다. 오히려 연변 조선족 자치주의 자치권한과 영역이 얼마나 확대되는가가 관건인데, 조선족 자치주의 격하문제가 이미 공론화된 바 있듯이 중국에서 조선족의 위상과 역할은 빠른 속도로 하락하고 있다. 이러한 현상은 아마도 중국 내에서 조선족이 갖는 특수성과 관련이 있을 것이다. 즉 중국 정부가 자국 내 소수민족의 평화로운 존립을 유지하는 정책을 취하고 있는 것은 사실이나, 이는 어디까지나 체제유지에 위협요소가 없다는 전제조건을 필요로 한다. 이러한 측면에서 여건의 변화에 따라 지속적으로 상황에 맞는 소수민족정책을 구사해야 하는 중국

정부의 입장에서 조선족 문제는 쉽게 처리할 수 있는 대상이 아니다. 우선 조선족은 현재의 국적은 중국인이지만 자신들의 모국과 국경을 접하여 살고 있는 유일한 소수민족으로서 역사적으로나 정서적으로 이중성을 가진 사람들의 집단이기 때문이다. 게다가 한반도가 언제, 어떤 식으로 통일이 이루어질지 모르는 상황에서 통일 이후 조선족을 둘러싼 정세변화의 불확실성도 크다. 따라서 중국정부가 조선족의 정치적 영향력 확대를 결코 원치 않을 것이라는 점을 짐작할 수 있다.

현대 중국의 소수민족 정책은 신장이나 티베트 등 서북부의 일부 지역을 제외하면 (소수)민족구역 자치와 평등·단결원칙에 따라 비교적 무난하게 수행되고 있는 것으로 볼 수 있다. 그러나 장기적으로 보면 그것은 점진적이면서도 간접적인 동화정책이라 할 수 있다. 왜냐하면 소수민족의 '소수자'로서의 한계에 더하여 중국의 '개혁·개방'과 급속한 경제발전, 그리고 광범한 산업화와 도시화, 정보화, 시장경제 체제의 도입과 생존경쟁 등 자본주의화 추세가 광범한 농촌 및 변경지역에 산재하는 소수민족들의 정체성을 위협하기 때문이다.

특히 재중 조선족 사회의 경우 1990년대 북한의 위기 심화와 탈북자 문제, 1992년 한·중 수교 이후의 '한국바람'으로 인한 한국으로의 출국과 불법체류, 산업화와 개방에 따른 도시 및 중국 관내 지방으로의 이동 등으로 심각한 해체의 위기에 직면하고 있다. 또한 연변조선족자치주 등을 비롯한 조선족 사회는 현재 조선족 인구 감소 문제와 교육의 질 저하, 가정의 해체와 민족교육의 위기, 농촌 사회 등 집거지의 분산과 해체, 한족(漢族)에의 동화라는 전반적 위기상황에 직면해 있다. 조선족 지방자치 단체나 학교, 단체 등에 대한 각종 보조와 지원금의 축소 등 자본의 논리에 따른 지원축소 등도 큰 제약으로 작용하고 있다.

이와 같은 문제점을 해결하기 위한 다각적 대책이 절실하다. 조선족 사회의 원로들과 지성인들도 한 목소리로 장래에 대한 우려를 표명하고 있다. 분명한 것은 중국에서 조선족이 이러한 상황변화에 얼마나 효율적으로 적응하느냐의 문제는 결국 그들이 처한 주·객관적 여건을 냉정히 파악하고 어떻게 효율적으로 대처하며 자율적 역량을 강화하느냐 하는 문제에 달려있다고 본다.[237]

한편 중국 외부로 진출한 중국 조선족은 한국을 제외하고는 규모가 크지 않고, '확산'의 종심이 길어지는 문제가 발생할 수 있다. 특히 원 거주지인 동북에서 멀어질수록 연계가 희박해져 자칫 '분산'이 될 수 있다는 우려도 있다. 또 한 가지 우려되는 점은 최근 한국과 기타 해외로 진출한 조선족들에 대한 중국 당국의 정책 변화 움직임인데, 중화민족주의 논리에 입각해 그들을 중국 화교의 일원으로 포함시키려는 움직임이 바로 그것이다. 이들을 어떻게 하나로 엮어 한인 네트워크를 구축할 수 있을지가 핵심적인 문제인데, 현지의 한국교민사회와의 연대 강화를 통한 모국과의 네트워크 구축 방안도 모색할 필요가 있다.

이러한 방안들은 어느 한 주체의 일방적인 노력과 지원만으로는 실현되기 힘든 것들이다. 조선족 사회와 한국 국민, 그리고 해외 교민 모두의 자발적인 의지와 노력이 절대적으로 요구된다. 과거 유태인이든 화교든 모두 자발적으로 민족성을 유지하고자 노력했다는 점을 상기할 필요가 있다.

---

237) 장세윤, 「중국의 소수민족 정책과 조선족 문제를 진단한다」, 2008.06.02.
   http://www.dongguk.in/news/articleView.html?idxno=234919

<부록 1> 중국 각 민족 인구총수 순위(제5차, 제6차 인구센서스 비교)

	인구순위	2010年	2000年	증감
合计	0	1332810869	1242612226	90198643
汉族	1	1220844520	1137386112	83458408
壮族	2	16926381	16178811	747570
回族	3	10586087	9816805	769282
满族	4	10387958	10682262	-294304
维吾尔族	5	10069346	8399393	1669953
苗族	6	9426007	8940116	485891
彝族	7	8714393	7762272	952121
土家族	8	8353912	8028133	325779
藏族	9	6282187	5416021	866166
蒙古族	10	5981840	5813947	167893
侗族	11	2879974	2960293	-80319
布依族	12	2870034	2971460	-101426
瑶族	13	2796003	2637421	158582
白族	14	1933510	1858063	75447
朝鲜族	15	1830929	1923842	-92913
哈尼族	16	1660932	1439673	221259
黎族	17	1463064	1247814	215250
哈萨克族	18	1462588	1250458	212130
傣族	19	1261311	1158989	102322
畲族	20	708651	709592	-941
傈僳族	21	702839	634912	67927
东乡族	22	621500	513805	107695
仡佬族	23	550746	579357	-28611
拉祜族	24	485966	453705	32261
佤族	25	429709	396610	33099
水族	26	411847	406902	4945
纳西族	27	326295	308839	17456
羌族	28	309576	306072	3504
土族	29	289565	241198	48367
仫佬族	30	216257	207352	8905
锡伯族	31	190481	188824	1657

柯尔克孜族	32	186708	160823	25885
景颇族	33	147828	132143	15685
达斡尔族	34	131992	132394	-402
撒拉族	35	130607	104503	26104
布朗族	36	119639	91882	27757
毛南族	37	101192	107166	-5974
塔吉克族	38	51069	41028	10041
普米族	39	42861	33600	9261
阿昌族	40	39555	33936	5619
怒族	41	37523	28759	8764
鄂温克族	42	30875	30505	370
京族	43	28199	22517	5682
基诺族	44	23143	20899	2244
德昂族	45	20556	17935	2621
保安族	46	20074	16505	3569
俄罗斯族	47	15393	15609	-216
裕固族	48	14378	13719	659
乌孜别克族	49	10569	12370	-1801
门巴族	50	10561	8923	1638
鄂伦春族	51	8659	8196	463
独龙族	52	6930	7426	-496
赫哲族	53	5354	4640	714
高山族	54	4009	4461	-452
珞巴族	55	3682	2965	717
塔塔尔族	56	3556	4890	-1334

출처: 「世界人口大全」
　　　http://www.chamiji.com/201803071989.html(검색일: 2018-07-07)

<부록 2> 2010년 제6차 인구센서스 연변조선족자치주 각 현·시 인구

지명	총인구수(명)	호적인구수(명)	소수민족 인구비중(%)	도시인구(명)
延边朝鲜族自治州	2270816	2188851	35.45	1597452
延吉市	562959	510143	51.13	505516
图们市	134452	130348	54.50	109342
敦化市	483464	483905	6.15	293396
珲春市	241777	227097	40.31	174355
龙井市	177234	182230	62.44	122065
和龙市	189532	198886	48.39	112337
汪清县	255411	246348	28.12	155514
安图县	225987	209894	18.81	124927

출처: 「世界人口大全」
　　　http://www.chamiji.com/201807027120.html(검색일: 2018-07-02)

<부록 3> 연변조선족자치주 역대 주장

구분	성명	임기	비고(임기 후 성급, 중앙 지도자 역임)
제1대	주덕해(朱德海)	1952.09-1967.03	주 당위원회 서기 겸직 길림성 부성장
제2대	김명한(金明漢)	1977.01-1978.04	주 당위원회 서기 겸직 길림성 정협 부주석
제3대	조남기(趙南起)	1978.04-1980.02	주 당위원회 서기 겸직 길림성 부성장, 중공길림성위 부서기, 성위서기 중국인민해방군 총후근부 부장, 총후 근부 당위서기, 중앙군사위원회 위원, 해방군군사학원 원장, 전국정치 협상회의 부주석
제4대	조용호(趙龍浩)	1980.02-1982.05	주 당위원회 서기 겸직
제5대	최림(崔林)	1982.09-1984.01	길림성 인대 상무위원회 부주임
제6대	이덕수(李德洙)	1984.05-1984.12	주 당위원회 서기 겸직 길림성위 상 무위원, 부성장 중앙 통일전선부 부 부장, 국가민족사무위원회 주임
제7대	황재림(黃載林)	1985.04-1990.01	
제8대	문진섭(文進燮)	1990.01-1990.12	
제9대	전철수(全哲洙)	1990.12-*1993.12*	길림성 부성장, 길림성위 부서기, 길 림성사회과학련합회 주석 국가통일전선부 부부장, 전국공상연 합회 당조서기, 제1상무부주석
제10대	정용철(鄭龍喆)	*1993.01*-1997.12	길림성 정협 부주석
제11대	남상복(南相福)	1997.12-2002.12	길림성 인대 부주임
제12대	김진길(金振吉)	2002.12-2007.04	길림성 부성장, 길림성 정법위원회 서기
제13대	이용희(李龍熙)	2007.04-2013.04 (2007.04-12은 대리)	
제14대	이경호(李景浩)	2013.04-2017.06	길림성 통일전선부 부장
제15대	김수호(金壽浩) (대)	2017.06-	

출처: 『吉林省人民政府誌(1986-2000)』
　　　http://www.jl.gov.cn/szfz_1986-2000/00zjlb/, 기타 인터넷 자료 참조하여 재구성.

<부록 4> 연변자치주 정치협상회의 역대 주석, 부주석, 비서장

회기	주석	부주석	비서장
제1기(1956年 08月-1959年 07月)	朱德海	姚昕, 李浩源, 金东波	曹龙浩
제2기(1959年 07月-1961年 09月)	朱德海	姚昕, 李浩源, 乔树贵, 金裕勋, 金东波, 曹龙浩, 池喜谦	曹龙浩(兼)
제3기(1961年 09月-1963年 12月)	朱德海	姚昕, 李浩源, 石东洙, 乔树贵, 金裕勋, 金东波, 曹龙浩, 池喜谦	白云昌
제4기(1963年 12月-1967年 01月)	朱德海	姚昕, 金裕勋, 黄载然, 池喜谦, 金东波, 白云昌, 张家禄	白云昌(兼)
제5기(1979年 02月-1983年 02月)	曹龙浩, 田仁永(5기 제2차 회의 선출)	金承玉, 乔树贵, 金裕勋, 崔东光, 张家禄, 黄载然, 张国梁, 金圣友, 郑盏昌, 金永顺, 池喜谦, 金东波, 金炳天(5기 2차 회의 선출), 张登玲(五届二次会议补选), 杨崇舜(5기 2차 회의 보선), 丁明秀(5기 3차 회의 보선)	金圣友(兼)
제6기(1983年 02月-1988年 1月)	田仁永, 曹凤鸣(6기 제3차 회의 선출)	金承玉, 张登玲, 金圣友, 高永一, 金永顺, 金东波, 丁明秀, 慕辑义, 邰凤歧, 金永万(6기 3차 회의 보선), 魏景春(6기 3차 회의 보선), 胡二全(6기 3차 회의 보선), 杨成哲(6기 3차 회의 보선), 李立(6기 3차 회의 보선), 金泰甲(6기 3차 회의 보선), 李相山(6기 4차 회의 보선)	金圣友(兼), 李相山(6기 3차 회의 새로 선출)
제7기(1988年 01月-1993年 01月)	曹凤鸣, 张进发(7기 제4차 회의 선출)	金永万, 申昌淳, 金东波, 魏景春, 慕辑义, 胡二全, 杨成哲, 金泰甲, 卜孟琪, 闵永淑	费金成
제8기(1993年 01月-1997年 12月)	张进发	罗昌珍, 胡二全, 杨成哲, 金泰甲, 狄雅琴, 朴楠镒, 王精元, 方钟锡, 李京淑, 金虎林(8기 4차 회의 주가 선출)	王精元(兼)
제9기(1997年 12月-2002年 12月)	黄铢	朴东薰, 王精元, 金敏雄, 孙兴凯, 李京淑, 吴炳权, 董百合, 玄洸虎(九届四次会议补选), 金成秀(9기 5차 회의 보선)	王精元(兼), 李中朝(9기 4차 회의 새로 선출)
제10기(2002年 12月-2007年 12月)	黄铢	玄洸虎, 李京淑, 孙兴凯, 吴炳权, 董百合, 金成秀, 李顺卿, 郑成哲(10기 4차 회의 추가 선출)	李中朝, 邱功辰(10기 4차 회의 새로 선출)
제11기(2007年 12月-2012年 12月)	高勇	金敬燕, 李顺卿, 崔哲云, 闫永刚, 石明诚, 金顺爱, 朴惠善, 刘有林(11기 3차 회의 보선), 赵龙(11기 4차 회의 보선)	邱功辰, 赵龙(11기 3차 회의 보선)
제12기(2012年 12月-2017年 01月)	冯君, 于晓峰(12기 3차 회의 보선)	崔哲云, 金顺爱, 赵龙, 马景峰, 纪凯奇, 黄龙锡, 权贞子, 李占文(12기 3차 회의 보선), 金春山(12기 3차 회의 보선), 霍学义(12기 4차 회의 보선), 安明植(12기 4차 회의 보선)	赵龙(兼), 宋树青(12기 3차 회의 새로 선출)
제13기(2017年 01月 -现在)	韩兴海	黄龙锡, 权贞子, 安明植, 李忠文, 冯德远, 宋树青, 李东浩	宋树青(兼)

출처: "延边州政协历届主席、副主席、秘书长、副秘书长名单," 组织沿革, 2010.12.05.
http://www.ybzx.gov.cn/zhengxiegaikuang/2010-12-05/88.html

<부록 5> 연변조선족자치주 제1-5기 인민위원회(1955. 12 - 1967. 01)

구분	주장	부주장
제1기 (1955. 12 - 1956. 12)	주덕해	최채, 톈런융(田仁永), 석동수, 챠오수구이(喬樹貴), 이호원
제2기 (1956. 12 - 1958. 06)	주덕해	최채, 톈런융, 남명학, 이호원, 석동수, 챠오수구이
제3기 (1958. 06 - 1961. 09)	주덕해	톈런융, 류졘핑(劉建平), 남명학, 이호원, 석동수, 챠오수구이, 셰위펑(解玉峰)
제4기 (1961. 09 - 1963. 12)	주덕해	톈런융, 남명학, 이호원, 챠오수구이, 셰위펑, 여영준, 조용호
제5기 (1963. 12 - 1967. 01)	주덕해	톈런융, 남명학, 이호원, 챠오수구이, 셰위펑, 여영준, 조용호

출처:『吉林省人民政府誌(1986-2000)』
　　　http://www.jl.gov.cn/szfz_1986-2000/00zjlb/

<부록 6> 문혁기 연변조선족자치주 혁명위원회 구성원의 변화 과정

1. 연변조선족자치주 혁명위원회(1968. 08 - 1976. 10)

주임	가오펑(皐峰, 군 대표, 1968. 08 - 1969. 11) 류롄(劉璉, 군 대표, 1969. 11 - 1973. 06) 최해룡(조선족, 군 대표, 1973. 06 - 1976. 10)
부주임	최해룡(1968. 08 - 1973. 06) 펑즈청(馮志誠, 1968. 08 - 1976. 10) 김명한(조선족, 1968. 08 - 1976. 10) 왕마오천(王茂琛, 1968. 08 - 1973. 06) 김수길(조선족, 노동자, 1968. 08 - 1973. 06) 유창은(조선족, 농민, 1968. 08 - 1976. 10) 김태연(여, 조선족, 농민, 1968. 08 - 1970. 07) 닝창샹(寧長祥, 일반간부, 1968. 08 - 1973. 06) 김경암(조선족, 학생, 1968. 08 - 1976. 07) 정병남(조선족, 1969. 07 - 1973. 06) 류수잉(劉書英, 1969. 11 - 1973. 06) 김병천(조선족, 1969. 11 - 1976. 10) 셰위펑(1969. 11 - 1976. 10) 야오신(姚昕, 1971. 05 - 1976. 06) 자오톈예(趙天野, 1972. 02 - 0973. 06) 톈런융(1972. 10 - 1976. 10) 뤼수더(呂樹德, 몽골족, 1973. 06 - 1976. 10) 남명학(조선족, 1973. 06 - 1976. 10) 궈후이(郭滙, 군 대표, 1973. 06 - 1976. 10) 조용호(조선족, 1973. 06 - 1976. 10) 최석린(조선족, 1975. 12 - 1976. 10) 리후이(李揮, 1975. 12 - 1976. 10)

2. 연변조선족자치주 혁명위원회(1976. 10 - 1977. 12)

주임	최해룡(조선족, 군대표, 1976. 10 - 1977. 12)
부주임	펑즈청(1976. 10 - 1977. 12) 김명한(조선족, 1976. 10 - 1977. 12) 김병천(조선족, 1976. 10 - 1977. 12) 톈런융(1976. 10 - 1977. 12) 남명학(조선족, 1976. 10 - 1977. 12) 조용호(조선족, 1976. 10 - 1977. 12) 최석린(조선족, 1976. 10 - 1977. 12) 리후이(1976. 10 - 1977. 12)

3. 연변조선족자치주 혁명위원회(1977. 12-1980. 04)

3-1. 1977.12-1979.02: 문혁시기에 연속

주임	김명한(조선족, 1977. 12 - 1978. 04) 조남기(조선족, 1978. 04 - 1979. 02)
부주임	김병천(조선족, 1977. 12 - 1979. 02) 톈런융(1977. 12 - 1979. 02) 남명학(조선족, 1977. 12 - 1979. 02) 조용호(조선족, 1977. 12 - 1979. 02) 최석린(조선족, 1977. 12 - 1979. 02) 리후이(1977. 12 - 1979. 02) 여영준(조선족, 19/8. 08 - 1979. 02) 챠오수구이(1978. 08 - 1979. 02) 김명(조선족, 1978. 08 - 1979. 02)

3-2. 1979. 02-1980. 02: 연변조선족자치주 제7기 인대 제1차 회의에서 선출

주임	조남기(조선족, 1979. 02 - 1980.02)
부주임	톈런융(1979. 02 - 1980. 02) 조용호(조선족, 1979. 02 - 1980. 02) 남명학(조선족, 1979. 02 - 1980. 02) 리후이(1979. 02 - 1980. 02) 최석린(조선족, 1979. 02 - 1980. 02) 장귀친(張國勤, 1979. 02 - 1980. 02) 챠오수구이(1979. 02 - 1980. 02) 여영준(조선족, 1979. 02 - 1980. 02) 김명(조선족, 1979. 02 - 1980. 02) 김병천(조선족, 1979. 02 - 1980. 02) 펑신(1979. 02 - 1980. 02)

출처: 『吉林省人民政府誌(1986-2000)』
http://www.jl.gov.cn/szfz_1986-2000/00zjlb/

참고문헌

[국문]

『중국조선족역사족적』총서편찬위원회 편, 1992, 『승리』, 북경: 민족
　　출판사.

『중국조선족역사족적』총서편찬위원회 편, 1993, 『풍랑』, 북경: 민족
　　출판사.

『중국조선족역사족적』총서편찬위원회 편, 1995, 『불씨』, 북경: 민족
　　출판사.

강창록 외, 1992, 『주덕해』, 실천문학사.

姜浩遠, 2004, 「중국 소수민족 정책과 조선족: '중화민족'속의 소수
　　민족 자치 인정 실태: 河南성 유혈충돌 참사 뒤늦게 알려져」,
　　『자유공론』, 제39권 12호.

공봉진, 「중국의 조선족에 대한 정책변화가 조선족 정체성에 미친
　　영향」, 『比較文化研究』, 제18집, 2006. 8.

공봉진, 2007, 『중국지역 연구와 현대 중국의 이해』, 서울: 도서출
　　판 오름.

곽승지, 「남북통일과 조선족의 역할」, 『동북아신문』
　　www.dbanews.com/news/articleView.html?idxno=11562 (검색일
　　2015/08/01)

곽승지, 「탈 한국화에서 친 중국화로」, 동북아신문, 2009.06.14.
　　www.dbanews.com/news/articleView.html?idxno=11242(검색일:
　　2016/09/12)

곽승지, 『동북아시아 시대의 연변과 조선족』, 아이필드, 2008. 2.

권중달, 2000, 「재중국 조선족의 민족의식과 변화」, 『통일로』, 제
　　143호 3, 7월 7호.

권중달, 2001, 「민족통합 과정에서 재중국동포의 역할」, 『民族發展 研究』, 제5호, 중앙대학교민족발전연구원, 91-100.

권태환 편저, 2005, 『재중동포사회의 변화: 1990년 이후를 중심으로』 서울: 서울대학교 출판부.

권태환, 2003, 「조선족 인구 추세: 인구보사 자료의 분석」, 서울대 학교 사회발전연구소, 재외동포재단 지원연구보고서.

권태환·박광성, 2004, 중국 조선족 대이동과 공동체의 변화, 『한국 인구학』, 제27권 제2호.

권대환·박광성, 2003, 「교육과 조선족 사회의 위기」, 서울대학교 사회발전연구소, 재외동포재단 지원연구보고서.

권향숙, 「조선족의 이동과 정체화: 한·중·일 조선족의 정체성에 관한 고찰」, 김병호·류춘욱, 『중국 조선족 인구문제와 그 대책』, 민족출판사, 2007. 8.

金楨夏, 2006, 「中国 朝鮮族의 自己正体性 追究에 関한 考察」, 동북 아시아문화학회 제12차 국제학술회의.

김 철, 2004, 「재중동포(조선족)사회의 세대변화와 남북한관: '선 중 국국민 후 민족' 자세로 남북관계 접근.」 『통일한국』, 6월호.

김강일, 1999, 「연변중국조선족의 대 남북한관에 관한 실증적 조사」, 『고려대평화연구논집』, 제8호.

김강일, 2000, 「중국조선족사회 지위론」, 『아시아태평양지역연구』, 전남대학교 아시아태평양지역연구소.

김강일, 2001, 한민족 공동체 형성을 위한 중국조선족의 역할, 『지 방행정연구』, 한국지방행정연구원.

김강일, 2010, 「조선족의 정체성과 조선족의 미래」, 『조선족의 정체 성과 향후 역할에 관한 연구』, (사)동북아공동체연구회.

김경일, 2001, 「남북관계와중국조선족사회(上)」, 『OKtimes』, 8호, 사 단법인해외교포문제연구소.

김경일, 2001, 「남북관계와중국조선족사회(下)」, 『OKtimes』, 9호, 사단법인해외교포문제연구소.

金大洸, 1993, 「中國少數民族幹部政策」, 『中國硏究』, 3권.

김동화 · 김승철 편, 1995, 『당대 중국조선족 연구』, 집문당(서울 재출판).

김범송, 2007, 『재주부리는 곰과 돈 버는 왕서방』, 연변인민출판사.

김범송, 2009, 『그래도 희망은 대한민국』, 글누림출판사.

김병호, 1993, 「중국의 민족이론정책과 법률에 있어서의 연변(延邊) 조선족의 지위」, 북경: 중앙민족대학출판사.

김병호, 1997, 『중국의 민족문제와 조선족』, 서울: 학고방.

김병호 · 류춘욱, 2007, 『중국 조선족 인구문제와 그 대책』, 민족출판사.

김예경, 2006, 「중국 조선족 연구의 한중 비교」, 『동아연구』, 제50집.

김예경, 2009, 「중국의 조선족 인식: 용의 옆구리의 가시」, 『한국과국제정치』.

김원태, 2002, 중국 조선족 언론의 발전과정과 대 한국관에 관한 연구, 『한국동북아논총』.

김재기, 「중국 조선족 '집중촌' 건설현상과 네트워크 구축」, 김병호 · 류춘욱, 『중국 조선족 인구문제와 그 대책』, 2007, 민족출판사.

김재기, 2002, 「중국 조선족 집거구 해체 위기와 대응」, 『재외한인연구』, 12호.

김종국 외, 1996, 『중국조선족사연구 I』, 서울: 서울대학교출판부.

김종국, 1999, 『세기교체의 시각에서 본 중국 조선족』, 연길: 연변인민출판사.

김철, 2004, 「재중동포(조선족)사회의 세대변화와 남북한관: '선 중국공민 후 민족' 자세로 남북관계 접근」, 『통일한국』, 6월호.

김춘선, 2006, 중국 조선족사 연구현황과 과제, 『중앙사론』, 제24집.

김태국, 2006, 「연변조선족자치주의 성립과 조선족 사회의 변천 (1949-1965)」, 『연변조선족사회의 과거와 현재』.

김현미, 2009, 방문취업 재중동포의 일 경험과 생활세계, 『한국문화인류학』, 42권 2호.

김현선, 2010, 「한국체류 조선족의 밀집거주 지역과 정주의식」, 『사회와 역사』, 통권 제87집.

남종호, 2000, 중국조선족사회(中國朝鮮族社會) 변천(變遷)과 향후(向後) 전망(展望), 『국제지역연구』.

리상우, 2007, 「개혁기 중국조선족사회의 정체성에 대한 고찰」, 『東亞研究』, 제53집.

박광득, 2004, 「중국공산당의 소수민족정책 연구」, 『대한정치학회보』, 21집 1호.

박광성, 2010, 「초국적인 인구이동과 중국조선족의 글로벌 네트워크」, 『재외한인연구』, 제21권.

박병광, 2000, 「중국 소수민족정책의 형성과 전개: 민족동화와 융화의 변주곡에 관하여」, 『국제정치논총』.

박병구, 2007, 「중국 다문화주의의 실태와 문제점: 한족과 소수민족의 융합에 관한 연구」, 『민족연구』 vol.30.

박선영, 2007, 중화인민공화국 동북지역에 거주하는 조선족의 역사적 정체성, 『고구려발해연구』, 제29집.

박영호, 2004, 「민족공동체 형성과정에서의 중국 조선족의 역할.」 Research Council on Unification Affairs Newsletter, No.2 Winter.

박장배, 2004, 「중국의 '少數民族' 정책과 지역구조: 지역 재구성 및 '西部大開發'과 관련하여」, 「중국의 동북공정, 그 실체와 허구성」 학술회의 발표 논문.

박종철, 2015, 「문화대혁명 초기 북중관계와 연변조선족」, 『민족연구』, 63호.

박한식, 1989, 『재중국 조선족 사회와 한반도(북한의 정책과 한국의 진로)』, 국토통일원.

방미화, 2013, 「재한 조선족의 실천전략별 귀속의식과 정체성」, 『사회와 역사』, 제98권.

방수옥, 1998, 「남북한 관계의 전개와 재중동포의 역할」, 『동북아연구』.

방수옥, 2001, 「한민족공동체와 중국조선족사회」, 『民族發展硏究』, 제5호, 중앙대학교민족발전연구원.

사단법인 동북아공동체연구회, 2010, 『조선족의 정체성과 향후 역할에 관한 연구』, 경제·인문사회연구회 대중국 종합연구 협동연구총서.

서명훈, 2007, 『할빈시 조선민족 백년사화』, 북경: 민족출판사.

서상민, 2001, 「중국의 소수민족 현황과 정책」, 『민족연구』, vol. 6.

성근제, 2007, 「문화대혁명과 연변」, 『중국현대문학』, 43권.

양은경, 2010, 민족의 역이주와 위계적 민족성의 담론 구성, 『한국방송학보』, 통권 제24-5호.

연변일보사 편, 2010, 『기사로 읽는 새중국 60년 조선족 변천사: 연변편, 상』, 북경: 민족출판사.

염인호, 「'傳單'을 통해 본 중국 연변지방 문화대혁명과 파벌투쟁」, 『연변 조선족 사회의 과거와 현재』.

염인호, 2008, 「중국 연변 조선족의 민족정체성에 대한 일고찰 (1945.8-1950.말)」, 『한국사연구』, 140호.

염인호, 2010, 「연변조선족자치주의 건립과 자치주 관할 영역 문제」, 『한국학논총』, 34권.

예동근, 2009, 『「글로벌시대 중국의 체제 전환과정하의 종족공동체의 형성: 북경 왕징 코리아타운을 중심으로」, 고려대학교 사회학과 박사학위논문

예동근, 2010, 「종족성의 자원화와 도시 에스닉 커뮤니티의 재구성」, 『동북아 문화연구』, 제25집.

요코야마 히로아키 저, 이용빈 역, 2009, 『중화민족의 탄생』, 파주: 한울.

유병호, 「중국조선족의 인구위기에 대한 연구」, 『재외한인연구』, 제
　　9호, 재외한인학회, 2000. 12.

劉秉虎, 2001, 「중국의 민족정책 및 소수민족 문제」, 『民族發展研究』,
　　제5호, 중앙대학교민족발전연구원, 41-51.

윤휘탁, 2004, 「중국학계의 영토·민족·국가 인식: '統一的 多民族
　　國家論'과 그 한계」, ≪「중국의 '동북공정' 논리와 그 한계"
　　학술대회 발표요지≫, 만주학회·국사편찬위원회(10. 8).

이강원, 2002, 「중국의 민족식별과 민족자치구역의 설정: 공간적 전
　　락과 그 효과」, 『대한지리학회지』, 제37권 제1호.

이규태·구광범, 2011, 『중국의 소수민족정책 변화와 정책적 함의』,
　　서울: 경제인문사회연구회.

이승률, 2007, 『동북아시대와 조선족』, 서울: 박영사.

이진석, 2010, 「한국과 중국 연변 조선족 고등학교 정치 교과서 내
　　용분석 - 공통적인 정치 용어를 중심으로」, 『법교육연구』 제
　　5권 제1호.

이진영, 「중국 동북지역의 소수민족문제와 조선족: 중국 출판물을 중
　　심으로」, 『중국 동북연구—방법과 동향』.

이현정, 2001, 「조선족의 종족 정체성 형성 과정에 관한 연구」, 『비
　　교문화연구』 제7집 2호, 서울대학교 비교문화연구소.

임유경, 「디아스포라의 정치학 - 최근 중국 조선족 문학비평을 중심
　　으로」, 『현대문학의 연구』 36집.

임채완, 2008, 「글로벌화시대 디아스포라의 초국가적 활동과 모국:
　　동남아 화인과 중국조선 족에 대한 비교연구」, 『국제정치논
　　총』, 제48권 제1집.

전송림, 1991, 『연변 경제지리』, 연길: 연변인민출판사.

전신욱, 2002, 중국 조선족의 과거, 현재 그리고 미래, 한국정책과
　　학학회, 『한국정책과학학회보』, 제6권 제1호.

정신철, 「중국 소수민족의 인구이동과 그 사회적 영향」, 『현대중국

연구』, 제5집 2호, 현대중국학회, 2003.12.

정신철, 2000, 『중국조선족』, 서울: 신인간사.

정신철, 2004, 『한반도와 중국 그리고 조선족』, 서울: 모시는 사람들.

정신철, 2010, 『조선족 사회의 현황과 미래』, 심양: 요녕민족출판사.

鄭仁甲, 1999, 「한민족공동체(KC)와 재중동포」, 「한민족공영체」, 제7호, 사단법인해외한민족연구소.

정헌욱, 2006, 「시대의 '경계인'에서 중화민족주의로 옮겨가는 조선족」, 『민족21』, 3월호.

정협 연변조선족자치주 문사자료 위원회편, 2000, 『해방 초기의 연변』, 심양: 요녕민족출판사.

조영래, 2008, 「중국 소수민족정책과 민족간부 양성: 교육정책을 중심으로」, 『인문학연구』, 제14권.

조용호, 박문일 주편, 1997, 『21세기로 매진하는 중국조선족 발전방략 연구』, 심양: 요녕민족출판사, 1997.

조정남, 2002, 「중국의 민족분쟁지역 분석」, 『민족연구』, vol.9.

조정남, 1999, 「동아시아의 민족환경과 재외한인」 『평화연구』, 제8호.

조현미, 2006, 「외국인 밀집지역에서의 에스닉 커뮤니티의 형성: 대구시 달서.

중공연변주위조직부·중공연변주위당사연구실·연변조선족자치주 당안관 편, 1991, 『중국공산당연변조선족자치주조직사(1928. 2-1987. 11.)』, 연변인민출판사.

『중국조선민족발자취총서』 편집위원회 편, 『결전』(중국조선민족발자취총서 4), 민족출판사.

『중국조선민족발자취총서』 편집위원회 편, 『승리』(중국조선민족발자취총서 5), 민족출판사.

『중국조선민족발자취총서』 편집위원회 편, 1995, 『개혁』(중국조선민족발자취총서 8), 北京: 민족출판사.

차희정, 2012, 「문화대혁명의 발생과 중국 조선족의 대응 - 연변일보 게재 소설을 중심으로」, 『한국문학논총』, 제60집.

최국철, 2012, 『주덕해평전』, 연변인민출판사.

최봉룡, 2002, 연변조선족자치주의 역사와 현황 및 그 전망, 고조선
　　　단군학회, 『고조선단군학』, 제7호.

최영관, 임채완, 김재기, 김강일, 2001, 한국통일과 중국 동북 3성
　　　조선족에 관한 연구, 한국동북아학회, 한국동북아논총.

최우길, 「중국 조선족의 정체성에 관한 소고」, 『재외한인연구』, 제9
　　　호, 1999.

최우길, 2004, 「재중동포정책의 방향고찰: 조선족사회의 현황 및 중
　　　국의 소수민족정책에 비추어」 외교통상부부 재외국민영사국
　　　재중동포정책세미나, 서울, 11월 9일.

최우길, 2004, 「중국 개혁·개방 초기(1980년대) 민족정책: 정책기
　　　조의 변화와 조선족 사회에의 적용과 관련하여」, 『중국조선
　　　족연구』, 선문대 중한번역문헌연구소.

최장근, 1996, 「조선족 역사의 재검토」, 『통일로』, 제91호.

최진욱 외, 2004, 『동북아 한민족사회의 역사적 형성과정 및 실태』,
　　　서울: 통일연구원.

편집부 편, 1987, 『중국의 광활한 대지 우에서』, 연변인민출판사.

한준광 편, 1990, 『중국조선족인물전』, 연변인민출판사.

허명철, 2000, 「중국조선족 집거구문제에 대한 사고」, 「아시아태평양
　　　지역연구」, 제3권 제1호, 전남대학교아시아태평양지역연구소.

허명철, 2003, 『전환기의 연변조선족』, 심양: 요녕민족출판사.

허명철, 2011, 「조선족공동체와 정체의식」, 『통일인문학논총』, 제52집.

황유복, 2003, 「2000년 제5차 전국인구조사자료로부터 본 조선족의
　　　인구 실태」, 『중국민족』, 1-2월호.

황재호, 2010, 「한국이 보는 조선족의 미래」, 『조선족의 정체성과
　　　향후 역할에 관한 연구』, (사)동북아공동체연구회.

황해영, 천지아, 2016, 「재한 중국동포의 민족정체성의 변화과정에

대한 연구」, "Asia-pacific Journal of Multimedia Services Convergent with Art," *Humanities, and Sociology,* Vol.6, No.3, March. dx.doi.org/10.14257/AJMAHS.2016.03.27.(검색일: 2016/12/05)

[중문]

葛公尚, 2006, 『當代國際政治與跨界民族研究』, 北京: 民族出版社.

康基柱, 2013, 『中國共産黨民族綱領政策文獻導讀(1921年 7月-1949 年 9月)』, 北京: 中央民族大學出版社.

姜丰裕, 2012, 「抗日战争胜利后中国共产党解决东北朝鲜族国籍问题的 过程」, 『延边大学学报(社会科学版)』, 2期.

高永久等 編著, 2008, 『民族政治学概論』, 天津: 南開大學出版社.

國家民委文化宣傳司, 2009, 『民族區域自治制度的成功實踐』, 北京: 民 族出版社.

國家民委民族問題研究中心, 1997, 「對外開放與中國的朝鮮族」, 『民族 研究』, 第6期.

國家民族事務委員會研究室編, 2009, 『把民族區域自治堅持好完善好落 實好』, 北京: 民族出版社.

金强一, 2001, 『中國朝鮮族社會的文化優勢與發展戰略』, 延吉: 延邊人 民出版社.

金炳鎬, 1987, 「‘少數民族’一詞在我國何時出現」, 『民族團結』, 6月.

金鍾國, 「延邊朝鮮族人口問題的特點及人口問題的社會影向」, 김병호·류춘욱, 2007, 『중국 조선족 인구문제와 그 대책』, 북경: 민족출판사.

吉林省统计局, 「延邊朝鮮族自治州2016年國民經濟和社會發展統計公報」, 2017年 3月 17日.

金炳鎬主編, 2006, 『中國民族自治州的民族關係』, 北京: 中央民族大 學出版社.

劉俊秀, 1986, 「關于民族政策中的幾個問題(1948. 12. 9.)」, 延邊朝鮮族自治州檔案館編.

李承律, 2008, 『東北亞時代的朝鮮族社會』, 北京: 世界知識出版社.

孟慶義, 2002, 『朝鮮半島和平統一問題研究』, 延邊大學出版社.

朴今海・鄭信哲, 2004, 「略論中國朝鮮族的愛國主義情結」, 『中央民族大學學報』(哲學社會科學版), 第4期.

朴婷姬, 2008, 「試論跨國民族的多種認同: 以對中國朝鮮族認同研究爲中心」, 『東疆學刊』, 第3期.

朴婷姬, 2010, 『中國朝鮮族與在日朝鮮人社會比較研究』, 延吉: 延邊大學出版社.

朴昌昱, 1995, 『中國朝鮮族歷史研究, 延吉: 延邊大學出版社.

謝慶奎, 1996, 『當代中國政府』, 瀋陽: 遼寧民族出版社.

徐袛朋著, 2009, 『當代民族主義與邊疆安全』, 北京: 民族出版社.

沈茹秋, 2000, 『延邊調查實錄』, 延邊人民出版社.

沈志華, 2011, 「東北朝鮮族居民跨境流動: 新中國政府的對策及其結果(1950-1962)」, 『史學月刊』, 第11期.

楊盛龍・白正梅, 2010, 『民族交往與發展』, 北京: 民族出版社.

楊靜仁, 1990, 「社會主義現代化建設時期民族工作的任務」, 『新時期民族工作文獻選編』, 北京: 國家民族事務委員會中共中央文獻研究室.

延邊朝鮮族史編寫組編, 2010, 『延邊朝鮮族史 上』, 延吉: 延邊人民出版社.

延邊朝鮮族史編寫組編, 2012, 『延邊朝鮮族史 下』, 延吉: 延邊人民出版社.

延邊朝鮮族自治州概況修訂本編寫組, 2009, 『延邊朝鮮族自治州概況』, 延吉: 民族出版社.

延邊朝鮮族自治州概況編纂執筆組編, 1984, 『延邊朝鮮族自治州概況』, 延吉: 延邊人民出版社.

延邊朝鮮族自治州檔案館編, 1985, 「中共延邊吉東吉敦地委延邊專署重要文件匯編」 第1輯.

延邊朝鮮族自治州檔案館編, 1986, 「延邊人民代表大會會議錄(1945. 11. 20)」, 『中共延邊地委延邊專署重要文件匯編: 第二集(1949. 6-1952. 8)』.

王柯, 2014, 『中國,從天下到民族國家』, 臺北: 政大出版社.

王紀芒, 2008, 「全球化時代中國朝鮮族的民族認同與國家認同」, 『湖北民族學院學報』.

王曉東, 2003, 『走近朝鮮族』, 延邊人民出版社.

姚作起 主編, 1994, 『東北軍政大學吉林分校』, 遼寧民族出版社.

李梅花, 2012, 「中國朝鮮族國家認同研究綜述」, 『大連民族學院學報』, 第14卷 第2期.

李鍾林, 2003, 『延邊外向型經濟論』, 延邊大學出版社.

李俊清, 2008, 『中國民族自治地方公共管理導論』, 北京: 北京大學出版社.

張文香, 2010, 『中國少數民族生存權於發展權力論研究』, 北京: 中央民族出大學版社.

張興堂, 2009, 『跨國民族與我國周邊外交』, 北京: 中央民族大學出版社.

赵刚, 2011, 『中国朝鲜族的社会主义发展道路』, 黑龙江朝鲜民族出版社.

周保中, 「吉林省委群衆工作會議上的報告(1946.12)」, 延邊朝鮮族自治州檔案館編, 1985, 「中共延邊吉東吉敦地委延邊專署重要文件匯編」 第1集.

周平, 2000, 『中國少数民族政治分析』, 昆明: 云南大学出版社.

周平, 2001, 『民族政治学导论』, 北京: 中国社会科学出版社.

中共延邊州委組織部編, 1991, 『中國共産黨延邊朝鮮族自治州組織史』, 延吉: 延邊人民出版社.

中共延邊州委組織部編, 1991, 『中國共産黨延邊朝鮮族自治州組織史』, 延吉: 延邊人民出版社.

中共中央統戰部, 1991, 『民族問題文獻匯編』, 北京: 中共中央黨校出版社.

陳立文, 2000, 『從東北黨務發展看接收』, 臺北: 東北文獻雜誌社.

陳顯泗, 2008, 『和諧東亞-東亞安全的必由之路』, 北京: 時事出版社.

崔聖春 主編, 1997, 「延邊人民抗日鬪爭史」, 延邊人民出版社.

太平武編著, 2012, 『中國朝鮮族』, 銀川: 寧夏人民出版社.

統戰部, 1987, 『愛國統一戰線概論』, 長沙: 湖南人民出版社.

統戰部, 1991, 『新時期統一戰線大事記』, 北京: 中共中央黨出版社.

統戰部, 1993, 『中國共産黨統一戰線史』, 北京: 中國文史出版社.

包桂榮等著, 2010, 『民族自治地方少數民非物資文化遺産的法律保護研究-以蒙古族爲例』, 北京: 民族出版社.

郝時遠, 2011, 『中國民族區域自治發展報告』, 北京: 社會科學文獻出版社.

韓俊光, 1996, 『中國朝鮮民族遷入史論文集』, 遼寧民族出版社.

韓俊光·姚作起 編, 1991, 『解放戰爭時期的東滿根據地』, 延吉: 延邊人民出版社.

許明哲, 2001, 『當代延邊朝鮮族社會發展對策分析』, 遼寧民族出版社.

許明哲, 2003, 『改革開放時期的延邊朝鮮族』, 遼寧民族出版社.

胡偉, 1998, 『政府過程』, 杭州: 浙江人民出版社.

우병국

대만국립 대만대 정치학박사
전 통일연구원 프로젝트 연구위원, 동덕여대 한중미래연구소 연구교수
현 연세대 동서문제연구원 연구교수
주요 저서로『해외한인 통일운동사의 재인식: 중국지역』,『구술을 통해 본 재중동포사
회의 정치과정』,『재중 조선족 동포사회 조사연구』(공저),『재중 한국인 사회 조사연구』
(공저) 외에 논문 다수가 있다.

중국의 민족정치와
조선족

초판인쇄 2018년 11월 30일
초판발행 2018년 11월 30일

지은이 우병국
펴낸이 채종준
펴낸곳 한국학술정보㈜
주소 경기도 파주시 회동길 230(문발동)
전화 031) 908-3181(대표)
팩스 031) 908-3189
홈페이지 http://ebook.kstudy.com
전자우편 출판사업부 publish@kstudy.com
등록 제일산-115호(2000. 6. 19)

ISBN 978-89-268-8665-6 93330